教师专业发展丛书　丛书主编　蔡笑岳

教师专业发展与教育科研

Teacher Professional Development & Educational Research

主　编　蔡笑岳　　副主编　雷晓云

暨南大学出版社
JINAN UNIVERSITY PRESS
中国·广州

图书在版编目（CIP）数据

教师专业发展与教育科研/蔡笑岳主编；雷晓云副主编. —广州：暨南大学出版社，2007.10（2010.11 重印）
（教师专业发展丛书）
ISBN 978－7－81079－840－2

Ⅰ. 教…　Ⅱ. ①蔡…②雷…　Ⅲ. ①师资培养—研究②教育科学—科学研究
Ⅳ. G451.2　G40－03

中国版本图书馆 CIP 数据核字(2007)第 051848 号

出版发行：暨南大学出版社

地　址：中国广州暨南大学
电　话：总编室（8620）85221601
　　　　营销部（8620）85225284　85228291　85228292（邮购）
传　真：（8620）85221583（办公室）　85223774（营销部）
邮　编：510630
网　址：http：//www.jnupress.com　http：//press.jnu.edu.cn

排　版：暨南大学出版社照排中心
印　刷：佛山市浩文彩色印刷有限公司

开　本：787mm×1092mm　1/16
印　张：15
字　数：313 千
版　次：2007 年 10 月第 1 版
印　次：2010 年 11 月第 2 次
印　数：4001—5000 册

定　价：29.80 元

目　录

第三章 教师常用教育科研方法（上）

第四章　教师常用教育科研方法（下）

第五章　教育科研课题的申报、实施与完成

第六章 教育科研报告的撰写与展示

前 言

随着人们对教育重要性认识的深入和教育改革的推进，教师专业发展已成为一个为社会日益重视的问题。

21世纪，教育已被视为应对未来种种挑战，使人类朝着和平、自由和社会正义迈进的一张必不可少的王牌①。人们对高质量的教育充满希望和期待，而高质量的教育依赖于高水平的教师。高水平的教师虽然可以从多种维度去描绘，比如，不仅应该有知识、有学问，而且应该有道德、有理想，还有专业追求；不仅是学位高起点的人，而且是终身学习、不断自我更新的人；不仅是学科的专家，而且是教育的专家，等等，但这些描绘聚焦为一点，就是教师的专业发展。一个高水平的教师应该是具有专业发展意识、专业发展追求、专业发展能力和专业发展行动的人。

教育改革的深入，特别是基础教育新课程改革的实施，对教师的专业发展提出了内在的要求，对教师的教育观念和教育行为提出了全面而深刻的挑战。它要求教师反思、完善甚至转变许多习以为常的教学方式、教学行为及潜伏在其后的教育观念。新课程改革能否达到预期目标，在相当大的程度上取决于能否拥有一支高专业素养的师资队伍，一支拥有新课程理念，并能通过自己的教育教学行为来实现新课程理念的师资队伍。因此，强调并通过多种途径来促进教师的专业发展成为当前推进新课程改革的重要举措。

正是在上述背景下，我们特别关注教师专业的发展。受广州市教育局的委托，我们于2004年承担了全国教育科学"十五"规划教育部重点课题"新课程师资培训策略与有效模式研究与实验"的子课题"沿海经济发达地区中心城市教师专业发展推进策略与模式研究"的研究任务。几年来，我们立足于广州，组织了一支由教育学、心理学研究人员，第一线的中小学教师和各级教育行政人员组成的研究团队；以广州大学教育学院为依托，以广州市一些中小学为实践基地，综合运用文献研究、调查研究、理论研究、行动研究、个案研究等多种研究方法，围绕教师专业的发展进行了广泛且较为深入的理论探讨与实践探索。课题的研究丰富和深化了研究团队对教师专业发展及其推进策略的认识，并有效地促

① 联合国教科文组织总部中文科．教育——财富蕴藏其中：国际21世纪教育委员会报告．北京：教育科学出版社，1996

进了相关学校、相关教师的专业发展。在课题研究的过程中，我们深感仅仅局限于课题研究团队内部的科研活动，难以完成较大范围的提升教师专业发展水平的重任。由此，我们萌发了撰写一套“教师专业发展”丛书的念头，意在面向广大中小学教师，为他们的专业发展提供必需的理论参考和实践指导。

教师的专业发展，特别是在职教师的专业发展，既需要拥有先进的教育教学理念，更需要有与教育改革和发展精神相适应的教育教学行为。教师的专业发展通过教师的专业活动来实现、来体现。鉴于此，本套丛书便主要以教师的专业活动及所涉及的活动领域、环境为选题取向，具体包括教师发展新理念、教师专业发展与教育科研、教师专业发展与学生成长、教师专业发展与课程研发、教师专业发展与教学智慧、教师专业发展与现代教育技术、教师专业发展与学校文化等内容。另外，实践中的教师专业的发展是通过一个个具体的教师来实现的，因此，我们以广州市的一些优秀教师为个案，对他们的成长轨迹进行了探索。

本套丛书力图从中小学教师专业发展的实际需要出发，注重必要的理论引领与生动的案例分析相结合，突出专业性、应用性、操作性、可读性，可为广大中小学教师培训、自学提供借鉴，也可为高校相关专业的学生的学习、研究提供参考。需要说明的是，丛书之间虽有一定的联系，但每册均自成体系。读者可根据自己的兴趣和实际需要有针对性地进行阅读。

本套丛书由广州大学教育学院蔡笑岳教授任主编，各分册则由该册的编写者完成，在丛书的编写过程中，广州大学教育学院的雷晓云博士协助主编做了大量的工作。我们希望，本套丛书能够为广大教师的专业发展提供一定的帮助。由于教师专业发展自身及影响因素的复杂性，加之编写者的水平所限等，丛书中难免有纰漏乃至错误之处，还望广大读者能够谅解，并不吝赐教。

编委会

2007 年 3 月于广州

第一章　教师专业发展与教育科研概述

内容提要

本章主要探讨了教育科研对教师专业发展的意义，分析了教育科研的类型、特点及中小学教师教育科研的基本特点。本章的主要内容包括：

1. 教育科研对教师专业发展的意义
2. 教育科研的基本类型和特点
3. 中小学教师教育科研的特点
4. 教育科研的基本准则

第一节　教育科研对教师专业发展的意义

自20世纪80年代以来，“教师即研究者”逐渐被世界各国教育界所认同，并成为一个具有鲜明时代特色的命题。教师成为研究者，既体现了教育变革对教师的基本要求，也体现了教师个人发展的内在需求，对教育事业和教师自身都具有重要的现实意义。

一、教师即研究者：教育变革赋予教师的新使命

当代社会被喻为“专家社会”，教育作为一种文化传播的基本模式，已经成为一种高度专业化的活动。“教师成为研究者”体现了社会发展对教师的内在需求，体现了教育变革对教师的基本需求。

教育改革是当今教育发展的主旋律。教育改革成为一种常态，其性质，诚如有研究者所指出：“我国的教育改革在过去的二十多年间基本经历了一个从单一到多元、从局部到整体、从零散到综合、从强调监控与执行到重视自主与创生的历程[①]”，也正在发生根本性的变化。教育改革的这一性质增加了教育工作的挑战性，使得教育成为一项充分蕴涵探索性、不确定性、生成性、开放性等特性的事业。而教育的探索性、不确定性、生成性使教育与研究更紧密地联系在一起。研究成为维持、促进教育改革进行的持久动力。可以说，没有科学研究作支撑的

① 王建军．“新基础教育”研究中的教师发展．叶澜等．新基础教育实验报告集．北京：中国轻工业出版社，2004：239

教育改革，将是盲目的甚至是危险的教育改革。科学研究将有助于教育改革有序、有效和深入地进行。

教育变革的这一性质也给教师带来了重大的挑战。有论者将教育变革对教师的挑战归为以下三点①：

（1）教师个人长期积累下来的经验贬值。老教师开始变得不受欢迎，有些甚至被视为教育变革的阻力。

（2）个人控制能力减弱。原来学校是封闭的，班级是封闭的，学生是被动的，社会变迁下的教育改革完全打破了这种封闭，导致不确定范围增加，教师个人的控制能力减弱。

（3）权威的标准答案不存在了。长期以来，学校教育强调“大海航行靠舵手”。但今天社会变迁加快，权威的标准答案已经不复存在，任何结果都是动态的，一切都在探索和发展之中。

面临上述挑战，传统的以“传道、授业、解惑”为基本定位的教师角色已无法应对。为适应教育改革发展的需要，教师必须实现从传统角色向“研究者”角色的转变。可以说，随着教育改革的深入，特别是新课程的推进与实施，研究对广大教师而言，不再是天方夜谭，也不再是锦上之花，而是织锦之经纬线。研究如同教师的教学、班级管理等日常工作一样，已成为教师教育教学生活的重要部分。自20世纪90年代以来，我国的一些重要教育文件都十分强调教师的教育科研工作，如1999年颁布的《中共中央关于深化教育改革全面推进素质教育的决定》中指出，教师“要遵循规律，积极参与教学科研，在工作中勇于探索创新”；而2001年发布的《国务院关于基础教育改革与发展的决定》也强调：“积极开展教育教学改革和教育科学研究……。广大教师要积极参加教学实验和教育科研。”可见，研究已成为教育改革赋予广大教师的新使命。

二、教育科研：教师专业发展的动力

教育科研，对促进教师的专业发展具有多方面的意义。从事研究虽然会牺牲教师的一些休息时间，参加研究虽然会增加教师一定的工作强度，但耕耘了，就会有收获。“研究是我发展的动力源”，“研究伴我成长”是许多参加过教育科研的教师的切身体会和肺腑之言。

---

① 金忠明，林炊利．走出教师职业倦怠的误区．上海：华东师范大学出版社，2006：135

【案例 1－1】

教育科研使马老师如虎添翼

马老师很幸运，刚毕业就被分到某大城市的实验学校工作。不过，马老师没有料想到的是，上班不久，学校就安排他承担初中语文阅读实验教材的编写任务。由于没有经验，也缺乏理论功底，他有些无从着手的感觉。为了完成任务，他开始多渠道地学习和研究，比如，学习学校关于实验教材的建设构想，比较分析各种语文教学，重新学习大学时不太重视的教育理论，有机会不断与专家一起研讨，终于编出了一套以培养学生语文能力为特点的初中语文阅读教材。

在学习、研究与编写教材的过程中，马老师尝到了教育科研的甜头，研究意识、科研能力也得到了提高，积极性也增强了。他不再等待学校的分配和安排，而是主动地参与到多种科研活动中。比如，应学校开展学生心理辅导工作的需要，他构建了“中小学心理健康教育”的课题，开展多种形式的研究，如翻译资料、听专家讲座、开设心理咨询室和心理辅导课、积累学生心理发展档案等。后来课题成果获奖，马老师的信心更足了，兴趣更浓了，从此，科研的劲头一发而不可收拾。他结合自己所学的中文专业，并注意从自己的教育教学实践中开掘课题，进行了“儿童诗歌创作指导与研究”、“以形成性评价替代分数评价的研究”和“学生学习能力综合测评”等多项研究。这大大提高了自己的研究能力，提升了自己的教育教学质量，使自己成为一名学校和社会所公认的“研究型教师”。

资料来源：郑慧琦，胡兴宏．教师成为研究者．上海：上海教育出版社，2005：322

马老师的成长经历充分表明了教育科研的作用。一些关于教师专业发展的研究表明，研究能力本身就是教师专业发展的重要构成，研究会加快教师专业发展的速度，丰富教师专业发展的内涵。

教育科研对教师专业发展的意义具体体现在：

（一）教育科研有助于促进教师的观念更新

教师的教育观念是教师从事教育工作的心理背景，对于教师的教育态度和教育行为具有显著影响。教育改革的关键在于观念的转变已是一句深入人心的话。为促进教师转变传统观念，养成与教育改革相适应的新观念，各级教育部门投入相当多的时间、经费和精力，组织各种形式的理论学习、培训等。不可否认，这些措施对教师观念的转变具有积极的作用，同时，也不能不看到，很多教师还只是将这些新观念局限在“知道”这个层面，并没有真正在教育教学行动中去体现。这说明教师的观念并没有真正地转变。

教师的观念究竟应该如何转变呢？仅仅通过一些外在的孤立的理论学习是不

够的。教师从事教育科学研究是教师更新观念的重要途径。所谓“纸上得来终觉浅，心中悟出始知深”，教师从事教育科研的过程就是教师亲身体验教育规律的过程。通过教育科研，教师的教育理论水平得到了提高，可以在实践中去体现、巩固新的教育观念，促进外在的观念逐渐内化。

【案例 1－2】

捣乱还是创造——新质量观下的课堂机智

语文课上同学们正在朗读《坐井观天》这篇课文。一位同学的朗读方法让大家大吃一惊。他故意结结巴巴地说：“天天……不不过……井井井口……那么大”，引得全班哄堂大笑。一个同学甚至还小声地说：“他就爱捣乱。”

不过，教师还是很沉着，不但没有生气，反而好奇地问：“你的朗读很特殊。你能说说为什么要这样朗读吗？”这位同学说：“我想这只青蛙长年待在深井里，很少和别人交谈。天长日久，一定会变得结结巴巴……”

对于这种意料之外又是情理之中的回答，全班给予了热烈的掌声。

资料来源：冉乃彦．中小学教师如何做研究．北京：人民教育出版社，2006：10

课堂是不确定的，变化难以预测。一次很容易被误解为“捣乱”的朗读，被教师巧妙地转化为引导学生深入理解课文的一次契机，体现了教师的课堂教学机智。教师的这种教学机智蕴涵了一种新的质量观：不是一种千人一面的标准答案，而是“一切为了学生主动发展”，提倡学生独立的有个性、有创新的思考。以这一质量观为基本参照，就不会将学生“标新立异”的思考和行为简单地判断为捣乱；相反可以从中发现、挖掘出积极因素。

新的教学质量观的建构过程既是一种理论学习的过程，更是一个教师结合教育实践思考、研究的过程。正所谓“我所听的，我可能会忘记；我所看的，我可能会记住；我所做的，我一定会理解”，教师教育观念的更新必须通过教师自身的实践来实现。

（二）教育科研有助于完善教师的知识结构

“教师的教学活动是一种认知活动。”① 教师的知识是教师从事教育教学工作的前提条件。无论时代怎么发展，教师都应该是一个知识人，一个拥有知识且能够不断充实知识的人。

教师的知识包含本体性知识（教师所具有的特定的学科知识）、文化知识（教师在科学和人文等方面的基础知识）、实践知识（教师教学经验的积累）

① 林崇德．教师的智慧——写给中小学教师．北京：北京师范大学出版社，2005：29

和条件性知识（教育学、心理学知识）四个部分。一些调查研究[1]表明，我国中小学教师的知识结构不尽如人意，主要表现为本体性知识不够深入，条件性知识掌握不足，实践性知识缺乏系统性，文化知识单一，知识更新落后于时代要求。

教师从事教育科研将有助于扩大自己的认识领域，完善自身的知识结构。

【案例 1－3】

研究的过程是一个学习的过程——一个物理教师的研究之路

张老师教物理课。在接手两个初中班的教学时，通过查阅学生的学习成绩，张老师发现存在两个问题：一是学生个体之间的学习水平差异极大（比如，期末考试，最高分 100 分，最低分才 29 分）；二是有相当一部分学生认为物理难学，对物理学习缺乏兴趣。张老师开始与学生谈话，包括找那个最低分的同学和一些成绩比较差的同学谈话、寻找原因。通过谈话，他将原因归结为两个方面：从学的方面来看，这些学生对物理学科的学习自信心不足，自我效能感低下，有的甚至认为自己是“白痴”，学不好物理；从教的方面来看，评价存在明显的问题，学生的自我效能不高与教学评价有关。

根据所寻找到的原因，张老师开始学习相关的理论，寻找解决问题的突破口。比如，通过学习班杜拉的“自我效能”理论，为解决学生的学习动机和自信心问题指明了方向。而提高学生的自我效能有四条途径，其中，最有效的就是让学生在学习中获得“成功体验”。而要让学生获得成功经验，就必须改变原有的教学评价方式。现在的评价存在什么问题呢？张老师又开始学习有关教育测量与评价的相关理论，认识到以往的教学评价存在着注重终结性评价、忽视形成性评价、偏重评价的诊断性和鉴定性作用、忽视评价的激励性作用等问题。因此，张老师决定开始进行“用多元评价的方法提高初中学生物理学习自我效能”的研究。

资料来源：郑慧琦，胡兴宏．教师成为研究者．上海：上海教育出版社，2005：301

张老师因发现问题而进行理论学习，并且在理论学习的过程中，既扩充了自己的知识结构，又形成了自己要研究的课题，找到了解决问题的路径。

（三）教育科研有助于提升教师的教育能力

教师的教育能力是教师从事教育活动的核心要素。教师的教育能力所包含的范围非常广泛，有论者[2]认为教师的教育能力主要包括教师的人际交往能力、课

① 申继亮．教学反思与行动研究．北京：北京师范大学出版社，2006：41

② 申继亮．新世纪教师角色重塑——教师发展之本．北京：北京师范大学出版社，2006：21

堂管理能力、教育研究能力和教学监控能力；也有论者①特别强调教师的理解他人和与他人交往的能力、管理能力和教育研究能力……虽然不同的研究者对教师的教育能力的分类不同，但相同的是，他们都视教育研究能力为教师教育能力的重要构成部分。教育科研活动不仅能提高教师的教育科研能力，也能促进教师其他教育能力的发展。

【案例1-4】

在教育实验研究中全面提升教师的教育能力

顾老师是某小学的一名已有8年教龄的青年教师，一直从事语文教学工作。顾老师在工作上一直积极上进，重视对教学的钻研，熟悉小学语文学科的教学体系。在新课改大力提倡"以学生发展为本"的大语文教学背景下，顾老师尝试改变传统封闭式语文教学，试图以综合的、开放的教学理念来把握语文教学，将语文教学与学生的生活紧密结合起来，尝试通过一种全新的阅读教学方式让学生学会自主学习。她将"小学语文的开放性阅读教学"作为研究的课题，并准备用实验法作为主要的研究方法。虽然教育实验在很多教师眼里是高深莫测的，但是她决定挑战难题。为了顺利开展研究，她首先进行学习，了解教育实验方法的基本要求。通过学习，她首先对自己所要进行的实验进行定位：实验研究的目的是探索开放式阅读教学是否科学，是否能够提高学生的语文素养，因此它是一种带有探索性的准实验。接着，根据实验研究的基本要求，她开始界定实验研究的变量。在设计实验方案的过程中，顾老师领悟到，在教育实验的过程中实际上存在着三种变量，即自变量、因变量和无关变量，对自变量要进行操纵，对无关变量要加以控制，对因变量则需要有效测定。在研究变量和教育实验研究的过程中，顾老师对教育科研的基本规范有了更深的体会，同时从多方面提高了自身的能力。比如，在本研究中，开放性阅读教学是自变量。可是，什么是开放性，什么是开放性阅读教学呢？开放性阅读教学又如何操纵呢？顾老师必须给予开放性阅读教学一个具体的操作性强的界定。在学习和分析相关资料的基础上，顾老师认为，开放性阅读教学包含教学目标的开放、教学进度的灵活、教学内容课前课后的拓展、阅读教学空间的自由伸展、学生的阅读学习与学生生活的结合、阅读教学方法的多样性、教学关系的开放性等内容。根据这一界定，顾老师对如何操纵自变量进行了进一步的研究。她计划从六个方面来操纵自变量，具体为：激活教学内容，促进课内与课外相结合；采用灵活多样的教学形式，调动学生学习的积极性；尝试改变传统的"复习—新授—巩固复习"的课堂教学形式，改用"创设情景—质疑问难—探究与交流—实践与应用"的教学新形式；精心设计教

① 叶澜，白益民，王枬．教师角色与教师发展新探．北京：教育科学出版社，2001：25

学环节，形成开放的教学格局；突破课堂限制，开放学生的学习空间；拓展评价渠道，建立科学的评价体系……

资料来源：郑慧琦，胡兴宏．教师成为研究者．上海：上海教育出版社，2005：162～166

仅从上面研究中的一个环节，我们不难看出，研究对教师综合能力发展的意义。在研究过程中，教师的教育科研能力、教师的教学能力、与学生交往的能力等均得到了提高。

三、教育科研：教师的幸福之源

教师的主要工作是教学，从表面上看，就是备课、上课、批改作业、评价学生……教师的工作就是由这些凡人小事所构成。似乎今天总在重复“昨天的故事”，如此循环往复容易使人感到机械、平淡、单调。有一些教师甚至认为自己的生活像是西西弗斯生活的人间版。

【案例 1－5】

教师的生活是西西弗斯式的人间版吗？

——普通教师平凡的一天

在古希腊神话中，有个叫西西弗斯的神，曾经是一位国王，在世时作恶多端，死后被打入地狱。在地狱中，他被惩罚做一件重复的工作，每天把一块巨石卖力地推向山顶，然后回家休息。可是，在他休息时，石头又会自动地滚下来。于是西西弗斯又要把那块石头往山上推，如此重复，永无止境……教师的生活是西西弗斯式的人间版吗？请看普通教师平凡的一天。

扮演教师的角色，从踏入校园之前便已开始。早自修之前，教师要先完成教学的准备。在每天的工作中——有的是例行公事，如签到，陪学生上早自修，出操，上课，布置作业，考试命题，批改作业、考卷，午休，与学生个别晤谈，将学生资料登记建档，指导学生清扫教室，签退等；也有的是偶发事件，如开会，校外教学，接听学生家长的电话或作访谈，教师进修、讲习、座谈等；有的是开心的事情，如完成预定的计划，学生进步了，收到毕业校友怀念的信或卡片，取得学生或家长的认同，以及得到校长或其他同事的支持与赞许等；也有的是不开心的事情，如预定的计划泡汤，学生发生了意外，学生态度或行为不佳，家长责难，以及与领导、校长或其他同事沟通不良等。累积了每一个“天”、“周”、“月”，一个学期就到了尾声，要开始整理学生的成绩、评定等，补救教学，并准备寒、暑假的活动了。就这样，等着新生入学，数着旧生毕业……

资料来源：刘之颍．教师生涯起步走．南宁：广西教育出版社，1999：7～8，转

引自叶澜等. 教师角色与教师发展新探. 北京：教育科学出版社，2003：115

不可否认，从外在形式来看，确实如上所述，教师的工作是平凡的、单调的，甚至是机械的。但这是否就意味着教师的生活就一定是西西弗斯式的生活在人间的演绎呢？

教师的工作可以是一种极富创造性的工作。教师每天面对的是正在发展变化的学生，所谓“岁岁月月人不同”，学生是千差万别的，教师每天面对的是不可预知的教育情境，教育情境是千姿百态的，教师每天面对的教育内容，即便有些内容是相对稳定的，但正所谓“旧书不厌百回读，熟读深思子自知”，更不用说教育内容本身也是不断发展更新的……这意味着看似平凡的、单调的工作是不可能真正如西西弗斯推石头般重复的。教师在教育中没有现成的模式可以套用，没有一成不变的方法可以照搬，教师必须根据具体的教育对象、教育情境、教育内容而因人制宜、因地制宜、因时制宜，创造性地采用适宜的教育方法。教师若认识不到教师工作的创造性，就会使工作机械、重复、单调化。不过，仅仅认识到教师工作的创造性是不够的，还必须通过创造性的工作方式去实现教师工作的创造性。教育科研是教师创造性工作方式的内核，正如苏霍姆林斯基所言：“如果想让教师的劳动能够给教师带来乐趣，使天天上课不至于变成一种单调乏味的义务，就应当引导每一位教师走到从事研究这条幸福的道路上来。”

总之，正如有学者所言：“教研是教师幸福之源。”[①] 教育科研可以促进教师对教育规律的认识，减少教师因缺乏有效的教育手段而产生的烦恼，增添教师的工作胜任感和成就感；可以促使教师不断在新的领域里探索，领略新鲜事物，并得到多方面的发展，从而获得满足感；还可以帮助提升教师职业德行，帮助教师成为更有人格魅力的被学生更加爱戴的人。可以说，教育科研，不仅有助于成就教育事业，有助于学生更健康地成长，也“给自己的职业生涯增添探索、发展的欢乐，使自己的生命和才智在为事业奉献的过程中不断获得更新和发展”[②]。

【案例 1-6】

《鸬鹚》与人生观——教学中的幸福体验

《鸬鹚》这篇课文是一篇由“静”到“动”，再回归“静”的节奏感很强的文章。

一开头先是“夕阳照在小湖上，没有什么风……渔人坐在船尾，悠然地吸着烟”。人、湖、鸬鹚都平静得像一幅画。然后随着“渔人拿竹篙往船舷上一抹”，小湖的平静被打破，鸬鹚入水、出水，争先恐后地捉鱼，把鱼送上船，再跃入继

① 熊川武. 教研是教师幸福之源. 上海教育科研，2004（5）

② 叶澜. 新编教育学教程. 上海：华东师范大学出版社，1991：38

续捉鱼……小湖一派喧闹繁忙的景象。最后，渔人不再赶鸬鹚下水，夕阳西下，炊烟袅袅升起，渔人划着小船归去，小湖上只留下淡淡的波痕。

在教学这一课时，我很注重朗读的指导，让学生读出“静”与“闹”的对比，通过朗读感受文章的节奏。就在大家都读得很入境的时候，忽然一个学生站起来，说：“老师，我想画一条线来表示这篇文章的节奏！”他到黑板上画下一条波折线，先是平直的，忽然波折跳动起来，就像心电图的样子，然后又恢复成开头平直的样子。

受他的启发，又有同学站起来，用击掌的方式表示文章的节奏。先是一下一下慢慢拍，然后渐渐转快，越拍越快，最后又渐渐慢下来。我兴奋得竖起大拇指，感叹这两个学生了不起。于是更多的孩子被激发，纷纷用自己的方式表达……

我及时点拨学生：“无论是一味地紧张，还是一味地松弛，都是不美的，文章如此，音乐如此，舞蹈如此，生活也一样！一张一弛才符合规律，才最美！”“对，对！”小彤同学眼睛里迸出火花，急不可耐地站起来说：“老师，我发现人的一生也是这样一个过程：小时候还没有知识和本领，比较平淡，到了青年就开始忙碌，为社会和家人作贡献，到了老年就退休了，又比较轻闲了……”

“对啊！”我被学生感染、感动了，激动地说：“孩子们，你们现在正是‘忙碌’之前的准备阶段，可一定要准备好啊！……”

下课铃响了，我的心情却久久难以平静。感悟文章的节奏、体会文本的优美，是语文教学中知识与能力的范畴，但在学生体悟的过程中，我及时捕捉和利用课堂上生成的教学资源，引领学生向更深的层次探索，巧妙地上升到价值观、人生观的高度。

（北京市大兴区魏善庄镇第一中心小学　毕海燕）

资料来源：冉乃彦．中小学教师如何做研究．北京：人民教育出版社，2006：16～17

幸福是一种主观感受。从毕老师的久久难以平静的心情中，从毕老师文中的“兴奋”、“感染”、“感动”、“激动”等字眼里，我们不难体会到毕老师的幸福，一种感悟出文本的动静之美的幸福，一种引导学生思考、探索体验的幸福……这种幸福来源于毕老师对文本的研读与领悟；来源于对学生的理解，对生成教学资源的巧妙把握；来源于毕老师的研究与创造。

研究可以使教师的生活更美！

第二节　教育研究的类型和特点

教师从事教育科研意味着什么？教师的教育科研如何定位？要准确定位教师

的教育科研，理解教师教育科研的特点，首先有必要了解教育研究的概念，把握教育研究的类型和基本特点。

一、教育研究的概念

“研究”这个词来源于法语 recheicher（周游或调查），它是指为发现和确立事实及关系而采取的一种周密的、有系统性的调查。简单地说，“研究”是一种系统的探究活动，是一种运用科学方法来探求问题答案的过程。这意味着“研究不是那种在参考书中寻找信息的匆忙过程”。

美国学者贝斯特（Best）和卡恩（Kahn）曾经比较全面地给出了“研究”的 12 个特征①。概括起来，一项研究活动主要包括以下三个要素：

（1）目的：“研究”是一种有计划、有意图的活动。它以发现事物的规律性、解决新问题或改进某种实际情景为目的。

（2）过程：为了达到目的，“研究”将有计划、有步骤、分阶段地进行，有一套严格而系统的操作原则和程序。

（3）方法：“研究”的过程，就是运用各种方法认识和解决问题的过程。方法以自己的尺度调节着整个活动的进行，它的正确选择与使用是研究成败的关键。

虽然“教育研究这个术语，对于教育领域里的每一个人来说，可能意味是不一样的”，但根据上述的研究三要素——目的、过程和方法，可以这样认为，教育研究是有目的、有计划地采用一定的方法，按照一定的步骤去认识教育现象、探索教育规律、改进教育实践的一种活动。

二、教育研究的基本类型

教育研究可以从不同的维度，即研究目的、研究空间、研究时间、研究的思维方法、资料收集方法等方面来分类。维度不同，分类亦不同。

（一）基础研究、应用研究和发展研究

以研究目的来划分，教育研究可分为基础研究、应用研究和发展研究。特拉弗斯（Travers）曾对基础研究和应用研究这两个术语进行过区分，认为基础研究旨在增加科学知识的组织体系，并不一定会产生直接的有实际价值的结果；应用研究则旨在解决直接的实际问题，并从中发现一般的、普遍的道理，进而推动基础研究的发展，而增加科学知识的目的是居于第二位的。

就教育研究而言，基础研究是指认识各种教育现象，揭示教育现象的本质，探索教育发展的客观规律，概括教育的基本原理，形成较系统的教育理论体系的研究。比如，对教育的价值、教育的本质、教学的本质、教学过程的规律等的研

---

① 郑金洲，陶宝平，孔企平．学校教育研究方法．北京：教育科学出版社，2003：17

究都属于基础研究。基础研究的目的在于创造新的教育科学知识、领域或者是扩大已有的知识领域。基础研究基本上不涉及实践，属于纯理论的研究，着重于理论建树，只是间接地为实践服务，而不是直接解决具体问题或特定问题。基础研究一般比较抽象、概括，周期较长，没有严格的期限要求，但它“具有普遍性，可以为现有学科的知识体系增添新的东西”，为教育实际工作提供具有普遍性的指导。

应用研究是基础研究成果在教育实践中的延伸，它是运用基础研究成果对具体实践问题进行理论分析，以解决现实中存在的某些问题，检验和发展基础理论。凡是与教育教学的现实需要紧密联系的专题和学科研究都属于应用研究。比如，教育实践中急需解决的问题的研究，如小学生课业负担的研究、课堂冲突的成因与对策、学生良好学习习惯的培养、提高德育实效性的有效途径等；还有关于改进和改革教育体制、内容和方法的研究，如小学整体改革实验研究、各种教学方法的研究等。应用研究有助于我国中小学教育实践的开展，可直接解决教育的实际问题，提高教育质量；也有利于有关基础研究的深化与发展。

不过，基础研究与应用研究的划分有时是相对的，常常互为补充。现在，有些人在区分基础研究与应用研究的基础上，从中分出另一类研究——发展研究，也称开发研究。发展研究是指运用基础研究和应用研究的成果为解决教育改革和发展中的问题而创造性地提出或制定可操作的方案、计划、对策及建议等。发展研究的目的在于发展，在于回答“如何改进”。例如，教学法问题，教育发展的战略策划问题，省、市学校发展的策划问题等。

（二）宏观研究、微观研究和中观研究①

教育科研从研究范围来划分，可以分为宏观研究、微观研究和中观研究。

宏观研究是指对与国家、生活发展密切相关的重大问题所作的综合性、系统性的研究。例如，东西部教育的差异与区域共同发展研究、西部大开发与教育发展研究、转型期生活的基本特征与教育发展形态的转换研究、终身教育体系构建与学习型社会的研究等。宏观研究的范围广，涉及面广，具有较强的指导性、方向性、综合性、全局性、长远性等特点。

微观研究是指对教育问题进行具体细微的研究。微观研究往往针对某个具体的实际问题，比如语文情境教学研究、单亲家庭子女心理特点研究、学困生学习行为特点研究、数学尝试教学研究等。与宏观研究相比，微观研究的范围小，具有单一性、灵活性等特点。

中观研究是介于宏观研究和微观研究之间的一种研究类型，它是指在某一范围内进行的综合性的教育科学研究。例如，城市中小学整体改革研究、农村中小学布局调整研究、中小学校长负责制研究、民办学校办学模式研究等。

---

① 参见王铁军．中小学教育科学研究与应用．南京：南京师范大学出版社，2005：7～8

不过，教育科研的宏观研究、微观研究和中观研究只是一个相对概念，随着参照系的变化，研究范围也会发生变化。

（三）思辨研究和经验研究

根据研究的思维方法，可以把教育科研分为思辨研究和经验研究。

思辨研究以思辨为主要方法，比如以逻辑思维和辩证思维为主要研究手段，从哲学、方法论的高度分析教育诸因素之间的关系，揭示教育现象的本质和规律。这种方法重“论证”，重分析问题的内在逻辑和深度。思辨研究虽然引用文献资料，也运用事实，但“事实”本身并不是研究的目的，“事实”只是用来说明观点的论据。

经验研究是指研究的方式是经验性的。“经验性意味着根植于经验的”，“可观察的人的行为、人所创造的东西以及以语言为中介的意见和关于态度、价值判断、意愿等，都属于经验上可感觉的社会事实”。① 经验性研究是指研究必须依据可感知的资料，属于经验上可感觉的社会事实。对教育研究而言，经验性研究就是研究教育事实。教育经验研究就是以经验为研究方式，对教育存在所进行的研究。

经验研究包括定性研究（质的研究）和定量研究（量的研究）。定性研究和定量研究两种方式一直被对立起来。定性研究和定量研究虽然具有很大的不同，但相较于思辨研究，二者又属于同一类研究。它们都强调教育事实，强调实证，只不过它们对教育事实的注重点有很大不同，定性研究强调对事实、事物的质的理解；定量研究强调数据，强调对事物的量化。二者的区别如下表所示：

定性研究与定量研究的区别表②

	定性研究	定量研究
资料来源	自然情境	经过严密控制的情境
研究成果的表现形式	文字或图片	数据
对研究关注的方面	过程	结果
分析资料的方法	归纳分析	演绎分析
关心的基本事情	意义与理解	变量与操作
学术属性	社会学、历史学、人类学	心理学、经济学、物理学
目标	描述现实、提高认识	检验理论、证实事实
设计	灵活、一般、可引申	有结构、预定的、正式具体
技术或方法	观察、漫谈	实验、有组织的交谈
与被试者的关系	热情接触、被试者即朋友	疏远、被试者—研究者
工具或手段	录音机等	项目表、问卷

任何事物都有质与量两个方面，因此，要全面地分析事物，往往需要定性分

① ［德］阿特斯兰德．经验性社会研究方法．北京：中央文献出版社，1995：3

② 郑金洲，陶宝平，孔企平．学校教育研究方法．北京：教育科学出版社，2003：27

析与定量分析相结合，但并不排除具体研究中有其自身的侧重点。另外，定性研究和定量研究可以相互补充。

三、教育研究的特点

作为一项复杂的研究活动，教育研究既有科学研究所具有的基本特征，也有自身的特殊性。

（一）科学研究的基本特征

作为一种有目的的系统探索活动，科学研究与常识、权威和传统等人们常用的认识世界的方法有重要的区别，这些区别蕴涵了科学研究的基本特征。科学研究的基本特征具体表现为：

1. 问题性

科学研究是一种有目的的探索过程，它总是由某些尚未解决的问题而引起。没有真实的问题，就谈不上科学研究。科学研究是围绕问题而展开的。只有当确定了明确的问题，并有计划、有组织地展开认识和实践活动时，才真正进入研究过程。

2. 创新性

科学研究的灵魂在于创新。科学研究需要发现新事实、获得新知识、产生新观点、探索新途径、解决新问题。创新性是衡量、评价科学研究的最重要的标准。

3. 继承性

虽然创新是科学研究的重要目的，但正如马克思所言，人们创造历史，“并不是随心所欲地创造，并不是在他们自己选定的条件下创造，而是在直接碰到的，既定的、从过去承继下来的条件下创造”①。从事科学研究，研究者必须充分了解哪些问题已经解决，哪些问题还没有解决或没有完全解决。比如，教师工作中面临的许多问题，如课程、教学、班级建设、学校制度、学校管理等，许多都是前人已有丰富研究的问题。要对这些问题进行研究，就必须以继承前人的成果为基础，寻找新的问题空间。

教育科学研究作为一种研究活动，也应该具有科学研究的上述特点，同时，应有其自身的特殊性。

4. 规范性

规范性是就研究的过程和方法而言的。科学研究为了澄清事实、揭示规律，要尽可能地排除干扰、克服随意性，必须超越日常的认识方法。研究过程和研究方法都需要遵循一定的规范。

---

① 马克思恩格斯选集（第一卷）. 北京：人民教育出版社，1995：603

（二）教育科研的特点

教育科研作为一种研究活动，也须体现上述科学研究的特点，但是，作为一种特殊的研究活动，教育科研还体现出以下特点：

1. 研究问题的复杂性

教育科研的基本对象是教育现象，由于教育现象是一种“人为”的社会现象，因此，与自然现象有着根本的性质区别。这种区别集中体现为：

首先，影响教育现象的原因是极其复杂的。任何一种教育现象，都必然涉及许多社会的、心理的、历史的、文化的和其他的因素。比如，学生的心理发展特点、学生的行为特征，既受到他自己特定的生理因素、心理因素的影响和制约，还受到他所生存的社会环境（包括社会制度、文化传统、家庭背景）、所具有的社会关系等方面的制约。教育现象的这一复杂性使得教育科研难以像自然科学研究那样分清现象的因果关系。

其次，教育现象的存在形态是复杂的。比如，教育研究的重要对象是教育中的人、人的行为及人与人之间的相互关系。人不同于无生命的物体。教育活动中的人，无论是教师，还是学生，都是有思想、有自我意识、有感情、有动机、有个性的复杂整体。在教育过程中，学生与学生之间、教师与学生之间、教师与教师之间构成复杂的多边关系。由于教育现象存在形态的复杂性，使得教育研究对各种教育现象的解释和预测很难像自然科学研究那样准确。

2. 研究目的的综合性和教育性

教育研究是一种综合性的事理研究。这种事理研究，“既不像自然科学，是对人的外界物体的研究，以说明‘它’是以什么为直接任务，也不像精神科学，是对人的主观世界状态的研究，以说明主体‘我’之状态、变化、性质以及为什么会如此等为直接任务。它以人类自己所创造、从事的活动为研究对象，既研究事由与事态、结构与过程、目标与结果等一系列与事情本身直接相关的方面，也研究如何提高活动的合理性、效率、质量与水平”①。总体而论，教育研究不仅要说明“是什么”，也要解释“为什么”，还要研究“如何做”，因此，教育研究的目的是综合性的。

教育研究还应该体现教育性。教育研究的教育性是由教育的本质属性和任务所决定的。教育是一种有目的的影响人的发展的社会活动。教育研究也应服务于一定的教育任务和教育目标。教育研究必须始终把教育人、培养人、塑造人作为出发点和归宿。教育研究的过程应体现教育性，尊重教育规律，教育研究的目的是为了促进人的身心发展。不能进行没有教育性的不利于人的身心健康发展的研究。比如，研究学生不良学习心理，不能故意让学生学习不良，然后再研究。

---

① 叶澜. 教育科学研究方法论初探. 上海：上海教育出版社，2001：324

3. 研究主体的参与性

客观性是科学研究的一个基本追求。为保障研究的客观性，需要强调两点：一是研究者的“价值中立”，即研究者不要让自己的需要、价值取向和思想观念等影响研究；二是研究对象独立于研究者之外。但对教育研究而言，这两种客观性都难以做到，一是研究者无法做到“价值中立”，他的价值取向、思想观念等会在不同程度上影响他的研究过程；二是研究对象无法独立于研究者之外。在教育研究中，研究对象往往是研究者本人正在参与的教育活动，研究对象往往会和研究者发生相互作用，研究者往往会干预研究对象。研究主体的这种参与性，使得教育研究无法实现像自然科学研究那样的客观性，也难以严格控制研究过程。

第三节　教师从事教育科研的特点

中小学教师要开展教育科研活动，是否意味着要从事所有的科研活动呢？教师的教育科研应该追求什么？教师的教育科研应该研究什么？教师的教育科研与专业研究人员有什么区别？随着中小学教师教育科研活动的开展，教师教育科研的定位和特点等问题成为日益困扰教师教育科研活动能否有效开展的一个具有普遍意义的重要问题。对这些问题的正确认识，是教师有效开展教育科研活动的关键。因此，有必要对教师的教育科研进行科学的定位。

强调教师从事教育科研，并不是主张教师从事所有的教育研究。教师从事教育科研应该结合自身的实际和特点，有所为，有所不为。

一、以改进实践为基本取向，以应用性和发展性研究为主

提倡中小学教师从事教育科研，从根本上来说是为了教育教学实践发展的需要，而不是为了满足教育理论发展的需要，“教育领域中最近的趋向表明，许多成功的研究，在于它考虑到自己成果的直接应用。绝大多数的任课教师显然喜欢这种趋向，因为他们赞成那些能直接派上用场的和直接产生有用知识的应用性更强的研究”[①]。因此，从事满足教育教学实践发展需要的，以改进实践为宗旨的应用研究和发展研究应该是教师教育科研的基本取向。也就是说，中小学教师进行教育科研的目标，不在于创造、创新多少理论，而在于通过有目的、有计划的教育研究活动，实实在在地解决自身教育教学过程中遇到的问题，促进教师个人的发展，促进学校的发展。

① 曹璇．试析中小学老师教育研究行为．中国教育学刊，2001（5）

【案例 1－7】

欧阳群壮的教师观：教师成为研究者

“要成为一名优秀的数学教师，不但要‘会教、乐教、善教’，还要善于解题和命题。要达到这一层很难，不过有一捷径，就是要努力使自己成为研究者和反思者，积极参与教育科研，在科研中提高，在反思中成长。教师成为研究者和反思者，是教师走向专家型和学者型教师、教育家的前提条件，个案研究是教育科研最简单、最实用的研究方法。”

欧阳群壮进行个案研究的出发点是对学生生命的尊重、对学生的人文关怀，旨在促进学生更好地发展。他遵循“关注人的发展，以学生的发展为本”的原则，力求使每一个学生都得到最大限度的发展。在他看来，每个学生都是独立的个体，都有各自不同的基础、个性、爱好、家庭背景，因此不能对全班同学采取同一种培养方案。欧阳群壮自创了一套“谈心解惑法”，即每学期至少找每位同学谈心两次以上，记下他们成长的过程，不让一个学生因为他的忽视而失去发展的机会。

欧阳群壮认为，目前教师可分为四个层次：教书匠、研究者和反思者、学者和专家、教育家。传统的教学制度将教师束缚在知识传递的位置上，教师的主要任务是教，是按教材、教学参考书、考试试卷和标准答案去教，至于为什么要教这些，为什么要这样教，怎样教更好，许多老师没有深入地思考。他们只满足于做工匠，停留在知识搬运工的层次，其工作失去了创造性，失去了应有的魅力。当今教育改革的深化要求教师的教育观念发生根本性的变化，要由“知识传递”过渡到“知识创新”，教书匠型的教师将逐渐被淘汰。新世纪要求教师成为研究者和反思者，要求教师树立强烈的教育科研意识，把教学与研究、教学与反思有机地结合起来，在教学实践中去提炼问题并研究解决，尽快摆脱“教书匠”的尴尬局面，不断超越自己、勇于创新，向研究者、学者型、专家型的教师发展。

资料来源：王枬．智慧型教师的诞生．北京：教育科学出版社，2006：222～224

从上述案例不难看出，欧阳群壮老师对研究的定位正是以自己的教育教学工作为切入点。他所强调的个案研究，他所自创的“谈心解惑法”都是立足于学生的实际，都是为了促进学生的发展。正是在这样一种立足于教育实际的研究中，欧阳老师实现了教育、教学与研究的统一。

强调教师的教育科研以改进教育教学实践为基本取向，意味着教育科研不是教师的一种可有可无的“身外之物”，而是强调教师的教育科研与教育教学工作的融合。教师的教育科研过程是一个以教育教学实践为基础，并最终指向教育教学实践的过程；教师的教育科研过程是一个研究的过程、一个学习的过程、一个解决问题的过程。这样，教师的教育科研过程就是一个研究、学习与工作的融合过程。正如有论者所言[①]：教师的教育研究是融合于教学活动之中的，从某种意义上说，它就是教育教学实践行动的一种形式，不是游离于教育教学实践行动之外的活动。融工作、学习于一体的教师研究的实践导向不只是改变教育实践，更在于教师对所从事的教育教学实践理解的增进，在于教师的教育信念、教育理想的不断建构。

二、立足于教师自身的优势和特点，以微观研究为主

教师的教育科研应结合自身的优势和特点，以微观研究为主。

教师从事教育科研具有专业研究人员所没有的优势。这种优势集中体现在教师生活在科研的“本源”之中。教师每天置身于复杂多变的教育教学情境中，面对各种各样的大量现实问题，实践各种教育教学理念，因此，较之专家学者，教师更了解教育教学的实际情况，更了解教育生活中的对象及其特征，更便于把握各种教育因素之间的互动关系，而丰富的教育教学生活中蕴涵着大量的科研选题。不过，由于教师的教育教学生活都是具体的，因此基于教育教学生活的科研应以微观研究为宜。

【案例1－8】

“山楂片”带来的思考

有一次，一位教师在小学一年级做一节数学研究课。当他引导学生想一想生活中有哪些圆片的时候，一个平时学习比较差的孩子小声说了一句：“山楂片”。这明明是正确的回答，却立即遭到旁边小组长的斥责：“别胡说。”为什么这个孩子一次难得的主动参与竟被小组长给打了回去？这个“山楂片事件”引起了这位教师的思考：看来，教师的错误观念潜移默化地影响着小干部。后来他就提出了“障碍学生主体性发挥的因素究竟有哪些”的课题研究。

资料来源：冉乃彦．中小学教师如何做研究．北京：人民教育出版社，2006：27～31

教师从事教育科研也有自己的特点。有研究者将中小学教师搞科研的特点归为“三短三长”[②]。具体而言，“三短三长”分别是指：①时间相对少，但是实践相对多。教师每天都有繁重、琐碎的工作，所以独立研究的时间会很少，但教师拥有丰富的实践，因此须将实践本身与教育科研结合起来。②眼界相对窄，但体

---

① 郑慧琦，胡兴宏．教师成为研究者．上海：上海教育出版社，2005：7

② 冉乃彦．中小学教师如何做研究．北京：人民教育出版社，2006：27～31

验相对深。由于教师不可能像专业人员那样经常了解相关研究领域的发展进展，故眼界会相对窄一些，但是，教师的教育教学过程实际上就是一个践行教育理念的过程，对教育理念会有更深的体验和理解。③理论相对薄弱，但是经验相对丰富。教师的这些特点也表明教师适宜从事微观研究，因为微观研究范围小，问题相对集中、明确，容易取得较好的效果。

但现在教师的教育科研中存在着“贪大求全”的误区。比如，在2000年11月，上海曾举办了一次研讨会，会议的一个中心议题就是“学校教育科研向何处去”。透过下面的会议报道，可以看到中小学教育科研存在的问题。

【案例1-9】

学校教育科研向何处去[①]？

在上海市教科院召开的题为“学校教育科研向何处去”的专题座谈会上，教科研究专家对当前存在的脱离教学实际的科研倾向提出了批评，一些教师的教育科研课题和教学论文题目偏大、内容偏空，专家用“教师做校长的题目，校长做局长的题目”一针见血地概括了这一突出问题……

年终是学校教育科研结题的收获季节，不少学校结集出版了教师的教学论文。但一些教师的科研课题和论文的题目明显存在着“求大轻小”、“重拔高轻实验”的倾向。某校教育科研室的负责人在统计教师交来的论文后说，存在这类问题的论文约占总数的三分之一，在青年教师身上表现得更明显。记者在教育行政部门中也了解到，在作为教师评定职称所需提供的论文中，也有题目大、内容空的情形。

市教科院副院长顾泠沅说，现在有些科研文章越写口气越大，越写里面的实际内容越少，越写抄的东西越多。一些专家认为这种现象主要表现为：一是“题目帽子大、内容身体小”，如怎样优化教学方法，在学科教学中如何实施素质教育，小学美育工程建设等；二是在“概念里打阵地战”，从头至尾将概念“分割”，完成引入、诠释、复述的“三部曲”，在书斋里玩弄某些名词，或者套用古今中外先哲的话语“指点江山”；三是远离实际教育问题，缺少深入的探索、实践，只有东抄西编地拼凑；四是任意拔高，缺少操作性和指导价值，研究方法和过程与研究目的不匹配。因此，一些教育科研课题和论文做完后就成了摆设，在实际教育实践中的指导作用不大。

资料来源：苏军．教育科研切忌空泛　治学重在指导实践．上海：文汇报，2001-02-17

上述案例反映了教育科研中存在的问题，而导致这些问题的原因是多方面

---

① 苏军．教育科研切忌空泛　治学重在指导实践．上海：文汇报，2001-02-17

的。一些教师往往“贪大求全”、“求大轻小”，不能立足于教师自身的优势和特点，展开有针对性的微观研究，当是其中的一个原因。

三、在教育教学的过程中展开研究，以行动研究为主

强调教师从事教育科研，不可避免地涉及教师日常的教育教学工作与研究工作的关系的处理。有些教师或学校有将二者对立起来的倾向，甚至有以牺牲教育教学时间和质量为代价来追求教育科研的业绩的倾向。比如，一些学校请代课教师上课，将自己学校的部分优秀教师从日常的教育教学工作中解放出来，专门从事研究工作。这样，虽然可能会带来一时的科研繁荣场面，但实质上，科研与教师的日常工作，与学校、学生的发展实际相脱离，科研成为装饰学校的“塑料花”，最终会危害学校、学生和教师的健康发展。

要处理好教师的日常教育教学工作与研究工作的关系，教师的教育科研还应与教育教学过程充分结合，以行动研究为主。伴随着中小学教育科研的深入，人们逐渐认识到“行动研究是中小学教师参与教育科研的最佳选择”①。之所以强调行动研究是中小学教师从事教育科研的最佳选择，是因为行动研究契合了中小学教师开展教育科研的根本目的，体现了教师从事教育科研的优势。

行动研究的最大特点在于研究与行动的糅合。“行动研究的目的在于透过科学方法的应用，以解决课堂内的问题。它关注的是特定情境中特定的问题，不重视研究结果是否可以类推到其他不同情境；也不强调研究变量的控制及操作问题。行动研究主要在于解决特定问题，不论研究场所是在一个教室还是多个教室，教师始终是行动研究的主要研究者。”② 立足于行动并着眼于行动改进是行动研究的目的，也是中小学教师教育科研的根本取向。同时，行动研究还强调研究过程与行动过程相结合。这体现了中小学教师教育科研的需要。

【案例 1－10】

这是一个美妙的过程

有着十几年历史学科教龄的倪老师，对自己十多年历史教学的得意和失意做了细致的回顾，在查询了大量资料和别人研究情况的基础上，将“初中历史‘质疑式’教学法”作为研究的课题。

倪老师做研究的第一步是精心设计了一份研究计划：从“如何从创设质疑教学情境开始，通过循序渐进、动态优化的教学策略，对探索质疑式历史教学法”的过程做了详细的设计。在学校科研顾问的指导下，倪老师又对计划做了修正，

---

① 参见申继亮．教学反思与行动研究——教师发展之路．北京：北京师范大学出版社，2006：50

② 郑金洲．教师如何做研究．上海：华东师范大学出版社，2005：26

并在课堂中开始实施。

课堂上，倪老师开始按计划进行她的教学。学校科研顾问和组内的教师观课后发问：应该怎样理解质疑？“质疑式教学”究竟要改变什么？是教师的教学方式，还是学生的学习行为？

倪老师没有想到这些问题，只是对几个星期以来的付出和专注被如此轻易地否定不甘心，她据理力争，但来自教研组的困惑和科研顾问的发问，不时让她语塞。

回家后，倪老师对研究计划做了认真的反思，又找来与研究课题相关的书籍，“恶补”了其中的相关理论。“把‘质疑’的目标看做是教学方法的创新与将学生获取‘质疑的能力’作为目标，是完全不同的。前者的‘质疑’是为了搞活课堂气氛而设置的教学手段和形式，后者的‘质疑’是学生进行探究性学习的一种能力，只有如此，历史课才能成为一种智慧性的学习活动。”一个星期后，倪老师深有感慨地在修正的研究计划前写上了这段文字……

倪老师还在行动，倪老师的故事也还远没有结束，按倪老师自己的说法是：“我一路辛苦地走过来，还要继续。这是个美妙的过程。”

资料来源：郑慧琦，胡兴宏．教师成为研究者．上海：上海教育出版社，2005：65

上述案例中倪老师所从事的研究就是行动研究的一个缩影。该项研究，从选题到进行到完善，始终与倪老师的历史教学这一日常教学工作紧密相关。研究是为教学实践所引发，研究也是在教学实践中进行和完善的。这样一个研究的过程也就是实践改进的过程，是一个行动和研究相结合的过程。

总之，强调教师教育科研的过程性，强调教师教育科研与教学工作的结合，强调教师以行动研究为主，是教师教育科研的又一个重要特点。

第四节　教师从事教育科研的基本准则

教师从事教育科研活动时，必须遵循一定的准则。教师从事教育科研活动的基本准则包括两个方面：一是道德准则，二是研究准则①。

一、教育科研的道德准则

（一）实事求是

实事求是即根据事实求出规律。实事求是是科学研究的最基本准则，教育科研也不例外。要坚持实事求是，就必须“尊重证据，禁止‘加工’或是扭曲所

① 刘电芝．中小学教育科研方法．重庆：西南师范大学出版社，2003：10

获得的实际材料；并且要勇于承认错误”[①]。要坚持实事求是，就意味着必须做到以下两点：

第一，必须转变观念，勇于承认错误。研究的失败或对预设假设的否定并不一定是坏事。失败可以给人许多有益的启示。科学研究是在否定原来结果的基础上，经过反复验证来实现发展的。因此，科学研究不要害怕失败。

第二，要禁止作假。禁止作假有两层含义。一是不能贪他人之功，把集体、合作研究占为己有，同时应实事求是地反映所引用的资料，详细注明出处；二是尊重研究的数据，不能因需窜改，同时要客观评价自己的研究成果，不要好大喜功、言过其实、夸夸其谈，如不能把“一点儿新意”夸大为“全新视角”，不能把“有所推进”冠之为“前所未有”等。

（二）严谨细致

求真是科学研究的根本目的。为了达到求真的目的，在研究中必须严谨细致、一丝不苟，使研究结构准确无误。严谨细致既是科学研究工作者的基本科学态度，也是应遵循的职业道德。比如，一些研究要运用观察法。这就需要有严谨细致的工作精神，按照预先设计的观察计划专注观察研究对象，并做好详尽的观察笔记等。

（三）讲伦理道德

由于许多教育科研以人为研究对象，这就需要研究者必须保护研究对象的尊严、隐私、权利以及敏感性，要讲伦理道德，避免对研究对象造成伤害。

讲伦理道德具体说来要做到以下几点[②]：

1. 谨慎设计

所有以人为被试的研究必须谨慎设计，研究对象的确立与研究手段的选择不能影响研究对象的发展。如果研究者对研究是否会对儿童造成有害的影响产生疑问，则应广泛征求有关人员的意见。

2. 征求同意

如果研究的对象是学生，必须征求学生的态度和意见，也须征得家长或亲属的意见。研究对象应自愿参与研究。

3. 严格保密

研究对象有权隐藏他们的个人情况。研究者应尽可能预计到对保密的潜在威胁，在处理隐私的问题上，可适当使用去掉识别符号，使用随机化回答以及统计法等手段。在公布研究资料时，必须充分掩蔽可以认出研究对象的迹象。

4. 告知结果

研究者应在适当的时候用适当的形式向研究对象报告或交流研究的结果。

---

① ［美］C. M. Charles. 教育研究导论．张莉莉，张学文译．北京：中国轻工业出版社，2003：11

② 陈静逊．小学教育科学研究方法．上海：华东师范大学出版社，2004：20

二、教育科研的研究准则

由于教育科研的研究对象的特殊性，教育科研除遵循一般的科学研究准则外，还应遵循以下准则①：

（一）客观性准则

客观性准则是指研究者在收集资料、分析和解释结果时，不能先入为主，不能只关注自己期待的信息，不能因为自己的价值倾向而有意或无意地只选择符合自己倾向、遗漏不符合自己倾向的信息，而应该全面收集材料，充分掌握研究问题的足够事实。

（二）发展性准则

发展性准则是指研究过程与研究结果应有助于研究对象的身心健康发展。这就要求：①研究设计的活动和任务不与日常所倡导的正确的行为规范相悖，不要抵消正面教育的效果；②不能当着研究对象的面随便议论、损伤他们的自尊心或自信心或使他们感到焦虑；③在采用对照组研究时，不能为显示实验组的效益而剥夺对照组儿童基本的教育环境与条件。如果认定在研究中进行的实验处理是有益的，那么，其他组有权要求在条件许可时得到同样有益的处理。

（三）公共性准则

研究者要运用明确的文化符号清楚地表达研究工作的程序、方法和成果，以保证其他人能了解整个研究过程。这就要求研究者一方面要把握追踪学术发展的脉络，立足于相关领域的前沿，注意辨析相关概念的定义，把握研究者们已经形成的共识；另一方面需要界定一些尚有争议的概念，形成自己认可的定义，并在研究中能将这一概念贯彻到底，使其他人能明确地把握你研究的核心概念的内涵。

（四）继承与创造相结合的准则

继承与创造相结合的准则是指教育科研既要对前人的教育成果批判继承，也要不断发展和创新，使批判和创新辩证统一起来。

思考与练习

1. 自20世纪90年代以来，“教师成为研究者”成为一种颇具影响力的新观念。请结合自己的工作体会，谈谈教师从事研究的意义、优势和困难。

2. 不少研究者主张将中小学教师的教育科研定位为行动研究。你是否同意这一观点？为什么？

---

① 杨小微．教育研究方法．北京：人民教育出版社，2005：56～57

第二章　教育科研的基本过程

内容提要

本章主要探讨了教育科研的基本过程。主要内容包括：

1. 教育科研选题的来源、选题的基本原则和课题明确化的基本方法
2. 文献检索的基本过程与检索方法
3. 教育研究假设的构建、教育研究方案的设计
4. 教育科研资料的整理与分析

研究是一个过程。虽然教师的教育科研有其特殊性，但作为一种研究活动，也需遵循研究的一般过程。要开展教育科研，首先必须掌握教育科研的基本过程。研究过程“在某种程度上是由一连串有因果联系的步骤构成的”[①]。不过，关于研究过程由哪些步骤组成，存在不同的观点。我们认为，一项具体的研究，大致包括以下几个步骤：①选择问题；②文献检索；③构建研究假设；④设计研究方案；⑤收集与分析资料；⑥得出结论并撰写研究报告。

本章将就上述基本步骤展开论述[②]。

第一节　教育科研选题

选题是教育科研工作的起点。所谓选题，是指经过选择来确定所要研究的中心问题。爱因斯坦曾经说过：“提出一个问题往往比解决一个问题更重要，因为解决一个问题，也许仅仅只是一个数学上或实验上的技能而已。而提出新的问题、新的可能性，从新的角度看旧的问题，却需要创造性，且标志着科学的真正进步。”俗话说，发现问题比解决问题更重要；提出问题等于解决问题的一半；一切研究起源于问题。没有选题就无所谓研究，所有的研究程序都是围绕选题而展开的。选题是研究的方向和目标，它影响研究计划的设计，决定研究方法的选择。因此，选题对教育科研的重要性不言而喻。对教育科研来说，最大的问题就是没有问题，选择合适的研究问题相当重要。但正所谓万事开头难，选择一个恰

---

① ［美］威廉·维尔斯曼．教育研究方法导论．袁振国主译．北京：教育科学出版社，1997：4

② 因本书第六章将专论研究报告的撰写，故撰写研究报告部分将不在此处讨论。

当的问题并不是一件简单的事情，有很多因素影响到问题的选择。比如，研究者的理论素养、生活阅历、研究兴趣、社会环境、所具有的客观条件等。因此，要从事教育科研，首先必须明确如何去选题。

一、研究问题的主要来源

研究问题从哪里来？教师的教育科研选题蕴涵于丰富的教育理论和扎实的教育实践中。教师的教育科研可以从发现身边的问题起步，也可以将工作中碰到的困惑、矛盾提炼成可以开展研究的选题。具体说来，教师的选题来源主要有以下三个方面。

（一）教育教学实践领域中的问题

实践出真知。教育教学实践涉及领域广泛，比如，课程教材、教学、班级管理、学生工作等。如果我们具有问题意识，乐于、善于思考日常碰到的教育现象，善于反思自己在教育教学中遇到的难点、困惑，善于敏锐地从具体的教育教学场景中发现和捕捉问题，就会发现问题真的无所不在。

【案例2－1】

关于说话的故事——一个语文教师的选题形成之路

朱老师是一位语文教师。他思想缜密、细致、冷静，在教学实践活动中善于揣摩，刻苦钻研，在语文教学研究中取得了好成绩。在教学中他发现一个现象，就是班上的一些同学，虽然长在大城市，见多识广，但在课堂上并不会“说”，其中一个男生的情况十分突出：上课从不主动发言，要是叫他起来，他会既羞愧又胆怯，要么不说，要么语无伦次。为什么这么怕“说”呢？朱教师不是简单地判断“他不爱说话，不会说话，天生表达能力就差”，而是非常好奇，想“把眼睛放到幕后去探个究竟”，了解这位男生怕“说”的原因。朱老师经过了解发现，这位男生从小生活在一个不和睦的家庭中。家里总是硝烟弥漫、郁闷压抑。父母天天吵架，且常常把无名之火发在他的身上。尤其是他爸爸，对他特别凶。他从小就只能小心翼翼地看着爸爸的脸色，不敢说话。时间一长就形成了心理障碍。了解了这位同学的情况后，老师又对其他同学的情况进行了了解，并在有关方面的帮助下对他们进行了相关的心理测试，结果发现这群不擅长表达或表达有障碍的学生，在同一种“不会说”现象的背后，各有各的原因。

鉴于上述调查与分析，朱老师采用“重点突破、触动全局”的策略，先从那个最不敢说话的孩子入手。朱老师先采用反复教育、疏导和鼓励等常规办法，但效果不大。后来就想干脆“以毒攻毒”，你不敢说，我就让你担任班级的领操员。开始，这位学生站在同学面前，脸憋得通红，但张不了口。朱老师很有耐心，坚持让他天天站在领操的位置。终于有一天，这位学生突然大叫一声“立正”！就是这一喊，好像撕开了年代已久的封条，这位学生终于开口说话了，不仅仅在领操的时候，在课堂上也开始开口了。

这位同学的进步与成功犹如一石激浪，给班上其他不愿开口的同学带来了很大的触动。朱老师也以这件事为契机，以“初中生说话能力训练”为选题，开始对“说话”进行更加深入和系统的研究。

资料来源：郑慧琦，胡兴宏．教师成为研究者．上海：上海教育出版社，2005：25 ~26

上述案例中朱老师的选题是从他的教学观察中得来的。可以说，教师的教育教学生活中蕴涵着不少值得研究的问题。具体而言，可以从以下几个方面去寻找、提炼教育教学实践中的问题。

1. 从教育教学的疑难或困惑中寻找问题

时代在发展，观念在转变，学生个体和群体的变化也在加剧，教师时常会遇到各种疑难，而疑难则预示着问题的可能。

【案例 2 -2】

教育教学中的疑难类型

第一，教师的设想、计划与实际效果之间的差距。例如，新课程要求教育教学过程中突出学生的体验，引导学生在参与当中体验，在互动中生成。教师以此为基点，通过一系列的教学设计，试图达到引发学生兴趣、唤起学生学习热情的目的，但实施下来，效果并不明显，并且学习成绩也受到一定影响。

第二，教育教学情境中教师与学生、学生与学生之间的目标或价值取向的冲突与对立。例如，教师从“培养学生的创新精神”这一指导思想出发，在教学中常常布置一些具有挑战性的课堂或家庭作业，但这种做法造成了一些学生跟不上功课，经常伴随着一种失败感，甚至导致学生厌学的情绪。

第三，教育教学中的“两难”情境。例如，顾及了单个学生的个性发展，就有可能妨碍学生集体的发展；关注了学生的兴趣，就有可能削弱规范；课堂和班级生活中确立了学生的主体地位，又有可能影响教师主体地位的实现。

第四，不同的人和群体对待同一教育教学行为的不同看法。例如，有的教师为了进一步提高教育教学质量，在教学中不断尝试，但周围同事和学生家长却不一定认同。

上述疑难与困境，是教师几乎每天都会遇到的，没有现成的模式可借鉴套用，只能将其转化为研究对象寻求解决对策。

资料来源：郑金洲．教师如何做研究．上海：华东师范大学出版社，2005：

46~47

2. 从具体的教育教学场景中捕捉问题

中小学教师从事教育科研的优势在于我们天天生活在教育教学实践中，在于我们拥有“原生态”的教育场景。不确定的丰富的教育场景是问题产生的真实土壤。如果我们具有自觉的问题意识，能够对稍纵即逝的场景进行思考，不放过任何一个可以提问的细节或现象，就可能捕捉到问题。

【案例2-3】

他为什么这样改错别字？

——科学思维方法养成的个案研究

一位教师在上课的过程中，发现一个学生改错别字和别的同学不一样，别的同学是教师一说“写错了”，就马上拿起橡皮把整个字全擦掉，甚至把整页纸撕掉；而这个学生是先搞清楚错在哪里，然后仔细地擦掉那一小部分。这位教师觉得这个小学生有科学头脑，就以他为个案，研究他的科学思维方法是如何形成的。

资料来源：冉乃彦．中小学教师如何做研究．北京：人民教育出版社，2006：45

3. 从成功的教育经验中提出问题

不少教师在教育实践中积累了不少成功的经验，如与学生交往方面、教学方面、班级管理方面等。成功的经验体现了教师的特长和教育智慧。如果我们能从经验入手，分析成功经验的特点，挖掘经验背后的原因，就可能提炼出经验的主题，总结出经验中的教育规律。已有的成功经验中也蕴涵着选题的生长点。

4. 从教育实践的热点中提出问题

当前，教育实践中有很多热点问题或“流行”问题。喜欢“流行”是可以理解的，但“流行”不是盲目地“赶时髦”，而需要结合实际，需要将自己对教育热点问题、教育发展趋势的认识和自己的教育教学实践结合起来，找到热点问题与自己实际的结合点。

【案例2-4】

课题从追寻“流行”中来

刘老师是一所初级中学的语文教师，在教学实践中她感言：随着学生年级的升高，对语文越来越失去兴趣，尤其是作文让他们感到头痛。她了解到档案袋的收集和评估是国内外比较流行的一种先进的学业成绩评定方式。她借鉴先进方式，选择写作作为迁移点，提出了“通过写作档案袋提高中学生语文学习的自我效能研究”的选题。

资料来源：郑慧琦，胡兴宏．教师成为研究者．上海：上海教育出版社，2005：12

（二）从理论学习中发现问题

除在教育教学实践中寻找问题外，我们还可以把视野放开，从理论学习中去发现问题。比如，我们可以去阅读相关的教育著作，看别人在做什么研究，这种研究有什么进展，是否存在一些需要进一步研究的问题。

理论学习主要是通过阅读、听取讲座等途径来实现的。其中，包括阅读教育经典名著、现当代教育著作和教育专业杂志。由于时间的限制，教师不太可能系统地阅读大量的名著，因此可以选择两三本有影响的著作，并定期地浏览专业杂志，比如《教育研究》《华东师范大学学报（教育科学版）》《课程·教材·教法》《教育研究与实验》《教育理论与实践》《教育科学》《教育参考》，以及和自己学科专业相关的权威杂志等。不需要篇篇都认真读，但要从标题中了解前沿，了解其他人在研究什么问题。与自己的兴趣、困惑相关的可以精读。

【案例 2－5】

学习让我不断地成长

在世人眼中，谈到理论学习和教育研究总是给人以抽象和枯燥的感觉，谈到阅读却给人以充满想象、放飞思维的空间。回顾自己学习和研究的过程，博览群书确实令我展开了双翅。

在任职学校的教育教学过程中，有很多问题需要探索和研究，从这个意义上说，教师实际上处于教育科研的最佳位置。通过一个课题的研究，使自己的教育教学实践能力增强、水平提高，并且能将教育科研的理论研究转化为自己的教学实践，并指导实践。在每个课题研究过程中必须进行相关理论的学习，然后再对有关教育问题进行研究。

1999 年教育部颁布了《关于进一步深化普通高等学校招生考试制度改革的意见》，提出在“3＋X”中引入综合能力测试。考试改革促使我为自己确定了“中学生综合能力测试的研究”的研究课题。……

为进行上述研究，我阅读了很多与本研究相关的书，最值得一提的是美国教育专家布卢姆的《教育评价》、华东师范大学施良方的《学习论》。这两本书虽然理论抽象，文字有些枯燥，但结构体系严密，信息量大。我采取先通读几遍的方式，然后选取几个部分进行精读，特别是《学习论》一书，有些重要的地方阅读数十遍，最后才在书中找到自己能够理解的地方，并用于指导自己教育研究实践的部分。……经过反复学习、研究以及实践的过程，我变得非常喜欢这本书，它不仅指导我的教育科研，还指导我的教育实践。……

读书是我生活和工作中的重要组成部分，它不仅影响我的工作和生活，而且使我通过享受这一意境，体验读书的魅力，丰富和朋友的交往过程，促使我和学生的关系融洽。

资料来源：褚慧玲．学习让我不断地成长．引自郑慧琦，胡兴宏．教师成为研究者．上海：上海教育出版社，2005：53～56

上面案例中的褚老师所谈的是理论学习对她成长的多方面的意义，不过也涉及理论学习对研究问题的构思等方面的作用，可以说理论学习是开阔人们视野的重要路径。我们可以通过相关理论推演出某种假设、原则，然后再作为问题进行研究。具体而言，在理论学习中，可以从以下几个方面去发现、提炼问题。

1. 学习已有的研究成果，并用来探索新问题

不少教师的课题研究是在学习已有理论的基础上提出或具体化的。比如，一个教师在学完《中学生心理学》后，对“注意”内容很感兴趣，结合自己所教班级学生注意力不集中的现象，选择“提高初一学生注意稳定性的策略研究”作为自己研究的问题。还有一个学校邀请一个专家来校做了一场学习理论方面的报告，一些老师对“学习理论”很感兴趣，并进一步学习，在此基础上开展了一个集体项目“义务教育阶段小学生学会学习的策略研究”。

2. 在观点的争议中寻找问题

历史常常有惊人的重复现象。现实生活中的很多问题在历史中可能已经出现过。当代学者研究的课题很可能在历史中曾经发生过激烈的争论。教育发展史看起来像个意见纷争、众说纷纭的展览馆，但无论是争论的问题，还是关于问题的观点，还是比较集中的，比如形式教育与实质教育之争、生活世界与科学世界之争等。凡是有教育争议的地方，可能就隐含了值得研究的主题。这需要我们去梳理相关争议，很有可能在梳理的过程中就会发现某些值得研究的主题。

3. 以逆向思维来开拓课题

以逆向思维来开拓课题，也就是强调多角度来提出问题，特别是从反向来提出问题，多一些质疑精神。例如，当大家都在谈论如何实施素质教育时，我们反过来探讨当前的学校教育中哪些方面不属于素质教育。再如，肯定性评价已成为教育界所倡导的评价理念，换个角度来探讨否定性评价是否没有作用。大家都在讨论如何激励学生时，换个角度来思考惩罚的教育意义等。有一个教师就此展开了“否定性评价对形成小学生良好行为的效果研究”，取得了较好的效果。

（三）从多渠道科研信息中寻找问题

1. 各级科研主管部门的选题指南

教育科研选题的另一个重要来源就是各级教育科研管理部门制定的"教育科研规划课题指南"。从教育部到各县级教育行政部门，每五年都要制定一个规划课题指南。指南中有多层次、多类型的科研课题系列。选题指南就是问题信息。选题指南是我们选题的一个很重要的来源。针对规划中的课题进行申报，往往成功的可能性很大。即使得不到立项，只要我们自己长期坚持研究，就会得出有价值的研究成果，形成相对稳定的研究传统，以后再申报相关课题就有了好的基础。

2. 在与外界的接触中捕捉信息

观摩课、参加学术会议、接受培训、进修、听讲座等各种与外界接触的机会也蕴涵着选题。要带有问题意识，在与专业人士交流的过程中发现适合自己的研究问题。

【案例 2－6】

班集体良好的道德氛围培育研究——公开课中凝练的问题

一次语文课上，学生们都在津津有味地朗读《台湾的蝴蝶谷》。一会儿，大家都陆陆续续读完了，唯独还有一个同学，仍然在慢慢地结结巴巴读着课文，这时全场静悄悄的，没有一个人表现出不满的神情，更没有人去嘲笑他。多数同学在继续默读课文，还有几个学生陪着他慢慢把课文读完。这时，教师特别表扬了那些"陪别的同学把课文读完"的同学。

自尊与尊重别人是主体性的重要表现，这种品质应该落实到日常的具体行为上。听课的老师亲临那个情景，感到一种心灵的震撼。大家对这节课的评价是：一个人的能力有大有小，但是都应该受到别人的尊重。这个班的同学，都能够自觉地尊重那个读得慢的同学，让人深深感受到了这个集体良好的道德氛围。大家希望这位老师能抓住这个问题继续探讨。老师受大家的鼓励，准备进一步深入进行"班集体良好的道德氛围的培育"的研究。

资料来源：冉乃彦．中小学教师如何做研究．北京：人民教育出版社，2006：37～38

二、选题的基本原则

研究问题的来源主要说明从哪些方面去发现问题，但在教育教学实践中，在教育科研过程中，我们困惑或感兴趣的问题可能很多，但并不是所有的问题都值得研究，我们需要对问题进行选择，而选择问题时需遵循一些基本原则。

（一）价值性原则

价值性主要是指选择的问题要有价值，包括理论与实践两个方面，其中理论价值体现在拓展有关知识，能为教育理论增添新内容，如理论的构建、发展与完善等，实践价值则体现在能解决实际问题。不过，因强调中小学教师教育科研的应用性，所以，选题的价值也侧重于实践价值。由于实践领域十分广泛，需要对实践价值的大小进行判断。一般来说，一些影响全局的关键性问题，一些急需解决的迫切问题，一些对打开局面有影响的突破性问题都是具有较大应用价值的问题。

（二）科学性原则

科学性是指选题要符合最基本的科学原理和客观实际，要有理论依据和事实依据。比如，有人要研究一种使所有孩子都成为超常儿童的教育方法，或者要研究一种永远不会遗忘的记忆方法等，就是违背科学规律的。另外，选题也要具体、明确。研究的对象、研究的范围、研究的内容以及研究的方法都要具有科学性，不能空泛、模糊，更不能凭空臆想。

（三）创新性原则

创新性是指选题要具有自己独特的特点，有别于其他研究的特点。创新性是评价教育科研选题的重要标准，也是科学研究的生命力所在，但对创新性要有正确的认识。"创新"不仅仅是指"填补空白"式的前人完全没有研究过的问题。对于中小学教师或者对于大多数研究者来说，创新性的内涵是丰富的，新内容、新角度、新思路、新方法、新对象等都应视为具有创新性。比如，同样的研究内容，使用的研究方法不同也属于创新，如过去用经验总结法来研究学困生的特点及转化策略，但现在如果通过个案追踪进行研究，就叫方法的创新。再比如，前人进行过"20世纪80年代青少年价值取向研究"，那么，现在我们可以选择同一主题、同一内容、同一研究对象但不同时期的这一问题进行研究，如"21世纪初青少年的价值取向研究"，这也叫创新。总之，对创新要有广义的认识。不过，无论如何创新，都要有明确的目的，要有理论或实践的价值，不能单纯地为创新而创新、为不同而不同。

（四）可行性原则

可行性是指选题时要考虑现实可能性。如果根本没有实现的可能，即便是一个很有价值的选题，也等于零，甚至还会劳民伤财。关于可行性，可以用三句话来概括：

一是知课题之难易。课题的难易程度直接影响研究成果的水平和质量。课题难度大，影响因素也多，出了成果影响大、分量重。不过，由于涉及的变量复杂，对研究者的主客观要求高，如果研究者力所不能及，反而会半途而废。课题小，涉及的范围小、变量少，对研究者的主客观条件要求相对低一些，容易出成果。切忌好高骛远。不是人有多大胆，就会地有多高产。

二是知主观之短长。研究者自身要对自己的情况有理性的分析。其具体包括专业特长、知识基础、兴趣爱好、科研能力和经验、时间精力等。

三是知客观之利弊。主要了解研究所需要的客观条件。比如经费、设备、文献资料、背景环境、协作力量等。

【案例 2-7】

好的研究问题的特征

弗林克尔和瓦伦提出，好的研究问题应该具备四个基本特征：①问题是切实可行的（它在有限的时间、精力或财力下就可以完成）；②问题是清楚的（大多数人都会同意这个问题中关键词语的意思）；③问题是有意义的（它值得研究）；④问题是符合道德的（它不会造成对人的生理或心理上的伤害，或者对人类所生存的自然环境或社会环境造成损害）。

资料来源：黄希庭，张志杰．心理学研究方法．北京：高等教育出版社，2005：26

三、选题的明确化

正如科学研究是一个过程一样，科研选题也不可能一蹴而就。特别是初学者或缺乏经验的研究者在选题过程中，很容易选择一个比较大的、宽泛的，或者比较笼统的模糊的问题，或者误把研究领域当成问题。选题的过程实际上是一个不断由面到点、不断集中的过程。这样一个过程就是选题明确化的过程。

（一）选题明确化的含义

“所谓研究问题的明确化（focus the problem），指的是通过对研究问题进行某种界定，给予明确的陈述，以达到将最初头脑中比较含糊的想法，变成清楚明确的研究问题。”[①] 选题的明确化是选择研究问题的过程中不可缺少的重要环节。它有助于将最初头脑中比较含糊的想法变成清楚明确的研究问题，将比较笼统、比较宽泛的研究范围或领域变成具体的切实可行的研究问题。

比如，有人说要进行“教师专业发展研究”、“学科教学研究”、“师生关系研究”、“课程研究”等，这一类题目实际上还不是研究问题，而是研究领域或研究主题，并不能表明他真正要研究什么。只有使问题明确化，研究才能够进一步进行。

（二）选题明确化的方法

1. 变化问题的内容范围

可以通过变化问题的内容、范围使问题明确化。比如，对于宽泛的问题，要使研究的问题明确化，通常的做法是将其转化为狭窄的问题；对一般化的问题，可将其转化为特定的问题，也就是说对问题不断聚焦。比如，“小学生语文学习”是一个十分宽泛的问题领域，其内涵不是某一个具体研究课题所能包含的。

① 风笑天．社会学研究方法．2 版．北京：中国人民大学出版社，2005：56

一项具体的研究，只能选择其中的某一个或几个方面进行研究，以通过限制和缩小问题的内容范围将之转化为具体的问题，如“影响小学生语文学习成绩的原因研究”、“小学生语文学习的特点研究”、“教学模式与小学生语文学习兴趣的相关研究”等。

在将宽泛的问题明确为具体问题的过程中，查阅文献具有重要的作用。通过阅读有关文献，了解已有研究的状况，寻找问题的集中点。比如，要研究“中学生厌学的原因”，通过阅读文献，发现已有一些研究对家庭因素、学校因素、大众传媒因素等方面都进行了探讨，但很少有研究涉及同辈群体对学生厌学的影响。那么，问题就可以集中在这一点。

2. 清楚地陈述问题

研究问题经过聚焦之后，还需要以恰当的方式将问题陈述出来，变成研究课题。一般采用陈述句的形式。要使别人一看你陈述的研究问题就能明白你到底要研究什么。陈述的主语往往可以省略，但谓语和宾语是不能省略的。

一个研究问题的陈述也要反复斟酌。一般而言，完整的研究课题陈述要求具体明确，最好能包括研究范围、研究对象、研究内容甚至研究方法，比如“初中生代数自学辅导程序教学的实验研究”、“小学生基础教育模式实验研究”、“关于优秀教师的成长影响因素的调查研究”等。

问题陈述清楚表明研究问题清楚，研究目标明确，对下一步研究具有重要的作用。

（三）确定与界定研究变量

研究问题明确清楚后，进一步要做的便是确定研究活动的关键变量（或概念），并对相关概念进行界定，即确定和界定研究变量，由此必须首先认识什么是研究变量。

1. 研究变量的概念

变量是指在质或量上可以变化的概念或属性，研究变量则是指研究者所要研究与测量的、随条件变化而变化的因素，而与研究变量相对应的是常量。“常量是一个研究中所有个体都具有的相同的特征或条件。与此相反，变量是在一个研究中不同的个体体现出不同价值的特征和条件。”① 如果一个研究者想研究两种不同的教学方法对初二学生数学学习成绩的影响，那么，初二年级是一个常量，因为每个被研究的个体都是初二的学生，初二对每个个体都是相同的，所以它是研究中不变的条件；而数学学习成绩和教学方法则是该研究中的变量。

教育研究与社会科学的许多研究一样，所研究的问题往往是变量之间的相互关系。为了便于分析和探讨现象之间的因果关系，教育研究者也需要像其他所有科学家一样从变量之间的相互影响和相互关系来分析现象产生的原因和结果，揭

---

① ［美］威廉·维尔斯曼. 教育研究方法导论. 袁振国主译. 北京：教育科学出版社，1997：40

示教育教学规律。比如，学生的学习动机与学业成绩之间的关系研究、学校组织气氛与教师工作满意度之间的关系研究等，都涉及变量之间关系的探讨。不过，由于教育研究的复杂性，一项具体的研究中往往许多变量交织在一起，但不可能对所有变量进行研究，因此，研究者必须进一步认识变量的性质，并区分不同类型的变量，从而确定主要的研究变量。

2. 研究变量的类型

虽然教育研究也如同其他研究领域一样，研究变量的种类很多①，如自变量与因变量、观察变量与中介变量、主动变量与属性变量、连续变量与类别变量、心理学变量与社会学变量等，但是在教育研究中，应用最广泛的还是自变量、因变量和无关变量②。

（1）自变量。

自变量，又称刺激变量，是引起或产生变化的原因，是研究者操纵的假定的原因变量。当两个变量之间存在某种关系，其中一个变量对另一个变量具有影响作用时，这个有影响作用的变量就是自变量。

（2）因变量。

因变量，又称反应变量，是指受自变量影响的变量，是自变量作用于被研究者后产生的效应，也是研究者要测定的假定的结果变量。

（3）无关变量。

无关变量，也叫控制变量，是指在一项具体的研究中与特定的研究目标无关的非研究变量，是需要加以控制的变量。

例如，上面提及的“学生的学习动机与学业成绩之间的关系研究”，“学习动机”影响“学业成绩”，所以，“学习动机”是自变量，“学业成绩”是因变量，其他因素，如学生的智力水平、原有的学习基础、教师的水平、班级、学校、家庭等，虽然对学生的学业成绩都有影响，但不属于该项研究的研究范围，因此是无关变量，是需要加以控制的变量。

再如，“学校组织气氛与教师工作满意度之间的关系研究”，“学校组织气氛”影响“教师的工作满意度”，所以，“学校组织气氛”是自变量，“教师的工作满意度”是因变量，其他因素，如学生状况、社会环境等虽对教师的工作满意度有很大影响，但不属于该项研究的研究范围，因此是无关变量，是需要加以控制的变量。

3. 界定研究变量

研究中的主要变量（或概念）一经确定，接下来要做的就是界定研究变量，即赋予变量明确的含义。对概念进行定义是选题明确化的最后一个环节，也是整

---

① 李方．现代教育研究方法．广州：广东高等教育出版社，2004：41

② 郑金洲，陶保平，孔企平．学校教育研究方法．北京：教育科学出版社，2003：58

个研究中一个必不可少的环节。仍以上面的例子来分析。如果你要研究学生的学习动机与学生的学业成绩之间的关系，你的研究变量就是学习动机与学业成绩，但究竟什么是学习动机？什么是学业成绩呢？为了研究的进行，你必须对它们进行界定，即给变量下定义。只有当你明确了学习动机是指什么，学业成绩如何体现等问题后，研究才可能继续。

在教育科学的研究中，很多概念不像自然科学研究中的概念具有十分明确的含义，教育科研涉及的概念往往是多义的，甚至是有歧义的。比如，关于智力的概念有一百多种理解；关于素质教育的概念也有二十多种理解，如果你要研究这些问题，但不界定这些研究问题的概念，就可能概念不清，或者研究思路不清，或者研究根本无法进行。

界定变量的方法主要有两种：

（1）抽象性定义。

抽象性定义就是从抽象的概念意义上对变量共同的本质属性进行概括，其特点是用一个概念来界定另一个概念，而不是根据可观察或可操作的特征来界定变量的意义。词典和一些教材中采用概念性定义法的比较多。其特点是在定义中直接述及被界定变量所指事物的性质或特征。例如，将“智力”定义为“一种抽象的思维能力”，将“兴趣”界定为“人对现实世界的对象和现象的特殊认识倾向”，将“焦虑”界定为“忧虑或紧张的情感状态”等。

抽象性定义是教育研究中经常用到的一种界定变量（或概念）的方法，但要真正给一个概念下定义却是非常难的。概念性定义既要符合语义学、逻辑学方面的基本要求，也要把握变量（或概念）的本质。如果研究者对变量（或概念）涉及的领域不太熟悉，对别人、对这一变量（或概念）的界定也不清楚，便不可能对变量（或概念）下定义。

一般来说，抽象性定义的方法主要有以下三种①：

第一种方法是一种经典的定义方法。该方法是通过用种差加属概念来界定变量（或概念），即被定义者 = 种差 + 邻近的属概念，如，“教育是有意识的以影响人的身心发展为直接目标的社会活动”②，就是通过不断寻找种差和邻近的属概念，即活动—社会性活动—对人有影响的社会性活动—以影响人的身心发展为直接目标的社会性活动来实现的。

经典的定义方法实际上是对变量本质属性的一种探讨，可以构成独立的研究，适用于理论研究，特别是以界定概念为主要研究目的的研究。

第二种方法是从文献中寻找合适的定义。这是教育研究中经常采用的一种界定概念的方法，研究者从专业的教科书、词典、百科全书等有关条目中寻找合适

---

① 郑金洲，陶宝平，孔企平．学校教育研究方法．北京：教育科学出版社，2003：60

② 叶澜．教育概论．北京：人民教育出版社，2000：8

的定义。有人从组织文化的角度研究学校的特性，对组织文化的界定便可以通过文献的梳理，将一些有影响的组织文化概念集中起来，然后对比分析，提出自己的观点或直接借用其中的文化概念。

若采用这一种方法，要注意文献引用的权威性。

第三种方法是自行定义。如果所做的研究没有现成的定义可以引用，研究者可以根据研究目的和研究问题的需要来自行定义。自行定义可结合几种方法，具体为：首先确定概念的上位概念，然后分析概念的内涵及其本质，将概念的上位概念和概念的本质属性结合在一起，就构成该概念的定义，比如，要定义“智力”，“智力”的上位概念是“能力”，“智力”的内涵和本质特征是认知的、抽象思维的，那么，“智力”就可以界定为“一个人的认识能力和抽象思维能力”。

不过，需要说明的是，抽象性定义存在一定的局限性。其最大的局限性在于它很难与可观察的世界联系起来，很难具体化、操作化。比如，培养学生的创新能力、培养学生的自主性等成为广大教师都非常熟悉的用语，但如何才叫具有创新能力？怎样才叫学生的自主性？如果对创新能力、学生的自主性等只是抽象性定义，缺乏对它们的具体化，那就很难与实践活动、与现实世界的联系有机地结合起来，并由此带来研究的混乱和无序。因此，在一些教育研究中，特别是在实证性教育研究中，必须对变量（或概念）进行操作性定义。

（2）操作性定义。

“操作性定义是一种规定，它使被确定的需要定义的变量和条件的操作或特征具体化”①，是将抽象的概念转换为可观察的具体指标的过程。例如，为“智力”下一个操作性定义为“韦氏智力测验测得的分数”，“记忆”的操作性定义为“能够准确回忆出识记过的材料的内容的数量”，“发散思维”定义为“砖的用途测试的分数”等。

操作性定义的最大作用在于使抽象的概念或变量具体化，使那些通常只存在于人们头脑中的抽象概念“变成”看得见、摸得着的东西。比如“同情心”，可什么叫“同情心”？虽然可以用很多诗一样的句子去形容它，但如果要研究当前学生的同情心状况，就需要将同情心具体化，也就是操作化。比如，有人将“同情心”转化为“主动帮助盲人过街”、“主动向灾区捐款”、“主动给乞丐钱物”等②。这样便使抽象的同情心成为可以观察、可以操作的指标。

① ［美］威廉·维尔斯曼．教育研究方法导论．袁振国主译．北京：教育科学出版社，1997：47

② 风笑天．社会学研究方法．2版．北京：中国人民大学出版社，2005：97

【案例2－8】

“大脑会因经历的不同而改变”实验中对变量的操作性定义

“大脑会因经历的不同而改变”实验是心理学家罗森茨威格等于1972年所做的著名实验。该实验所探讨的是脑与心理现象的关系。在实验中，研究者共进行了16次实验，每次实验都使用了12组老鼠，每组有3只老鼠，都是从同一胎所生老鼠中选择出的雄鼠。在每次实验中，每组的3只老鼠都被随机分配到3种不同的实验条件中。这三种实验条件分别是：①标准的实验室笼子，即有几只老鼠生活在足够大的空间里，笼子里总有适量的水和食物；②贫乏的环境，即一个比较小的笼子，笼子里总有适量的水和食物；③丰富的环境，即6～8只老鼠生活在一个有各种可供玩耍的物品的大笼子里，研究者每天从25种新玩具中选择一个放在笼子里。研究者让老鼠在不同的环境里生活了4～10周时间，之后对它们的大脑进行解剖。为了避免实验者的偏见，解剖时不让解剖人员知道老鼠是在哪种环境下成长的。解剖后对老鼠大脑的各个部分进行测量、称重和分析。结果发现，在丰富环境中的老鼠的大脑皮质比在贫乏环境中的老鼠的大脑皮质更重和更厚。

在这项实验中，一个非常关键的步骤是对变量的操作性定义。在本项实验中，“经历不同”究竟是指什么呢？需要对此界定。在实验中，经历的不同主要是指环境的不同，环境又分为三类，即标准环境、贫乏环境和丰富环境，并对这三种环境给予了进一步的具体化。这样的操作性定义，使得许多不能直接观察的现象转换为可观测的变量。

资料来源：黄希庭，张志杰．心理学研究方法．北京：高等教育出版社，2005：50

对经验性研究而言，概念的操作化过程是研究者无法回避的关键一环，是研究从理论到实际、从抽象到具体过程的“瓶颈”，也是一些教育研究中比较欠缺的。没有操作性定义，会影响研究的科学性，甚至导致许多无为的争论。比如，你在谈素质教育，我在写素质教育，但可能风马牛不相及，你的“素质教育”是“唱歌跳舞、敲锣打鼓”，我的“素质教育”是“课堂教学”等。

概念的操作化过程主要包括两个方面：澄清与界定概念，发展具体指标。

有研究者①为调查了解学生的学习主动性状况，首先就需要对学习主动性进行概念性定义。第一步，澄清与界定概念，通过收集、查询相关概念，界定学习主动性的内涵，提出学习主动性是指对学习活动起着启动、增强、维持和调节作用的主体动力系统及其功能。第二步，发展具体指标，推动学生进行积

① 参见杨小微．教育研究方法．北京：人民教育出版社，2005：81

极、自主、持久的学习活动的内部动力系统是由学习需要、自信心和情绪情感等三个要素组成，而学习需要又进一步分为直接学习需要和间接学习需要。由此，“学习主动性”这一抽象概念便操作化为由“直接学习需要、间接学习需要、学习目标、自信心和情绪情感”构成的“学习主动性的指标体系”。而对指标体系所涉及的项目进一步具体化。这样，便使得抽象的概念变得具体，具有了可操作性。

变量（或概念）的操作化是一个具有一定难度的工作。在进行概念的操作化过程中，要注意以下三点：

第一，只是对研究中起关键作用的重要变量进行操作性定义；

第二，要具体、明确、可观测；

第三，各指标之间要具有相对独立性。

第二节　文献检索与整理

初步确定研究课题后，研究者通常要进行相关文献的检索与整理。文献检索与整理是一个贯穿教育科研过程始终的必不可少的重要环节。在研究准备阶段，文献检索与整理会相对集中一些，但在课题研究实施阶段甚至结题阶段，也需不断地核查与整理文献。

【案例 2－9】

文献资料是个宝藏

屈指算来，投身于教育科学研究已经整整 10 年了。假如说这 10 年中我在科研方面有所成就的话，其中一个深刻的认识就是：科研情报的收集、分析与利用是教育科研得以成功演绎的平台，在科研情报的研读中学习理论是个行之有效的途径。文献资料是个宝藏……

为申报市级课题，寻找课题的新视角、新生点，避免低层次的重复，我向有丰富科研经验的周老师请教，周老师没有直接给予答案，而是把他在“小学生阅读策略的建构与教学研究”课题申报之前所收集的一大叠资料和该课题的研究方案给了我。这叠资料分为三类：一类是关于学法指导的经验文章；一类是关于学习策略研究的理论文献；一类是有关阅读教学讨论的文章。周老师还要求我对比课题研究方案和这些资料。

我认真看了所有的材料和周老师的课题方案后，发现了这样几个秘密：学法指导的文章，主要是经验类，零碎，无具体的研究对象，泛泛而谈；学习策略研究的文章，则是一般意义上的学习策略，抽象，操作性不强，更缺乏具体学科运用的具体策略；而阅读教学研究方面的文章，主要是对阅读教学高耗低效和学生阅读能力缺失的批评，有针对性的系统的改进策略研究也少见。我忽然醒悟："小学生阅读策略的建构与教学研究" 分明是从那些对阅读教学批判的文章和学法指导的经验中生发出来的，但又明显地超越了它们，而阅读策略这个首创性定义，也是从有关"学习策略"和"认知策略"的论述中加上自己的理解归纳出来的。

另外，将课题研究的内容与主题跟那些文献资料进行对照，确实在各方面都是比较新的，尤其是关于对阅读的理解、对方法与策略之间的联系与区别、对阅读策略与阅读能力之间的关系分析、对阅读策略的界说等都是全新的，表明它是一个新的研究领域。我第一次明白：通过对相关文献资料的阅读与分析，可以帮助我们了解他人已有的研究而不至于重复劳动，更重要的是能从他人的研究中得到启示，提高自己的研究起点；同时有助于明确自己的研究是否是个新生点。

我忽然体会到：文献资料是个宝藏。

资料来源：宋进喜．在科研情报的研读中学习．郑慧琦，胡兴宏．教师成为研究者．上海：上海教育出版社，2005：58

文献资料的确是个宝藏。不过，要充分挖掘、利用文献这个宝藏，还需要对一系列问题，包括什么是文献、文献有什么作用、如何检索文献以及如何分析文献等进行进一步的了解。

一、文献检索的意义

（一）文献的含义

"文，典籍也；献，贤也。"文献即对贤者及学说的典籍记录。我国《文献著录总则》明确指出文献是记录知识的一切载体，包括人类用文字、图形、符号、音像等手段记录下来的有价值的典籍。

（二）文献检索的意义

文献检索是教育科研过程前期重要的工作任务之一。文献检索与选择课题之间往往是交互作用的。二者的关系可用图 2－1[①] 表示：

① 风笑天．社会学研究方法．2 版．北京：中国人民大学出版社，2005：59

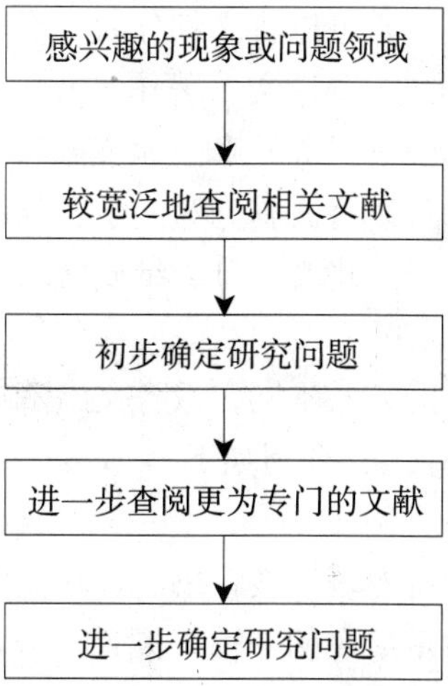

图 2－1　文献检索与选择课题的关系

文献检索的具体意义体现为：

（1）了解本课题中已有的研究状况。比如，该课题前人或他人有哪些主要研究成果、研究的重点，哪些问题已经解决，哪些问题有待于进一步修正和补充，在该课题上是否存在争论，争论的焦点是什么等。这种了解有助于研究者了解与本课题相关的背景，将自己的研究与现有的研究结合起来，明白自己的研究在该领域中的位置。

（2）发现一些可供参考的研究思路和研究方法。通过文献回顾，研究者可以了解以前人们研究该问题时的研究角度和研究方法。通过分析这些研究角度和研究方法，可以为自己的研究提供一些可供参考的框架，或需避免的不足。

另外，文献检索还可以避免重复劳动，提高教育科研的效率。正如恩格斯所说："即使只是在一个单独的历史实例上发展唯物主义的观点，也是一项要求多年冷静钻研的科学工作，因为很明显，在这里只说空话是无济于事的，只有靠大量的、批判地审查过的、充分掌握了的历史资料，才能解决这样的任务。"① 总之，通过文献检索与分析，研究者可以掌握课题相关领域的文献资料，提高研究工作的水平和效率。

二、教育文献的种类与主要分布

（一）文献的种类

根据文献具体形式和来源的差异，文献有多种分类：

① 马克思恩格斯选集（第二卷）．北京：人民出版社，1995：118

根据文献加工程度的不同，可以将文献分为一次文献（也称原始文献、初级文献或第一手文献，如报刊文章、论文、著作等）、二次文献（也称次级文献或第二手文献，如索引、文摘、书目等）和三次文献（如文献总数、述评等）。

根据文献载体的形式，可以将文献分为文字文献和非文字文献。

根据文献保存的形式，可以将文献分为纸质文献和互联网文献。

（二）教育文献的主要分布

由于创造、记录和传播的方式不同，教育文献资料具有多种多样的形式，且分布极为广泛。现就主要的文献①介绍如下：

1. 书籍

书籍包括名著要籍、教育专著、教科书、资料性工具书及科普读物。它是教育科学文献中品种最多、数量最大的一种情报源。名著要籍是一个时代、一个领域最有影响的权威著作，如孔子的《论语》、卢梭的《爱弥儿》、斯宾塞的《教育论》、苏霍姆林斯基的《给教师的建议》、雅斯贝尔斯的《什么是教育》等。名著是治学和研究的基石，有可能的话，可以通读一些名著或名著提要。专著是就教育领域的某一学科、某一专门问题而进行的系统的深入论述，专著以观点明确、见解新颖等为特点，有助于研究者系统地了解特定领域的研究状况。还有论文集、教科书等，都各有特色。特别值得一提的是，教育专著和教科书一般都附有大量的参考书目和文献索引，为研究者提供了进一步查找文献的线索。

2. 报刊

报纸和期刊可以及时反映教育领域的研究动态，便于研究者了解最新的研究进展。对于中小学教师而言，中国人民大学书报资料中心编辑的多种“复印报刊资料”具有独特的作用，包括《中小学教育》、《教育学》、《中小学学校管理》及该系列中根据中小学学科命名的刊物等，它们集中复印了全国中文报刊上前一段时间发表的重要论文，并在每本后面附录了同一时间段全国报刊上的主要论文题目及出处。

此外，还有不少教育研究期刊值得关注，如：

《教育研究》，中央教育科学研究所主办；

《华东师范大学学报（教育科学版）》，华东师范大学主办；

《教育研究与实验》，华中师范大学主办；

《人民教育》，中国教育报刊社主办；

《中国教育学刊》，中国教育学会主办：

《教育学报》，北京师范大学主办；

《课程・教材・教法》，人民教育出版社／课程教材教法研究所主办；

---

① 杨小微．教育研究方法．北京：人民教育出版社，2005：186～188；刘电芝．中小学教育科研方法．重庆：西南师范大学出版社，2003：100～105

《中小学教材教学》，人民教育出版社／课程教材教法研究所主办；
《基础教育》，华东师范大学主办；
《现代中小学教育》，东北师范大学主办；
《基础教育改革动态》，国家高级教育行政学院主办；
《教育情报参考》，中央教育科学研究所主办。

3. 网络媒体

随着网络的飞速发展，许多教育文献在网络上发布或储存。研究工作需要经常从网络上检索文献资源，了解一些常用的教育类网址对收集文献资料来说也非常重要。例如，与中小学有关的教育部网站（http：//www. moe. edu. cn）、中国基础教育网（http：//www. cbe21. com）、国家基础教育资源网（http：//www. cbern. gov. cn/index. html）、人民教育出版社网站（http：//www. pep. com. cn）、教育部基础教育课程教材发展中心（http：//www. ncct. gov. cn/index. jsp）、中国期刊网（http：//www. cnki. net/oldcnki/index4. htm）、中国教育和科研计算机网（http：//www. cernet. edu. cn）、人民教育网（http：//www. pep. com. cn）等。

4. 教育档案

档案资料是人类在各种社会实践活动中直接形成的，并且具有保存价值的原始文献材料。教育档案类包括教育年鉴、教育法令集、教育统计、教育调查报告、学术会议文件、资料汇编、学位论文、学校教育教学档案、地方志等。

5. 非文字材料

在教育科研中，非文字材料主要是指以声音、图像等方式记录知识的载体。如校舍、遗迹、出土文物、电影、电视、录像、幻灯片、图片、唱片、磁带等。

总之，教育资料分布是极为广泛的，搜集资料的渠道也多种多样。只有学会查找文献、阅读文献、利用文献，才有可能发挥人类已有文明成果的价值。

三、文献检索过程

面对众多的文献，研究者如何在有限的时间内用较快的速度查阅所需的、尽可能多而全的文献呢？如果东看一点，西抄一点，没有计划，就难以有效，更不用说高效。要有效地进行文献检索，需要了解文献检索的基本过程，并掌握一些常用的方法和技巧。

（一）文献检索过程

一般而言，文献检索过程可以参照下面的流程图 2－2 进行：

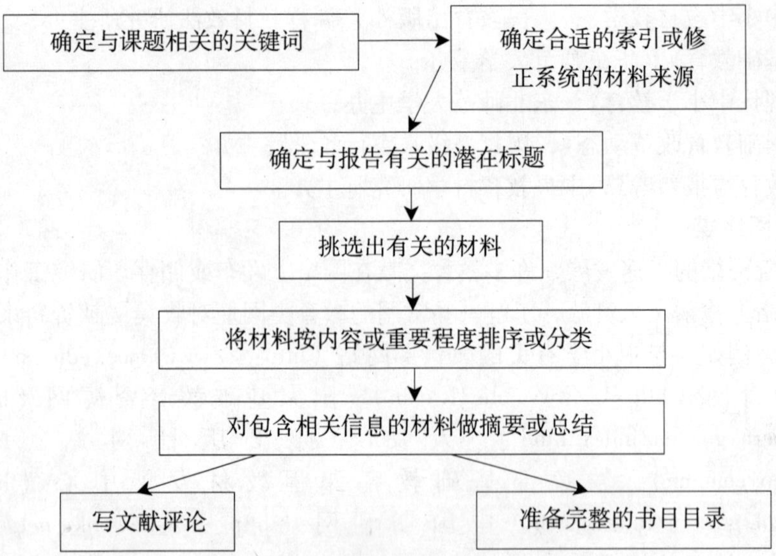

图 2-2　文献检索过程流程图①

根据上述流程图，可将文献检索过程大致分为以下三个阶段②：

1. 分析和准备阶段

首先，分析研究课题，明确自己准备检索的课题要求和检索范围，确定检索标志——关键词、主题、题目、作者等。其次，确定检索工具和检索途径。科学研究中常用的检索途径有分类、著者、关键词等。

2. 搜索阶段

搜索相关文献，然后从中选择重要的和确实可用的资料分别按照适当的顺序阅读，并通过做摘录、卡片、读书笔记等方式记录搜集的材料。

3. 阅读与整理阶段

要从搜集到的大量文献中提取有用的资料，必须阅读与整理文献，比如，去掉相互重复的、较陈旧的资料；根据研究评价资料的适用性，保留那些有价值的资料等。

（二）文献检索方法

文献检索主要有两种方法：一种是人工检索方法，另一种是计算机检索方法。

1. 人工检索方法

人工检索方法包括顺查、逆查、追踪和综合等方法。

顺查法是按时间顺序，由远及近、由旧到新来查找文献。顺查法所查找的文

① ［美］威廉·维尔斯曼．教育研究方法导论．袁振国主译．北京：教育科学出版社，1997：67

② 参见杨小微．教育研究方法．北京：人民教育出版社，2005：189

献资料能较全面地反映课题的研究总体状况，但所需时间、精力会较多。对中小学教师的教育科研来说，一般不必从最早时间查起。

逆查法则与顺查法正好相反。它按时间顺序由近及远、由新到旧、由后向前来进行查找。逆查法比较适合新近发展领域的研究课题，它不太关注历史渊源和全面系统。该方法较适合中小学教师采用。研究者可以根据研究的实际情况来确定查找时间的长短和涉及的刊物范围。

追踪法则是以作者文章和书籍后所列的参考文献、引用注释等为线索来查找研究所需的文献。通过追踪法所查文献的针对性强、直接又集中，主观性也强，但参考文献不够全面。因此，运用追踪法查阅文献要注意文献的权威性、代表性。

综合法则是将多种方法结合起来的检索方法，各种方法可交替使用。

2. 计算机检索方法

计算机检索就是利用计算机对存储的文献进行检索。计算机检索具有速度快、信息量大、准确性高等特点，随着科学技术的发展，计算机检索被广泛运用于文献检索工作中。

计算机检索包括光盘检索和联机检索等形式，可采用主题检索和非主题检索两种途径。

四、文献的阅读与整理

（一）文献的阅读

搜集到文献后，还需阅读文献。通过检索和查找，可能会搜集到很多文献，要全部阅读这些文献，既没必要，也需要花费许多时间，或者不太可能。因此，掌握阅读文献的方法很重要。具体而言，阅读文献主要围绕读什么和怎么读两个基本问题来进行。

1. 读什么

由于文献众多，首先需确定哪些需要详细阅读，哪些需要大致浏览，哪些可以不用阅读。可以参考以下三个因素①来选择重点阅读的文献。

（1）根据文献的相似性来选择。文献中所研究的变量、所涉及的主要内容、所依据的理论框架等与自己的研究越相似越好。

（2）根据发表的时间来选择。科学研究是不断累积的，一般来说，在其他方面的情况都差不多的情况下，时间近的研究，因为已经考虑了更早一些的研究成果，所以可能更有用一些。

（3）根据研究者在该领域中的学术影响、刊物的权威性来选择。

---

① 风笑天．社会学研究方法．2 版．北京：中国人民大学出版社，2005：62

2. 怎么读

基本思路是略读与精读相结合，可采用浏览、泛读、跳读、速读与精读等方法。

浏览、速读、泛读、跳读等都属于略读。略读强调对文献的基本了解。

【案例2－10】

快速阅读法——五分钟阅读

拿一本与你的研究有关，但你没读过的著作。给自己五分钟时间，尽可能记下这本书的突出特点。你的目的应该是总结出这本书与你的研究相关的关键信息。你应该集中于这本书的内容、方法与理论，也可以同时注意这三个方面的内容。

抓住要点：一些提示与建议

● 记下该书、报告或文章的作者（们）、标题、出版者和日期。把这一记录和关于其内容的任何笔记可靠地保存好。

● 查一下导言、结论的章节、摘要或概要。如果有这些内容，就很快把它读完，然后浏览一下内容。

● 如果是一本书或一份报告，查阅一下目录页。找到并集中于与你有关的章节，可以根据小标题来阅读一个章节的内容。

● 在文本中，重要内容经常得到了强调，或者在第一段，或者在最后一段。类似地，每一段的第一句和最后一句也经常用来表述或总结该段的内容。

资料来源：［英］克里斯蒂娜·休斯，马尔可姆·泰特．怎样做研究．2版．戴建平，蒋海燕译．北京：中国人民大学出版社，2005：131

精读是对选择出来的、与课题密切相关的材料细读并深入思考。精读是一种理解性阅读、批判性阅读、创造性阅读。

【案例2－11】

什么是批判性阅读？

——精读法举例

● 不只是描述文献的观点和方法，还能对它所写的内容做出自己的回应。

● 能把不同的作品联系起来，指出它们的差别和矛盾，并能突出它们缺乏的东西。

● 不只是了解作品的字面意义。

● 努力弄清渗透于作品中的价值观、理论和方法。

如何批判性阅读?

1. 分析

(1) 指出结论和理由：寻找“结论标识”（寻找关键词“因此”、“所以”、“这样”等）和“理由标识”（“因为”、“由于”等）

● 询问：“这段话试图让我接受或相信什么?”“它采用了什么理由和证据?”

(2) 指出未申明的假定。

2. 评价

解释的合理性、推理中是否存在缺陷，是否有其他可以强化或削弱结论的证据等。

资料来源：[英] 克里斯蒂娜·休斯，马尔可姆·泰特．怎样做研究．2 版．戴建平，蒋海燕译．北京：中国人民大学出版社，2005：135

(二) 文献的整理

在阅读文献的过程中，要注意对文献进行有效整理。文献整理包括笔记整理和卡片整理[①]两种基本方法。

1. 笔记整理

所谓“好记性不如烂笔头”，做笔记既是阅读文献的一种有效方法，又是文献整理的有效形式，是阅读的深入和运用。笔记整理的方式大致有四种：

(1) 写批语、做记号。在属于自己的文献的空白处写上自己的见解、疑问、解释或评语，或者在精彩、重点、难点等处做记号等。

(2) 摘录。把文献中重要的事实、观点、数据、结论等抄录下来。摘录时要注意忠实原义，不要改动原文的字句和标点，更不要断章取义，且要注明出处。

(3) 提要。提要是指用自己的语言来简要概括文献的内容要点。做提要的过程就是理解文献的过程，将文献内容“由厚变薄”的过程。提要对阅读文献具有重要的作用。正如著名数学家华罗庚所说：“一本书，在未读之前，你会感到书是那么厚。在读的过程中，如果你对各章各节都深入地探讨，在每页上加添注解，补充参考材料，那就会觉得更厚了；但是当我们对书的内容有了透彻的了解，抓住了全书的重点，掌握了全书的精神实质后，就会感到书本变薄了，越是懂得透彻，就越有薄的感觉。”

(4) 札记。读文献的过程中或读完文献后，仔细回味和思考，及时记下读书所得，内容可包括“什么地方让你受触动”，“为什么触动”，“你想到什么”等。

① 参见陈静逊．小学教育科学研究方法．上海：华东师范大学出版社，2004：70

2. 卡片整理

上述的笔记整理除批语外，其他都是笔记本的形式。笔记本不便于资料的归类整理。为了方便保存、分类、查找和使用，可以采用卡片整理的形式。在资料数量和类型很多的情况下，应对卡片进行分类编排，可在每一类别前放上导卡，写上这一类的标题；并按照课题的逻辑关系，理顺各类卡片的次序。

【案例 2－12】

“收集→整理→加工→重组→汲取→提炼→出新”

——信息平台上风光无限

2003 年我撰写的方案“理论引领的体验式培训对促进教师专业化发展的研究”被立为市级课题似乎是意料之外的事。我想，这一切的成功得益于我对研究资料的收集与利用。课题确定之前，我收集了许多相关教师专业化发展的文章，还有关于校本培训的文章。

材料收集好之后，更重要的一项工作是材料的加工与组织。我先对这些材料的内容做了如下的分类：关于教师专业化含义的解说，专业化发展的内容，专业化发展的机制，专业化发展与教师个性化发展，校本化教师培训的定义，校本化教师培训……在这基础上，我又对材料做了“合并同类项”的处理，就上述几个方面的具体论述，将相似的归在一起。第三步是认真解读这些论述，对相似的论述和观点，归纳出其中的核心观点；对不相一致的观点，则比较它们阐述的依据，进而结合自己的理解择善而从，或者做互补的处理。第四步，也是最要紧的一步，是在汲取的基础上结合将要研究的问题提炼自己的观点，形成基本思路。经过“收集→整理→加工→重组→汲取→提炼→出新”的过程后，我才提出了“理论引领下的体验式培训对促进教师专业化发展的研究”的课题。之所以强调“体验式培训”和“理论引领”，是因为我在阅读了所有的材料后，它们发现都忽视了这两点。……

在阅读那些文献资料的过程中，我发现里面各种理论观点交汇，思想碰撞，经验异彩纷呈，对同一问题，思考多极……所有这些，或引发我的多元反思，或使我在迷惘中顿悟，或获得认识的提升，或让我思路开阔……

资料来源：宋进喜．在科研情报的研读中学习．郑慧琦，胡兴宏．教师成为研究者．上海：上海教育出版社，2005：62

3. 文献综述

通过对文献的阅读、整理和思考，研究者对相关研究问题会形成基本的看法。为了深入研究，有时候需要对文献进行更加综合的整理，写成文献综述，比如各级学位论文的写作和大多数的课题研究都要求撰写文献综述。

文献综述即对文献进行的综合论述，它是指对一定时间范围内某一学科领域或某一专题的原始文献资料进行系统的调查、整理、归纳、分析、综合和研究后所撰写的一种总结性文献①。文献综述是一种典型的三次文献，具有综合性、客观性、新颖性和书目性等特点，既是文献检索的工具，又是研究的阶段性成果。

根据编写方式和传递信息的不同，文献综述可以分为概要性综述和评论性综述两种类型。概要性综述的重点在述，其特征是较为忠实地描述原始文献的主要观点，但较少对原始文献加以评价。评论性综述的重点则在评，它既包括概要性综述的内容，还需要从一定的高度对相关文献进行分析和评价，包括揭示相关问题的研究概况、进展、问题及动向等。评论性综述具有较高的学术性，对研究的进一步展开具有引导价值。

文献综述所涉及的内容没有严格的规定，既可以是对一个研究领域或学术分支的综述，也可以是对一个专题，甚至是一种研究方法的综述。

文献综述的撰写没有严格的格式，但一般包括前言、主体部分、小结和参考文献等几个部分②。前言说明写作目的。主体部分主要论述相关研究所涉及的基本概念、发展的历史、现状、主要观点及争论焦点等，要求条理清楚。小结部分主要概括结论并提出尚未解决的问题。

在撰写文献综述时，应当注意以下几点：一是尽可能地阅读原始文献，不能只依靠文摘；二是要将各个研究结果放在一起，概括出一些与研究问题相关的关键点，并以这些关键点为线索来组织综述，尽可能不要以年代为顺序来组织，更不能只是孤立地论述一份份文献；三是对同一问题的不同观点及不同研究方法要进行比较分析，尽可能对它们作出解释；四是参考文献的信息要完整，序号也要与中文号码一致，以方便读者追溯检索。

第三节　研究假设的构建

研究选题确定后，经过相关的文献检索和分析，研究者对所要研究和解决的问题有了初步的设想，那么，下一步的工作就是需要将脑子里的设想通过文字显性化，形成具体的研究计划或研究方案。而在形成研究方案的过程中，需要将课题研究的大致思路提炼成研究假设，然后再进一步形成方案。

一、研究假设的作用

在日常生活中，我们的许多有目的的言行都蕴涵着假设。比如，家里煤气灶

① 陈静逊．小学教育科学研究方法．上海：华东师范大学出版社，2004：72

② 陈静逊．小学教育科学研究方法．上海：华东师范大学出版社，2004：73

不着火，你可能会去检查煤气总阀是否关闭；若没关闭，你会再猜是否电池用完了；如果换了电池还无法着火，你会进一步设想是不是管道停气了……这样一个不断猜测、不断验证煤气不着火原因的过程，是以假设为基础的。你之所以去看煤气总阀，是因为你假设煤气不着火的原因可能是总阀被关；你之所以会去换电池，是因为你假设电池用完了，等等。可以说，我们日常解决问题的行为是以假设为基础的。

教育科研也是如此，教育科研都蕴涵着研究假设。比如，有人准备研究多媒体教学对教学效果的影响。之所以要展开这项研究，是因为他认为“多媒体教学可提高学生的学习兴趣”，“多媒体教学可促进学生对知识的掌握”，“多媒体教学可以提高学生的理解能力”等，那么，他的这些看法便构成他的研究假设，需要在研究中去验证的假设。

那么，什么是研究假设？研究假设在教育科研中具有怎样的作用？

（一）研究假设的含义

所谓假设，简单地说是指预先对所要研究的问题的一种推测性论断或假定性解释。进一步说，“假设是一种有关变量间关系的尝试性陈述”[①]。

假设一般包括两个事件或概念及其相互间的关系，用“如果……那么”的句式来表述[②]，比如，有项关于表象思维训练对小学低段学生教学影响的实验研究，他们提出的假设就是：“如果表象思维能力影响小学低段儿童字词教学的质量，那么，表象思维训练就有助于提高小学语文低段字词教学的质量。”从这一句式可看出，假设一般包括两个成分：一是已知的事实和理论；二是推测和假定。

（二）假设在教育科学研究中的作用

假设对研究起着纲领性的作用，它能够帮助研究者明确研究的思路、研究的内容和方向，能更有效地寻找和收集资料，指导研究的深入发展，避免研究的盲目性。

比如，上海师范大学一位研究者从事了一项关于“优化教学过程　充分开发儿童智慧潜力”的研究[③]。他所提出的课题假设是：“①儿童具有很大的潜能，特别是有相当一部分儿童因为先天和主要是后天的种种原因，智力发展比较好；②只要教学过程组织得比较好，就能提早打开儿童的智慧闸门，使得智力水平在中等以上的儿童能提前两三年完成现行中小学所规定的教学任务，获得良好的发展。”

这一假设对整个研究起到了多方面的作用。第一，假设确定了课题研究的核心为“教学过程的合理组织与儿童智慧发展的关系”，这样便决定了研究的性质和方向。第二，对解决问题的方案做了预见性的规定，既然是教学过程的合理组织，那

① 风笑天．社会学研究方法．2 版．北京：中国人民大学出版社，2005：30

② 刘电芝．中小学教育科研方法．重庆：西南师范大学出版社，2003：72

③ 参见裴娣娜．教育研究方法导论．合肥：安徽教育出版社，2005：106

么，研究的立足点就在课程、教材、教法、评价、管理等方面的综合改革和合理组织上。第三，为收集事实、分析和解释材料提供了框架。该实验关注收集儿童智慧潜力获得提前开发的资料。第四，假设对研究结果、效果进行了预测。

二、研究假设的特点

教育研究的假设具有与其他科学假设相同的特点。

【案例 2－13】

研究假设的特点——大陆漂移假说的启示

1910 年的一天，年轻的德国气象学家魏格纳正躺在病床上，目光转向墙上挂的一幅世界地图。他无意中发现：非洲西海岸线同南美东海岸线竟如此吻合，以至像一张撕碎了的纸，可以重新把它们拼合，并且它们之间可能并没有大西洋，只是到后来才破裂、漂移而分开，形成现在的位置。为了把这种朴素、粗略的观念变成严密的理论体系，魏格纳毅然把自己的专业与兴趣从天文学、气象学领域转到地质学方面，并开始穷搜博览。经过紧张的研究，1912 年，他发表了第一篇关于大陆漂移的论文——《大陆漂移说》。从此以后，这一研究工作向纵深发展，虽遭第一次世界大战的扰乱，但始终没有中断。到 1915 年，他终于收集到了地层构造、古生物地理、古气候等方面的证据，从而写成一度风靡全球的代表作——《海陆的起源》。此书的发表，标志着完整的大陆漂移假说的正式诞生。1920 年，随着研究的深入，魏格纳把《海陆的起源》修订再版，1922 年修订三版，1929 年修订四版。为了从大地测量方面获得精确的佐证，1930 年，他不畏严寒险阻，第三次踏上冰天雪地的格陵兰岛进行实地考察。该年 10 月 30 日，正值他 50 岁诞辰，由于心脏病猝发，他在狗拖的雪橇上以身殉职了。

因为当时魏格纳掌握的证明资料尚不足，特别是对大陆漂移的驱动力没有得到满意的解释，更由于传统的保守势力还甚嚣尘上，大陆漂移说被斥之为大诗人的梦而消沉了。

但是，凡是合理的都是现实的。到了 20 世纪 60 年代，沉默了 30 年之久的大陆漂移说又焕发了青春。由于海洋科学和地球物理探测手段的发展，相继出现了海底扩张说和板块构造说。他们继承了大陆漂移说、海底扩张说、板块构造说，将三者结合起来，建立了新全球构造论，又把上述假设向前推进了一步。我国著名的地质学家李四光运用力学和地质学的理论，吸收了魏格纳大陆漂移说中的地壳水平运动，又细心考察了国内外地质事业的经验，特别是我国地质构造发育的生动材料，创立了别具一格的新学科地质力学。

资料来源：陈静逊．小学教育科学研究方法．上海：华东师范大学出版社，2004：49

“大陆漂移假说”虽然是地质学领域的假设，但这一著名的假说蕴涵着科学假设具有的一般特点，对于我们认识教育科研的假设也有启示。从“大陆漂移说”这一事例来看，科学假设具有以下几个特点。

（一）科学性

首先，科学假设应该有一定的事实或理论根据。魏格纳提出“大陆漂移说”这个假说，是由于他发现了世界地图中非洲西海岸线同南美东海岸线非常吻合的事实。人们在实践中发现了新的事实，而这些事实却没有被理论证实，或已有的理论和假设无法揭示，这样就可以提出假设。其次，科学假设还需要得到科学论证，特别是与早先正确的研究结论是一致的，不能是毫无根据的推测和主观臆断。比如，魏格纳在做出猜测后，广泛收集了地层构造、古生物地理、古气候等方面的证据，从而完整地提出了大陆漂移假说。也就是说，他的假说经过了科学的论证，是言之有理的。

（二）推测性

科学假设是根据事实做出的一种猜测，而不是一种事实或正确的理论。假说是在一定事实的基础上，即不完全或不充分的经验事实的基础上推导出来的，是有待实践证实的。“大陆漂移假说”是魏格纳根据所发现的非洲、南美洲海岸线吻合的情况而做出的推测。

（三）可检验性

提出的假设必须是可以验证的。不能验证的假设，就不是科学假设。可检验性实际隐含了可重复性，也就是在相同的条件下应该得出相同的结果。可检验性要求假设必须是明确的，不能泛泛而谈。

【案例 2－14】

评价假设表述优劣的标准

（1）研究假设是可以验证的。
（2）应该叙述变量之间的关系。
（3）应该与大多数已知的事实符合一致。
（4）应尽量简洁，避免采用不必要的复杂概念。
（5）所设假设可以直接解释某一问题或现象，而不必附加其他假设。
（6）应尽可能以量化或便于量化的形式加以表述。
（7）研究假设的叙述应限定范围。
（8）研究假设应有一定的广度，以便导出很多推论。

资料来源：郭生玉．心理与教育研究法．台北：精华书局，1995

三、形成研究假设的基本方法

一般来说，有几种基本方法有助于提炼、形成研究假设。具体为：

（一）归纳法

归纳法是指从个别事实中概括出研究假设的方法。中小学教师拥有丰富的教育实践资源，因此，可以通过对自己所接触到的诸多事实材料进行观察、调查，然后在此基础上进行概括、抽象，对相关教育现象做出推断、提出研究假设。一个班主任想就“如何提高班级凝聚力”来展开研究，便可以采用归纳法来提出研究假设。比如，通过反思自己的班级情况，发现可以通过多种途径如班级集体活动、班干部民主竞选制度等来提高班级凝聚力，由此，提出“如果举行形式多样的班队活动，就可以增强班级的凝聚力”，“如果采用班干部竞选制度，就可以提高班级的凝聚力”等假设。这样一种提炼假设的方法就是归纳法。

（二）演绎法

演绎法是指从教育科学的某一理论或一般性陈述出发来推论出某特定假设的方法。比如，我们根据“智商与学习成绩呈正相关”这一认识，推出“某个儿童成绩好，他的智商一定不低”的特定假设，所运用的就是演绎法。

（三）类比法

类比法是指在不同领域之间进行比较和推断，从而形成假设的方法。尽管教育教学活动因学校、课程、教师、学生等因素的不同而存在差异，但是，还是存在相通之处。比如，语文教学进行“探究性学习”时可了解其他学科如英语、数学等是如何做的，然后提出假设。这就是通过类比来提出假设。不过，在类比的过程中要比较前提条件是否相同或者接近，否则，不能直接类推已有研究的结论作为假设。比如，对大学生进行的研究，也不一定适合中小学生。

需要说明的是，研究假设虽然重要，但在一些教育研究中，特别是非实证性研究中，并不明确、直接提出假设，而是采用其他行文方式来说出假设。比如，“本研究是探讨 A 与 B 的关系”或“本研究旨在探讨 A、B 对 C 的影响”。

第四节　教育研究方案设计

凡事预则立，不预则废。研究方案的设计是研究工作中的重要环节。那么，究竟什么是教育研究方案设计？教育研究方案设计又有怎样的意义呢？

一、教育研究方案设计概述

（一）教育研究方案设计的定义

教育研究方案设计是教育科研的重要环节，教育研究方案设计是就如何展开课题研究的具体设想，它具体回答研究什么和怎么进行研究的问题。它的主要任务是从整体上对研究问题、目标、依据、内容、方法、过程、成果、人员和费用等因素进行具体的论证、分析和预测，从而确定一个合理可行的研究方案。

（二）教育研究方案设计的意义

教育研究方案设计在整个研究过程中具有重要的作用。具体而言，其作用具体表现在：

1. 提高研究素质和研究能力

研究方案的设计需要全方位思考研究中的各项细节。设计的过程、方案的形成过程本身就是一个研究的过程，一个不断清理研究思路的过程。在方案设计的过程中，研究者的科研素质和研究能力会得到提升和加强。

2. 明确课题的研究目标，理清研究思路，使研究内容具体化

任何一项课题研究都可能会涉及许多因素，研究不仅要把握重点，也要顾及细节。研究者通过研究设计活动，可以使研究的目标、内容、范围、方法、程序等更加明晰，而且，有时候，一些自己认为颇有新意、思路也很清楚的研究构想，在具体的研究设计撰写过程中，会发现一些预料不到的问题，因此，研究方案设计的过程又是思路不断调整和完善的过程。另外，研究设计将使课题内容更加具体化，使课题具有较强的操作性。

3. 制定有序的研究步骤

研究方案必须制定详细的研究程序与步骤，合理安排研究的资源，还要分析可能遇到的困难和解决的方案等，因此，研究方案使研究步骤有序化。

另外，研究方案的设计还有利于课题的管理，有助于指导、督促课题的实施。

总之，研究方案的设计具有多方面的意义，但目前在一些研究方案中存在一些问题，比如，将设计方案当做应付性的“写作”，有些方案内容空洞、笼统等。因此，需加强对设计研究方案意义的认识。

（三）教育研究方案的基本要求

教育研究方案的格式虽有多种，篇幅大小也有差异，但无论什么样的研究设计，都需要满足一些基本要求。具体来说，教育研究设计的基本要求可概括为四个问题①。

1. 研究什么

这个课题要研究什么？这是人们阅读一份具体的研究方案时的第一反应，因此，研究者必须首先明确回答这个问题。要回答这一问题，第一要有合适的标题；第二要明确提出研究问题，说明研究问题的性质；第三要列举待答问题或研究假设，说明研究的重点；第四要界定研究的变量及关键名词，说明研究的

---

① 郑金洲，陶保平，孔企平. 学校教育科研方法. 北京：教育科学出版社，2003：88 ~ 89

范围。

2. 为什么研究

为什么要从事这项研究？这是人们阅读研究方案时要询问的第二个问题。研究者在研究方案中必须对此给予解释，包括说明研究的动机，说明研究的重要性和必要性，揭示研究的意义和价值，列举研究的具体目标。

3. 如何研究

这项研究将如何进行？这是人们在了解上述两个问题后可能进一步想知道的问题。要回答这一问题，研究者需要说明研究的方法与实施程序，其中包括研究对象及其取样、研究的方法与步骤、研究工具的选择与编制、收集资料的程序、资料分析的方法；另外，还有对研究资源的配置，包括研究人员的组织、研究进度的安排、研究经费的预算等。

4. 有何成效

该项研究最终能获得什么样的研究成果？为回答这一问题，研究设计者必须说明研究的预期成果，包括成果达到的水平和表现形式。

二、教育研究方案的主要内容①

一般来说，研究方案的格式多种多样，但主要内容是相通的。具体来说，研究方案因为研究方法等方面的差异，格式可能也会有所不同。

（一）专题研究方案的主要内容

1. 课题名称
2. 本课题的研究目的与意义
3. 本课题的主要研究内容
4. 本课题国内外研究现状，预计有哪些突破
5. 完成本课题的条件分析，包括人员结构、资料准备和科研手段
6. 课题组分工情况
7. 主要研究阶段及研究成果形式
8. 经费预算

（二）教育实验研究方案格式

1. 绪言

绪言包括研究问题及研究假设，已有研究状况的陈述，有关文献的检索。

2. 研究的具体方法
3. 总体和样本
4. 研究设计
5. 实验过程

① 关于研究方案的具体设计要求在本书第五章将进行详细分析，在此不再赘述。

6. 数据分析的统计技术
7. 实践安排
8. 预算
预算包括人力、物力、设备及各种间接费用。

第五节　教育科研资料的整理与分析

教育科研资料在教育科研中具有极为重要的作用。它是进行教育科研的基础，并贯穿于教育科研的全过程。其重要性及搜集方法已在文献检索部分涉及，在此不再赘述。这里重点探讨资料整理的基本步骤、基本的资料分类及分析资料的方法①。

一、资料整理的基本步骤

由于研究者获得资料的途径与方式很多，搜集得来的资料可能是零散无序的，资料的形态也不尽相同，我们只有经过整理才能使之系统化、条理化，得到满足研究所需要的素材。实际上，资料的整理过程也就是对所搜集资料消化理解的过程。可以说资料整理的科学与否对于资料能否在研究中发挥作用有直接的影响。由于资料性质的差异，研究目的的差异，资料整理的方式也存在差异，不过，就资料整理过程而言也带有共性。

一般说来，资料的整理包含三个具体步骤：

（1）资料的审核。对原始资料进行审查核实，包括审核资料的真实性、准确性、完整性、合理性。

（2）资料的分类。根据研究的任务和特点，按某种标志将所搜集到的资料各归其类，也就是把内容相同的资料排在一起，并把不同类型的资料按照说明论点的层次顺序逐一加以编号。

（3）资料的归类和汇总。

二、教育科研资料的分类

文献资料整理的核心工作是对资料进行分类。资料分类的方式很多，如时间分类、问题分类、现象分类、本质分类等。

资料分类首先要清楚分类的标志，即资料分类所依据的特征。

（一）分类标志与分类方式

分类标志的确定可以从多方面来考虑。一是可以根据研究课题的目的来确定

① 王铁军．中小学教育科学研究与应用．南京：南京师范大学出版社，2002：32～35

分类标志。例如，进行中小学辍学率的研究，可以以年级、年龄、学业成绩、性别等为标志。二是选择能反映事物本质的分类标志。如为了调查学校教职工对学校教育的认识，可以把调查内容分为基础教育价值观、学生观、教师观、教育活动观等。

一般分类方式有：

（1）划分，即揭示概念外延的逻辑划分。

（2）整理次序，即利用对象领域中任何两个要素相连的某种不对称、可传递的关系来整理要素的次序关系。

（3）系统分类，即按照事物本身的系统进行分类。

（二）几种常见的教育科研资料分类

1. 根据课题研究过程的常规性资料类别来划分

根据课题研究过程的常规性资料类别来划分，可将资料划分为计划性资料、基础性资料、过程性资料、专题性资料、效果性资料和总结性资料。

（1）计划性资料。计划性资料是课题研究起始阶段所形成的各类计划方案、课题申请书等。这类资料关涉课题研究的整体设计与部署，是整个课题实施的蓝图，对课题的研究具有举足轻重的作用，应该十分重视。

（2）基础性资料。基础性资料是指在前期以及课题研究中，通过调查、测量、检索、研讨等工作所产生的各类资料。这些资料无论是对课题的最终选定，还是对理论的形成、课题的开题论证，或是课题的研究运作，都具有基础作用。

（3）过程性资料。过程性资料是课题研究过程中产生的各类资料。这些资料重在随时随地搜集、积累与整理，特别要注意研究过程中的原始数据与资料。

（4）专题性资料。课题研究过程中，围绕一些事关整个课题运作的专题进行深入系统的研究所形成的资料。专题性资料对课题的延伸、拓展与深化具有重要意义。

（5）效果性资料。对实验变量的控制、检测，对课题事实的阶段性、终结性评价等都会得到相应的资料。

（6）总结性资料。课题实施的各个阶段与课题研究结果都有来自课题组与课题组成员个人的专题性或综合性的总结，这些总结对课题终端成果的形成具有直接意义。

2. 根据资料能否进行数量统计分析来划分

根据资料能否进行数量统计来分析，可将教育科研资料分为数量资料与非数量资料。

（1）数量资料。数量资料也就是各种数据。按照数据是否具有连续性，又可以分为计量数据和计数数据。

（2）非数量资料。非数量资料是对研究课题的定性描述资料，如各种理论阐述、观念、研究对象的形态或感受等。

另外，在资料分类的过程中，特别需要注意把反映人们主观意见、感受的资料与反映客观事实的资料加以区别。

三、教育科研资料的分析①

教育科研资料进行分类整理后，就要进行分析处理。它主要可以采用定性分析、定量分析和定性与定量综合分析三种方式来分析。

（一）定性分析

定性分析是在收集大量资料的基础上，以事实为根据进行理性思考，揭示事物内在的本质联系，找出事物的规律性，得出科学的结论。定性分析包括比较归类、分析、综合、归纳、演绎、抽象、概括、想象、假设等具体方法。具体采用何种定性分析方法可根据课题研究的目的和掌握资料的特点而灵活选择。

（二）定量分析

定量分析是运用数学理论从量的方面来研究事物及其过程的方法，用以了解研究对象量的特征和变化趋势，从而揭示事物的内在规律。通过定量分析，可以使资料简化，得到准确的数的概念，便于同类事物的比较研究。

定量分析主要是针对数据统计资料，采用统计分析方法对经过整理的数据资料进行分析研究，并把分析结果用数据图表的方式表现出来。处理数据资料一般有统计描述、统计推断和统计分析三种方式。统计描述主要是对所获得的数据进行汇总，对计算分布特征和变异情况进行分析；统计推断主要是从所获得的数据信息来推测、断定一些未知信息；统计分析是指用回归分析、相关分析、主成分分析、因子分析、层次分析和聚类分析等多元统计分析和模糊统计分析方法，对所获得的数据进行深层次的分析。无论采用什么样的方式，定量分析的目的都在于得出科学的结论。

（三）定性与定量综合分析

许多教育科研课题的研究经常采用定性与定量相结合的综合分析方法，注重数量资料与非数量资料的结合。例如，某一所小学的教育教学质量在同类学校中最高。研究者为了探究这一现象的原因，便采用了定性与定量相结合的综合分析方法。先是收集资料，然后对资料进行定性分析，总结出该学校有特点、有效果的教学经验、教学方法，并比较这些经验与方法和其他同类学校的异同，从中筛选出促成该校高教学质量的主要因素——那些与其他学校显著不同的做法。在此基础上再进行定量分析，即将这些主要因素进一步具体化，分析它们对教育教学各个环节的具体影响和表现。由此说明，这些因素便是该学校教育教学质量高的原因。

① 教育科研资料的分析在本书第五章“教育科研课题的申报、实施与完成”中也有所探讨，故此处不详细展开。

思考与练习

1. 教育科研课题的主要来源有哪些？选题时要遵循哪些原则？

2. 自选一个课题，简要说明选题的理由，并就此构建研究假设，设计研究方案。

3. 就上面所选择的课题，进行文献资料的检索和整理，并写出简要文献综述报告。

附录　文献综述报告案例

我国教师人格研究述评[①]

西南师范大学教育科学研究所　阴山燕　马娟

一、研究概况

笔者以近十年来我国学者关于教师人格的研究文献为分析文本，从研究方法、研究重点、研究内容及观点方面对国内已有教师人格的相关研究进行了一个简单的总结和回顾，以期为今后教师人格研究提供一个新的起点。

（一）研究方法

在教师人格研究中，我国学者比较侧重于理论层次，实证方面的研究成果相对较少。在实证研究中，主要采用了问卷调查的研究方法，测量工具主要是美国学者卡特尔编制的16PF问卷的修订本。例如，《福州高校青年教师人格特征的初步研究》（谢作栩，1994）[①]、《对中小学教师个性状况的测试与分析》（耿向红，1998）[②]等。只有一篇《民办教师的艾森克人格问卷测查报告》（张军，1997）[③]是采用艾森克人格调查问卷，而吴安春（1996，1998）[④⑤]、傅伟忠、瞿正方（2000）[⑥]的研究则是采用自编教师人格问卷。很少有研究使用除问卷以外的其他研究方法，在检索到的资料中，仅有陆异、张逸民（1997）[⑦]的《中学教师个性心理特征现状分析》采用了测量法、观察法和调查法。杨敏等（2001）[⑧]对《优秀幼儿教师的人格特征研究》结合使用了访谈法。陈益、李伟（2000）[⑨]对《小学教师人格特征和学生学业成绩的相关研究》运用了问卷法和教育生态学以及文献法。从总体上看，问卷调查使用频繁，质化研究相对较少。

（二）研究重点

当前教师人格研究主要集中于城市中小学教师，而对幼儿教师和高校教师以及农村教师的研究较少。例如，耿向红对北京市景山区115名小学教师的调查，傅伟忠、瞿正方对上海浦东地区83名教师的调查，徐速、陈素平（2000）[⑩]对温州市92名小学青年教师的研究，李伟（2001）[⑪]对南京市小学教师的人格研究。只有谢作栩的《福州高校青年教师人格特征的初步研究》和周咏梅（1998）[⑫]的《高校女教师人格塑造初探》是关于高校教师人格研究的。关于幼儿教师人格特征的研究也只有邢少颖、贾宏燕（2002）[⑬]的《关于优秀幼儿教师人格特征的研究》，左吉玉（1998）[⑭]的《青岛市幼儿教师人格特征初探》，杨敏等的《优秀幼儿教师人格特征研究》三篇；而专门研究农村教师人格的有张军的《民办教师

---

① 阴山燕，马娟．我国教师人格研究述评．上海教育科研，2004（4）

的艾森克人格问卷测查报告》。

二、研究的主要内容与观点

我国学者关于教师人格的研究，主要关注六个方面的问题：教师人格的特点、教师人格的影响因素、教师人格存在的问题、教师人格对学生发展的影响、优秀教师的人格特征以及教师人格的培养。

（一）教师人格的特点

我国学者普遍认为教师人格具有职业特殊性，且优于一般人员。左吉玉调查了青岛市82名幼儿教师，并与华东师大心理系1989年修订的全国常模相比较，发现幼儿教师确实存在异于一般女性的人格特征。她们比一般女性热情、乐观、外向；轻松兴奋、活泼健谈；冒险敢为；较女性化。吴素梅（2002）[15]对桂林、横县等地558名小学教师进行人格调查，并与专业技术人员16PF常模比较发现，小学教师人格品质较优，多数人格因素品质优于其他专业技术人员，并具有教师职业角色的特点。谢作栩的研究也发现，高校青年教师人格品质高于一般水平。

教师的人格特点主要是由教师特殊的职业素质要求和职业活动决定的。一方面体现了社会对师范教育及师范生培养模式定型化的影响；另一方面由于传统观念对教师职业角色具有较高的期望，认为教师应该具有为人师表、充满热情等优秀人格品质，因此，这种传统观念潜移默化地影响了教师人格特征的形成。

（二）教师人格的影响因素

1. 年龄因素的影响

耿向红的调查发现，年龄越大的教师情绪越稳定，能理智面对现实、做事尽职、当机立断、自律严谨。吴安春的调查也显示，教师的自信型人格特质和思考型人格特质随着年龄的增长呈上升趋势，教师的自我型人格特质也有随年龄增长而加强的趋势。李伟的调查认为，中年教师和老年教师的人格特征差异不大，而青年教师和中、老年教师的人格特征差异较大。这也与吴安春对“中小学教师人格发展在成年期基本趋于稳定”的结论一致。

从上述研究可以看出，年龄是影响我国教师人格的重要因素，尤其是青年教师与中、老年教师在人格特征因素上存在较大差异，而中年以后教师人格则基本趋于稳定。

2. 教龄因素的影响

谢作栩的研究表明，青年教师不同教龄组间的人格因素差异的项目较多，差异的程度也较大。其中，4～6年教龄组青年教师的敢为性和幻想性相对较弱，忧虑性较高。青年教师随着教龄的增长，逐步从敏感、感情用事偏向理智、重实际；从自由、激进偏向保守；从自立自强偏向随群附众。吴安春对小学教师的调查认为，不同教龄的教师，在自信型维度和思考型维度上差异显著。这可能是因为教龄较短的青年教师，经验积累少，在工作和生活中遇到问题常常使他们缺乏自信心。吴安春对中学教师的人格研究表明，教龄是影响中学教师自信型、活泼型、自我型人格特质的重要因素。随着从教年限的增加，中学教师的自信型、活泼型人格特质表现出“强——弱——强”的曲线型发展趋势。

从以上研究看出，教龄也是影响教师人格特征的重要因素。教龄较短的教师比较激进、自由，随着教龄的增加，变得逐渐理智、重实际。所以在教师人格培养时，要注意教龄这一因素的差异，对不同教龄教师的人格培养的侧重点不同。

3. 性别因素的影响

对于性别对教师人格的影响，众多研究说法不一。陆异、张逸民对中学教师个性心理特征的分析表明，教师的个性特征具有明显的性别差异。李伟（2001）、张军（1997）、耿向红（1998）等人的研究也得出了相同的结论。在情绪方面，张军的调查认为，民办教师中情绪不稳定的女性的人数相对较高，谢作栩、耿向红也得出了相同的结论。谢作栩对高校青年教师的调查还显示，高校青年男教师比女教师有恒心、重实际、精明能干，希望取得成就的人数较多。而耿向红对小学教师的调查结果则恰恰相反：女教师比男教师有恒负责，男教师比女教师权宜敷衍；女教师比男教师精明能干、世故；女教师比男教师自立自强、当机立断，男教师比女教师依赖、随群。这说明性别因素对高校教师和小学教师人格的影响不同。另外，耿向红的研究显示，在思维方面小学男教师比女教师思维敏捷，特别是抽象思维能力强。但是吴安春对中小学教师人格的研究却与上述研究结果相反：性别因素对教师的人格特征不存在显著影响。

4. 职称与学历因素的影响

国内学者对学历因素对教师人格的影响也存在异议。谢作栩的研究认为，高校青年教师不同学历组间的大多数人格因素无明显差异。吴安春的研究也表明，学历因素对中小学教师的人格特质没有显著影响。而李伟的调查却认为，不同学历的小学教师的人格特征存在一定的差异。主要表现在：具有大专、本科学历的小学教师更富创造力，也更果敢，同时幻想性得分也高；而具有高中、中师学历的小学教师的有恒性显著高于具有大专、本科学历的小学教师；此外，具有本科学历的小学教师的敏感性得分最高。

职称因素对小学教师的自信型人格特质和思考型特质影响显著，而且是影响中学教师安静型人格特征的重要因素（吴安春，1996）。社会地位高的教师更多地表现出内向、古板、喜欢安静与独处、精力不济、兴趣贫乏等特点。这可能是因为高职称的教师一般都是中年教师，他们的人格特征与中年人的心理特点有关。这也提示我们，关心、解决好教师的职称问题，对调动教师工作的积极性、培养教师的优秀人格品质具有重要作用。

（三）教师人格存在的问题

1. 人格缺陷

李伟的调查表明，少数教师在一些个性因素方面存在严重缺陷，心理健康水平不高。其中情绪激动、急躁不安者占23.5%，孤独、冷漠者占17.4%，敷衍、缺乏责任感者占14.8%，思维迟钝、理解能力弱者占10.4%。陆异、张逸民在心理健康指数的诊断中发现，心理健康指数过低的人数占总数的4.5%。谢作栩的研究显示，高校青年教师的环境适应能力低于一般水平。这些实证调查也提示我们，应该加强对教师人格问题的预防与矫正，重视教师人格问题研究。

2. 创造力水平不高

创新已成为一个国家的灵魂，创新人才必须由具有创新才能的教师来培养，教师创造性的高低对学生创造力的培养至关重要。但是我国目前教师的创造能力却令人担忧，耿向红的研究表明，教师在创造力个性因素方面的水平普遍不高，均处于中等水平。李伟的研究认为，27.4%的教师的创造力得分较低。而吴素梅也认为，小学教师知识面窄，抽象思考力弱，独立性差，创造性水平较低。因此，教师的创新精神和创造性思维能力的培养，已成为目前刻不容缓的任务。

（四）教师人格对学生发展的影响

近年来我国学者对此问题的研究，与早期研究得出相同的结论，即教师人格对学生发展有很大影响。例如，陈益、李伟（2000）[16]的研究表明，小学教师的某些人格特征与学生成绩有着较高的相关性，而且它们之间的相关性要高于小学教师的年龄、学历与学生学业成绩的相关性。他还指出，兴奋性与学生的语文成绩呈显著相关，聪慧性、稳定性、实验性与学生数学成绩的相关达到显著水平。满其民（1994）[17]在《略论教师人格影响的教育价值》中谈到教师人格的教育价值包括：评价—激励价值，身价—陶冶价值，机智—启迪价值，威信—感染价值，态度—期望价值。

（五）优秀教师的人格特征

邢少颖、贾宏燕对山西省某市14所幼儿园教师的研究表明，优秀幼儿教师与普通幼儿教师的聪慧性和有恒性在$P<0.1$水平上差异非常显著，独立性在$P<0.5$水平上差异显著。同时，她们在专业成就能力、创造能力和在新环境中成长的能力均高于普通幼儿教师。杨敏等的调查也显示，优秀幼儿教师在有恒性、恃强性、稳定性、世故性、自律性上得分均高于一般幼儿教师。雷晓宁等（1999）[18]对三明地区中学优秀教师人格特征的调查认为，优秀教师和一般教师在有恒性、聪慧性、幻想性和紧张性四个方面存在明显差异，表现为优秀教师有更强的事业心和责任心，对学生更关心、更负责；善于保持稳定的情绪；学习能力更强，富有才识；对人、对事总是心平气和，充满信心等。这些研究与韩进之（1989）[19]在总结国内外研究的基础上提出的优秀教师应具备的优良个性品质相一致。

（六）教师人格的培养

近年来，我国关于教师人格培养的理论探讨很多。例如，周咏梅（1998）的

《高校女教师人格塑造初探》和周丽华[20]的《论教师人格及其养成——人文教育和情感教育在教师人格养成中的作用》等一系列文章。尤其是青年教师刚刚踏上工作岗位，很多方面还不适应，容易出现人格问题，更应该加强青年教师的人格培养。正如徐速、陈素平（2000）在《小学青年教师人格特征初探》中指出的："小学青年教师还处于人格可塑性很强的时期，因此在青年教师的培训工作中，要引导青年教师在充分了解自己人格特征的基础上进行自我教育，发展适合教师职业的良好的人格特征。"

虽然我国在20世纪90年代关于教师人格培养的研究出现了较为繁荣的局面，但从总体上看还处于起步阶段。大量的研究局限在现状调查、理论探讨的层次。实践操作层面上的研究较少，专门针对教师人格问题而展开人格培养的实验干预研究也并不多见。

注释：

①谢作栩．福州高校青年教师人格特征的初步研究．心理科学，1994（5）

②耿向红．对中小学教师个性状况的测试与分析．中小学教师培训（小学版），1998（6）

③张军．民办教师的艾森克人格问卷测查报告．青海师专学报（社科版），1997（3）

④吴安春．教师人格发展特点及影响因素的研究．徐州师院学报，1996（1）

⑤吴安春，曹树．中学教师的人格发展特点及影响因素的研究．南京师大学报，1998（2）

⑥傅伟忠，瞿正方．小学教师心理健康水平及其人格特征的相关研究．健康心理学杂志，2000（4）

⑦陆异，张逸民．中学教师个性心理特征现状分析．教育科学研究，1997（3）

⑧杨敏等．优秀幼儿教师人格特征研究．宁波教育学院学报，2001（3）

⑨陈益，李伟．小学教师人格特征和学生学业成绩的相关研究．南京师大学报，2000（4）

⑩徐速，陈素平．小学青年教师人格特征初探．温州师范学院学报，2000（5）

⑪李伟．南京市七所小学教师人格特征的测试与分析．南京晓庄学院学报，2001（3）

⑫周咏梅．高校女教师人格塑造初探．广西师范学院学报（哲社版），1998（3）

⑬邢少颖，贾宏燕．关于优秀幼儿教师人格特征的研究．学前教育研究，2002（1）

⑭左吉玉．青岛市幼儿教师人格特征初探．心理科学，1998（5）

⑮吴素梅．小学教师人格特征现状研究．健康心理学杂志，2002（5）

⑯陈益，李伟．小学教师人格特征和学生学业成绩的相关研究．南京师大学报，2000（4）

⑰满其民．略论教师人格影响的教育价值．济宁师专学报，1994（2）

⑱雷晓宁等．三明地区中学优秀教师人格特征的调查研究．三明师专学报，1999（3）

⑲韩进之．教育心理学纲要．北京：人民教育出版社，1989：565～570

⑳周丽华．论教师人格及其养成——人文教育和情感教育在教师人格养成中的作用．高等师范教育研究，1999（2）

资料来源：阴山燕，马娟．我国教师人格研究述评．上海教育科研，2004（4）

第三章　教师常用教育科研方法（上）

内容提要

行动研究、经验总结和个案研究是中小学教师教育科研的常用方法，本章分四个部分对这三种研究方法进行了介绍。主要内容包括：

1. 教育行动研究的基本理念
2. 教育行动研究的基本过程
3. 教育经验总结的基本程序与要求
4. 个案研究的基本程序与具体方法

第一节　教育行动研究的基本理念

一、何谓行动研究

（一）行动研究的定义

在教育实践中，行动研究被认为是一种非常适合中小学教育科研的方法。但是关于什么是行动研究，学者提出了不同的观点。像考瑞（Stephen M. Corey）在《改进学校实践的行动研究》一书中提出："所有教育研究工作，应由应用研究成果的人来担任，其研究结果才不致白费。同时，只有教师、学生、辅导人员、行政人员及家长、支持者能不断检讨学校措施，学校才能适应现代生活之要求。故此等人员必须个别或集体地采取积极态度，运用其创造性思考，指出应该改变之措施，并勇敢地加以试验；且须讲求方法，有系统地收集证据，以决定新措施之价值。这种方法就是行动研究法。"① 卡尔与凯米斯（Carr & Kemmis，1986）则认为："行动研究是在社会情境中（包括教育情境）自我反省探究的一种形式，参与者包括教师、学生、校长等人，其目的在于促发社会的或教育实践的合理性及正义性，帮助研究者了解实践工作和相关情境，使实践工作能够付诸实施而有成效。"②

综合各家所言，行动研究的基本内涵是，由与问题有关的人员共同参与研究和实践，对问题情景进行全程干预，并在此实践活动中找到有关理论依据及解决

① Corey, S. M. *Action Research to Improve School Practices.* New York: Teachers College Press, 1953

② F. Carr & S. Kemmis. *Becoming Critical.* Deakin University Press, 1986

问题的研究方法。

教育行动研究则是教师在真实的情境中，以其关注的教育问题为中心，并以实务研究者的角色提出问题、搜集资料、计划行动及反省探究，以改善实务的教育情境，进而建构优质的学习环境。

传统的教育学术研究让研究与实务分开，就是大学教授负责学术研究，而基层教师负责研究结果的执行。然而在行动研究中，教师成为主要的研究者，乃将研究者与执行者结合，其目的不在于出版学术研究报告，而是寻求他们对于事件、情境和问题的理解，进而解决实际遭遇的问题。不论研究场所是在一间教室里或是校园内，行动研究都具有立即解决性及实用性，为教育实际问题的解决提供了一种有效而科学的研究方法。

（二）行动研究的特点

和一般教育科学研究相比较，行动研究有如下特点：

1. 行动研究的主体是教师

行动研究中教师自己要确定研究课题、制定行动研究计划、实施行动、收集和研究反馈信息并调整行动、评价结果、应用研究成果等，这些正体现了教师作为研究者的主体作用。行动研究特别强调教师的参与，注重研究的过程与教师的行动过程相结合。不论是独立进行研究，还是与研究者合作，教师自己都必须意识到这种研究的必要性，研究的动力必须来自教师自己。教师通过研究活动对自己所从事的实际工作进行批判性反思，寻找解决问题的答案。当然，为了提高行动研究的质量，取得更好的教育科研成果，行动研究并不排斥研究人员的合作参与。相反，它提倡专业研究者、专家学者参与行动研究，给教师当好顾问，从科研方法上给予指导，搞好合作研究。

2. 行动研究的问题来源于教育教学实践

行动研究的研究问题直接来源于教师自己的教育教学实践，是教师自己的直接经历和感受，而不是他人教育实践中存在的问题。因此，教师在行动研究中必须广泛收集信息，发现问题，研究问题。另外，行动研究设计的问题或对象通常仅限于本校或本校的某个教学班，属于某个学校的校情问题或班情问题，表现出较多的某地区的某所学校或教学班的特征，不具普遍性。行动研究的问题的特殊性要求人们在评价其研究成果时，在适用范围上要慎重，应多加分析，广泛听取各种意见，克服主观武断。

3. 行动研究的首要目标是改进教育教学实践

行动研究务求解决教育中的实际问题，这既是第一线教师开展教育科研的根本动力，也是教育科学研究的根本目的。当然，行动研究把解决实践问题放在第一位，并不等于行动研究仅满足于问题的解决，而不对已取得的成功进行理论上的探讨。行动研究也对行动的过程和行动的效果进行理性思考，在实践的基础上，在一定的范围内做出自己的理论贡献。如80年代后期上海闸北八中校长刘京海老师开展的“成功教育”实验研究，经过数年坚持不懈的努力，取得了显著成效。一方面该校学生在不同层次上实现了自己的成功目标，学生素质普遍提高；另一方面在成功教育的实践经验基础上，对成功教育的内涵、特点、实质和实施进行了研究，构建了具有本土特色的成功教育理论。这是行动研究中的一个成功范例。

4. 行动研究是在行动中研究，一边行动一边研究

教育教学是教师的基本工作，又是一个复杂、多变的动态性工作过程，因此教师要经常反思行动过程中的问题，在日常的学校生活和真实的课堂教学环境中边行动边研究。另外，一些专业研究者也深入教育和课堂教学实际，与教师一起共同研究问题，及时发现研究过程出现的一些新问题，随时调整计划、完善行动，在良性的变革之中使问题得以解决，使教育教学的工作过程成为一个研究过程，使研究过程成为一个理智的工作过程，达到研究和行动的完美结合。

5. 行动研究的过程具有系统性和开放性

系统性表现为行动研究的开展有一般的操作程序。行动研究的过程是一个螺旋式的发展过程，是一个由计划、实施行动、观察和反思四个环节构成的循环往复的运作系统。行动研究的计划应有充分的灵活性和开放性。原因是，行动研究过程通常不能简单地、集中地表现出计划与结果之间必然的线性关系，人们对问题的认识起初往往是局部的、表面的，如同盲人摸象。所以要不断地观察和反思，要十分重视教育改革实验中出现的新问题。依据发展中的实际情况，研究者可以部分修改实施计划，也可以修改总体计划，甚至可以更改研究课题。此类情况在行动研究中屡见不鲜。

6. 行动研究中的研究方法具有广泛的兼容性

行动研究不是独立于调查研究法、观察法、比较研究法、测验法、实验研究法、经验总结法、理论研究法等之外的某种特殊的研究方法，而是在研究中，根据研究问题的性质、研究过程的不同目的、研究者的能力，从已有的各种研究方法中灵活选择有关方法来研究具体问题，它集各种教育研究方法于一体。这种多元化的研究方法充分展现了其兼容性的特点。

二、教育行动研究的基本理念

教育行动研究是指针对教育情境中的日常工作，教师在研究人员的指导下去研究本校、本班的实际情况，解决日常教育教学中的问题，改进教育教学工作的一种研究方式。教育行动研究的基本理念如下：

（一）主体的凸现——中小学教师是研究的主体

教育行动研究把行动与研究结合起来，其实质是“解放那些传统意义上被研究的他人，让他们自己接受训练，自己对自己进行研究”。在教育教学实践中，教师置身于教育情境，处于最有利的研究位置，拥有最多的研究机会。教育实践

需要教师解决错综复杂的教育问题，特别是当理论知识比较单纯、概括和简化，且无法与教育实践对接的时候，更是如此。

（二）研究的回归——研究回归教师、回归实践

教师的发展不仅在于教师知识能力的变化，而且在于教师从根本上形成原创能力和创新意识，因此，研究必须回归实践、回归教师本人。教师既是辛勤的知识传授者，又是不倦的社会问题、教育问题的研究者、探索者和实践者。正是这种教学与研究的结合，才促进了教育理论的繁荣，才催生了教育科学。随着知识经济时代的到来，要求研究能力重新回归教师。这正是教师天职得以回归和对教师的历史性补偿，表明了教育研究面向实践的方法论的转向。

（三）过程与目标的结合——为行动而研究

开展教育行动研究的目的是在教育活动的具体情况中进行研究，提高行动质量，增进行动效果，是为了行动而研究。因此，它更关注的是教育的内在价值。这意味着教师在这个过程中，不再是单纯以教育理论工作者构思、设计好的课程达到预设目标的知识传授者，不是只把视野局限在教学内容与手段方法上，而是开始主动关注教育内容的价值与意义，关注教育实践活动对学生身心发展所产生的实际效果，反思自己的教育行为，进而有意识地改善自己的教育行为，为教育活动创设最佳情境。整个研究过程都是在行动之中展开的，始终没有脱离教育的具体情境，并且以行动质量的提高作为检验行动质量的标准，谋求教育行动的改进。

（四）提升教师专业化水平——教师成长的重要途径

行动研究提供研究和改进实际教学情境的方法与策略。它是一种持续不断的努力，进而促进教师个人的反省。当研究告一段落，问题获得解决时，教师自身也获得了研究和解决问题的技能与经验。因此，行动研究可以算是促进教师专业成长的一种方式。

（五）教育教学实践与研究的整合——科研与教学成为日常工作

教师行动研究的问题发生在实际的教育教学工作情境中，教师透过行动研究解决实际的教育教学问题。因此，教育教学带动研究，而研究提升教育教学，二者相辅相成。教师通过教育教学与研究，开发出行动研究的新策略，而此新策略也在行动中被检验，由此促进研究和教育教学行动不断循环地验证。更为可贵的是，教师不再把教学与科研分家，而是视教学与科研为日常工作。

三、教育行动研究的意义

首先，它是解决教育研究中理论脱离实际倾向的良好途径。

我国教育研究中长期存在着理论与实践脱节的问题。研究的主体是理论研究工作者，而不是教育的实际工作者；研究的目的是描述和解释教育，而不是改进教育实践；研究过程基本上游离于教育实践之外，是一种旁观者的研究，因而不

为广大教师所理解、掌握和应用，收效当然也不大。这一现象，不仅影响了科研对实践的指导作用，而且阻碍了教育理论的发展。而教育行动研究却正好相反。一方面，它的实践性是非常明显的。无论是研究的出发点、研究的目的，还是研究的主体、研究的过程，都离不开实践。另一方面，行动研究也重视理论的作用。它强调理论工作者与实际工作者的结合，使两者相互合作、平等对话、共同促进和提高。教师可以从专家那里获得必要的专业理论知识和研究技能，理论工作者也可以从真实的教育实践中获得第一手材料，发现新问题和新课题，甚至发现和创造新的理论，使研究成果更容易为广大中小学教师所接受。行动研究是一条实现理论与实践相结合的坦途，值得大大提倡。90 年代以来，西方学者提出了所谓“大学—中小学联合”的教育研究发展模式，主张大学教师与中小学教师联合起来，各取所长，共同促进教育理论和教育实践的发展，这确实是很有见地的。

其次，教育行动研究比较简便易行，容易为广大中小学教师所接受。

在教育科学研究领域，有两种比较典型的研究方法，即思辨研究和实证研究。思辨研究非常强调理论推导和资料引证，这对于承担着繁忙的教育教学任务的中小学教师来说，既有一定难度，又缺乏现实的运用价值。实证研究追求量化、客观化和精确化，因此，需要控制某些变量，力图使教育研究模仿自然科学实验。由于其在假设形成、研究设计、结果分析等方面都比较复杂，也需要相当的理论功底，因此对多数中小学教师来说，也不一定适合。而教育行动研究，是从实际出发而非从理论出发，可以边研究、边学习、边改进，正好能避开上述两种研究方法的局限性，容易在中小学教育中开展。

最后，教育行动研究有利于教师和学校共同发展。

教育行动研究有利于改进学校工作，提高教育教学质量；有利于提高教师的教育理论水平和教育教学能力，培养出科研型教师，使学校和教师同步发展。国内教育行动研究的实践，可以有力地证明这一论断。首都师范大学和北京市教委共同开展的“全面提高北京市初中教学质量”的课题研究就是一个生动的例子。

【案例 3－1】

教育行动研究与学校教育质量的提升

1998 年，首都师范大学的 21 名教师，深入到北京市 8 个县区 23 所中学，与 500 名教师共同承担了这项教育行动研究。通过三年的努力，他们取得了丰硕的成果。参与研究的五所薄弱初中的学校面貌有了根本性改变。116 中在区教育教学综合评价中跃居初中学校的首位；和平里中学与 181 中均被评为“教育科研示范校”；北方交大二附中被评为区“教育科研先进校”；新街口中学被评为“教学管理达标学校”。谈起三年的研究，中学校长们深有感触地说：“是课题研究把我们从终日忙于应付学校事务的状态中解放出来，使我们确立了明确的办学方向，形成了清晰的办学思路，提高了管理能力和决策水平。同时把师生从苦教苦学的死胡同中领出来，使我们走上了靠科学研究提高教育质量的正路。”中学教师们充满感情地说：“是学校的科研氛围‘逼你学习，逼你成功’；是‘科研兴校’使我们的生命更有意义、更有价值，生活更加充实，更加充满青春的活力。”校长们谈起教师的变化则说：“教师们最大的收获是学会了反思，学会了研究，学会了在研究状态下工作。过去说基础薄弱学校的老师是‘教书匠’，我觉得评价还是高了，只能说是‘教书的’。通过课题研究，我们从‘教书的’、‘教书匠’向研究型教师迈出了可喜的一步。”

资料来源：转引自江苏化学网．2006－10－31. http：//www. jsccn. com/detial？id＝13493

第二节　教育行动研究的基本过程

一、教育行动研究的基本模型

国内外的教育研究专家，对教育行动研究的程序曾进行过种种设计，其中比较有代表性的有英国学者凯米斯和国内学者陈桂生教授的模型。

(一) 凯米斯的行动研究模型

英国学者凯米斯认为，行动研究是一个螺旋式加深的发展过程，每一个螺旋发展圈又都包括计划—实施—观察—反思四个相互联系、相互依赖的基本环节。其中，“观察”不是一个独立的环节，而是在行动研究的全过程中搜集资料和监察工作；“反思”是对行动效果的思考，并在此基础上计划下一步的行动。它是第一个螺旋圈的终结，又是过渡到另一个螺旋圈的中介。

(二) 陈桂生的行动研究模型

国内学者陈桂生教授关于教育行动过程的设计包括四个环节：计划（P）、执行（D）、检查（C）、总结（A）。陈桂生教授把“观察”与“反思”改为“检查”与“总结”，这是因为“观察”与“反思”应贯穿于行动研究的全过程，不应作为一个独立步骤。在借鉴国内外教育行动研究的理论探讨和实践经验的基础上，从方便教师操作的要求着眼，可以把教育行动研究的过程设计为如下五个步骤，即诊断、学习、计划、实施、反思。

1. 诊断

诊断即研究分析当前教育教学的现状，提出研究的课题。在诊断过程中要分清哪些是成功的经验，哪些可以继续发扬，存在哪些需要解决的问题，其中关键问题是什么，它产生的客观原因是什么。这一过程可以是教师个人的自我诊断，也可以是教师群体的共同诊断。有的学校采用所谓“侃大山”式的诊断方法，就是集体诊断的突出范例。“侃大山”的意思是，在一个较宽松的环境下，学校教师、科研人员以及学校行政领导在一起毫无拘束地进行问题诊断。例如，一项探讨如何利用语文多媒体教学软件《扩展阅读》在小学中进行有效阅读教学，提高阅读速度和理解能力的研究中，教师对学生阅读理解能力存在的问题进行了分析，然后提出了课题研究的目的不是探讨阅读教学的一般规律，而是具体到如何有效使用多媒体教学软件《扩展阅读》，发挥它的作用并提出可能遇到的解决问题办法的建议，这就是一个非常好的诊断过程。

2. 学习

学习应当贯穿在教育行动研究的全过程，但在问题诊断之后，集中一段时间进行学习是完全必要的。学习的内容主要是国家有关教育改革与发展的方针路线，素质教育的理念和各地的先进经验，与自己问题有关的理论材料，学校制定的发展目标和要求等。通过学习，提高了认识，认清了新的教育思想与现状之间的差距，可以更准确地把握存在的问题；通过学习，明确了方向，也会启迪如何解决问题，可以为制订行动研究的计划打下良好的基础。

3. 计划

计划即设计行动方案，表现形式是写出开题报告。它的内容包括：①课题研究的背景：含教改形势和教学观念的要求，本校或本班当前的实际情况，课题研究的意义等。②研究内容：本课题要解决的主要问题及采取的措施。要从应当达到的要求和现实状况的差距中找出改进措施。其中包括实际工作者教育理念和教育行为的改进、教育环境（领导行为、校园文化、家长教育行为和社区环境等）的改进等。③行动的步骤及时间安排：含前期准备工作及研究进程。④预期成果及其表现形式：包括书面总结或论文、调研报告、教育教学行为观摩、学生成绩等。需要指出的是，教育行动研究的计划不是一成不变的，它允许在行动过程中不断地修正计划，把本来未考虑到却在行动中显现出的各种新情况新因素纳入计划。

4. 实施

行动研究的实施过程，是一个动态发展和改进的过程，也是一个“计划—行动—反馈—调整—再行动”的过程，即在按计划实施的过程中，注意观察效果、总结经验、发现问题、进行中期论证（反馈），然后调整研究计划，再实施新的修正后的研究计划。

5. 反思

反思实际上是一个阶段总结的过程。其内容包括：①整理和描述，即对制定计划、学习理论、实施计划、阶段检查的全过程加以归纳整理，勾画出多侧面的生动的行动过程。②评价与解释，即对行动的过程和结果做出判断，对有关现象和原因做出分析解释，找出计划和结果的不一致性，从而提出设想与计划的修正意见。③写出研究报告。

【案例3-2】

教师行动研究的环节

（一）问题的发现：P在校内外表现反差大

一天早上，正要进校门时，我看见不远处班上一名学生P正对着送她上学的父亲大发脾气，样子很凶，全然不同于平时在学校里那副胆小怕事的样子。印象中，P好像对老师有一种畏惧感，从来不敢正面看我们，不敢大声说话，上课发言胆怯得很，很少见她欢快地说笑。P在学校与同她在校外的表现怎么会相差这么大？

（二）问题的症结：解读P

P进了校门之后，我上前询问P的父亲出了什么事。他说：P在家里很任性，常常对父母发脾气，有时还同她母亲对骂对打。我感到P在校内外表现出这么大的反差，说不定是由于什么特殊原因造成的，就把这种直觉告诉了P的父亲。问他：P是不是受到过什么刺激。当时P的父亲也感到纳闷，说不出一个所以然，只是告诉我：送P上学时，孩子常常一路赌气过来，但一到校门口碰到老师，马上会住口收敛，紧张得不得了。P敢与父母顶嘴，为什么这样怕老师呢？

事隔不久，P的母亲来学校参加家长会，特意找我交流意见，她告诉我：P从小到大在家里好像没有受过特别的刺激，要说有的话，在幼儿园中班时倒是有一回。那时，P是个非常调皮好动的孩子，喜欢拉小朋友的头发和饰物。有一次上课因为扯身边小朋友的辫子，把人家弄哭了。老师不问青红皂白，罚她待在厕所里。直到吃过午饭，老师才想起她还待在厕所里时，她已经整整哭了两个小时。现在回想起来，P好像是从那个时候开始性情起了变化。

听完P母的诉说，我猜想：可能是幼年这段不正常的经历深深刺激了P，导致现在她对学校和老师心怀恐惧；她爱在家里大发泄，也许又跟她在学校里过得不自在不愉快有关。

（三）问题的解决：转变P

1. 对策与方案

这样的猜测和分析到底对不对，我心里也没有数。但是，不论什么原因，当务之急是要帮助她消除在老师面前、在学校生活中过度的紧张感。于是，我建议P的父母耐心对待其女，多给予鼓励，不要再训斥她，重要的是逐渐消除她潜意识里对学校、对老师的成见与恐惧。

在这个方面，我们做老师的需要做出更多的努力。解铃还须系铃人，既然P是因为过去老师严厉的惩罚而害怕老师，那么，现在要改变这种状况，最好的办法就是老师体贴她、关心她、信任她，让她真正感受到师爱。改变一个年幼的孩子对教师的成见和惧怕，重要的不是对她“讲理”，而是对她“讲情”、“示爱”。

因此，我准备不让P意识到我在教育她、改变她，那种居高临下的教诲对于一个受过伤害的稚嫩的孩子来说只能是一种压力，她不会因为老师的谆谆教诲而喜欢上老师和学校生活。我希望通过课堂内外轻松愉快的交往和看似闲聊的交谈，与P逐步建立起相互信赖的关系，还打算努力引导学生们营造出一种相互体谅、相互鼓励、相互分享、共同进步的集体生活氛围。春雨润物细无声，相信在这样的人际关系和集体氛围中长大的孩子，恐惧、胆怯和敌意都会销声匿迹，而且必将逐渐学会关心。

然而，我的信心不足以解决面临的实际困难。P对老师的态度如果是由其幼年经历所致的话，其影响就已根深蒂固了，不可能通过两个回合改变她的态度。所以，对于P的疏导和教育，不能操之过急，而需循序渐进，一步一步地消除她对老师的成见、对学校生活的恐惧。第一步可以做的是设法使她信任我，在我面前抬起头来；然后设法使她在我的英语课上主动开口进行对话练习，在我的课堂上轻松起来。在此基础上，再进一步引导她体会其他老师的关爱和信任，在学校里轻松快乐地学习和游戏。当她真正喜欢和老师、同学在一道共同过学校生活时，也许就有条件引导她改变对父母的态度，体贴父母、关心父母了。

2. 方案的实施

第一步：辅导性谈话

带着这样的设想，我比以前更多地留意P，设法接近她，寻找与她闲聊的时机。

师：P，喜欢学英语吗？

P：……（点头）

师：喜欢张老师吗？

P：……（点头）

师：张老师不喜欢只看到你点头、摇头，我想听到你的回答。

P：（点头）……喜欢。

师：那么，张老师问你一个问题：你既然喜欢英语，又喜欢张老师，怎么不见你英语课上积极举手发言呢？

P：……（稍有羞涩，沉默）

师：怕老师吗？

P：……（摇头）

……

师：（我本想启发她承认怕老师，再加以疏导。转念一想，对于一个仍很稚嫩的孩子，直截了当地讲道理、教育，反而会让孩子感到居高临下的压力。于是，我用欢快的语气对她说）好吧，张老师相信你！不管什么原因，张老师希望你下次上英语课积极举手发言，踊跃与同学、老师对话。张老师还希望看到你笑，因为你笑起来非常漂亮！要上课了，P再见！

P：张老师再见！

整个交谈过程中，P只讲了两句简短的话。但她的神情鼓舞了我，我原先的分析和估计很可能是对路的。我等待着下一堂英语课的到来，准备围绕“like（喜欢）”一词与P展开一段对话练习。

第二步：英语对话练习

英语课上，“师生自由对话”时，同往常一样，学生们纷纷举手，争着要与老师练习对话。几组对练下来，我自然地走近P，用鼓励的目光期待着她。当她慢慢地将手伸出桌面时，我高声地与她对练起英语口语：

师：Hello！P！How are you？（嗨，P！你好吗？）

P：Fine，thank you！and you？（好，谢谢你！你呢？）

师：Very well，thanks. Nice to see you！（我很好，谢谢。见到你真开心。）

P：Nice to see you，too！（见到你，我也很开心！）

……

我用惊喜的表情和语气对全班学生说：没想到吧！不敢大声讲话的P同学，今天和张老师说了一长串的英语。Let's clap！（让我们为她鼓掌！）学生们热烈鼓掌，欣喜地望着P。P红着小脸，洋溢着笑容，低下了头。我感受到了她内心的喜悦，借机因势利导，同时鼓励别的同学共同进步。

由此打开缺口，她开始信任老师，由信任个别科任老师到信任老师群体，隐藏在她内心的对老师和学校生活的恐惧感，像阳光下的春雪在悄悄融化。平时在游戏中，在交谈中，我也总是有意无意地提示P：你看，老师多好！随着恐惧和压抑逐渐减小，P的性情也有所转变。她的父母也感受到了这种变化。一天，P母高兴地告诉我：孩子回到家里，喜欢谈论自己的老师，说这个张老师好，那个李老师好。她在家里的表现有一定好转，但时不时还任性，比方说，饭菜不合口味，就大发脾气，让父母很伤脑筋。

第三步：教育性谈话

为此，我又设计一次私下的谈话，碰见P后，“不经意”地与她聊了起来。

师：P，吃过饭了吗？

P：（微笑着点头）吃过了。

师：在学校吃的，还是在家里吃的？

P：在外婆家吃的。

师：外公外婆一定很疼爱你吧？

P：（点头）

师：那如果他们烧的菜不好吃，你会对他们生气吗？

P：（略顿，摇头）

师：如果爸爸妈妈烧的菜不好吃，会生气吗？

P：（思索状，摇头）

师：又摇头点头了，告诉张老师真话！（我微笑着嗔怪她）

……

师：那爸爸妈妈一定很辛苦。我觉得P是个很懂事的女孩。想想看，怎样分担一些爸爸妈妈的辛苦？

P：（歪头笑，想了一会儿）给爸爸妈妈倒茶、端碗、盛饭、洗碗、整理房间。

师：很好。我相信你真的能做到这些，而且以后不再对爸爸妈妈发脾气了。要做一个懂爱讲理的孩子。

3. 实施的效果

那一段时间，我经常与P的父母联系，交流情况，商讨疏导和教育孩子的对策。一个多学期过去了，P同以往大不一样，英语课上经常主动举手发言，还能比较有创造性地与周围的同学表演对话。经了解，这孩子在别的课上也改变了以往胆小怕事的形象，学习的积极性高了，主动性强了，同老师交谈比以前轻松愉快多了。在家里的脾气也有所改进，经常与父母谈论起自己的学校、同学、老师。但是，目前尚无证据表明她在关心和体谅父母方面有了实质性的进步。

（四）反思与讨论

变化真是令人欣慰，也促使我对自己的工作进行反思：对一个稚嫩的孩子的教育，怎样做到润物细无声。教育工作者，给孩子讲理还是讲爱。在看似简单的闲聊式的交谈和平常的游戏中，怎样唤起孩子的良知和爱的意识，让他们感受被关心的愉悦，从而使他们逐步学会关心。

在这些问题上，通过辅导、教育和转变P，我自己也获得了许多教益。我感到，教育人的工作实在是一件感情与理智相互交融的工作。如果对学生缺乏爱心，或者对孩子表达关爱之情不得体，就难以赢得学生的信赖，无法接触他们在与教师交往以及在学校生活中的心理障碍，更不用说引导他们逐渐学会关心。另一方面，如果对学生的内心需要和行为问题缺乏敏感性、洞察力、理解力，就会错失许多帮助学生进步的时机。

我还感到，教育工作是一件非常困难和艰苦的工作，但是如果工作有创意又有成效，它又是一件非常吸引人的工作。最初对P行为表现的原因分析，带有很大的猜想成分，事后证明这种猜测是正确的，这对于我无疑是莫大的鼓舞。那次私下里的“辅导性谈话”和课堂上的“对话练习”也取得了较为满意的效果，从中我感受到了一种身为人师的快乐。

这一切首先得益于对P的行为问题的归因分析。在与同事交流工作体会时，大家对我及时发现P的行为问题、准确地诊断出问题的症结给予了肯定。但是，这些方面的成功带有一定的偶然性，只是因为P母回忆起P幼年时的一段经历，才促使我把它与P现在的行为表现联系起来。学生中大量的行为问题，原因复杂，难以得到如此幸运的准确诊断。

前两步处理基本成功，还得益于事先做过设计。第一，通过那次“辅导性谈话”，一方面争取到了当事人某种程度的好感和信任；另一方面也暗示性地鼓励当事人上课时要主动举手发言，为后面的对话联系做了铺垫。第二，在与其他学生进行几轮对话练习，营造出比较轻松和活跃的课堂气氛之后，才鼓励当事人参与对话练习，使她在心理上有一个准备过程，因而没有像平常那样临场怯阵。第三，围绕“like（喜欢）”一词与当事人进行对话练习，是有所用心的。正因为是上英语课，进行的是对话练习，学生更容易自然地表达对人对事发自内心的好恶。无须严肃的道德说教，无须正经的教育性谈话，依然可能唤起学生心灵深处爱与被爱的意识。第四，当事人成功地参与对话练习之后，掩饰不住内心的兴奋之情。我以一种分享到学生成功的欢乐的方式，表达出对其进步的肯定和欣慰，还引导全班学生真诚地祝贺她，一道分享她成功的快乐，一道鼓励她继续进步。我相信，这样的课堂气氛，不但对当事人勇敢尝试和大胆参与学习活动是一种非常及时的强化，也会感染在场的每一位学生。其实，懂得关心人这样一种品质，主要不是靠教学生关心人的道理获得的，而是靠教师爱心的启迪获得的，是靠相互关心的集体生活气氛的感染获得的。

不过，也有遗憾。尽管我专门对P进行过一次“教育性谈话”，还随机做过一些引导，但是效果不明显，她在关心和体谅父母方面似乎没有取得实质性的进步。当然，这种品质的培养，不是通过我们教师单方面的努力就能成功的，学生家长也有责任；但是，那次“教育性谈话”本可以设计得更加精细。那时，我已经取得P的好感和信任，在我的启发之下，她最终鼓起了勇气，承认了菜不合口味就对父母发脾气的事实。一次极好的教育时机出现了，却又被匆匆放过。

告诉学生父母工作忙，家务辛苦，启发学生分担父母的辛劳，做一个懂爱讲理的孩子，思路是对的，但是，简单的几句话是不可能指望学生有切身体会的。这方面的启发和教育不是通过一次谈话所能完成的，需要长期深入的工作。例如，我们可以发动和指导P及其同学以《爸爸妈妈的一天》为题，各写一篇观察日记，并且进行交流，让他们自己去发现和体会父母每天“忙”在哪里、“辛苦”在哪里。我们甚至可以进一步发动学生家长在双休日与学生交换角色，让学生“当一回家长”，“辛苦”几天，然后让大家一道来诉说做父母的辛劳。有了这样的体验，他们也许不会把关心和体贴父母简单地理解成“给爸爸妈妈倒茶、端碗、盛饭、洗碗、整理房间”……像小学生这么大的孩子，关心父母主要不在于这些方面，也许在于尊重父母的劳动，体谅父母的苦心，不挑食不挑穿；自觉学习，独立完成功课，养成一定的自理能力，少让父母为自己操心，让父母有更多的时间休息，把主要精力放在工作和操持家务上；不把父母为自己所做的一切视为理所当然，由衷地感谢父母，渴望报答他们的养育之恩。我们当然不能苛求小学生完全做到这一切，因为这些连我们成年人自己也未必做得到。但是，这些方面确实可以作为我们教育上努力的方向。

资料来源：陈桂生．到中小学去研究教育．上海：华东师范大学出版社，2000：3～81

二、教育行动研究的基本阶段

（一）计划

“计划”是行动研究的第一环节。计划应以所发现的大量事实和调查研究为前提，始于解决问题的需要和设想，设想是行动研究者对问题的认识，以及他们掌握的有助于解决问题的知识、理论、方法、技术和各种条件的综合。“计划”包括总体计划和每一个具体行动步骤的设计方案。“计划”环节包含三个方面的内容和要求。

（1）计划始于解决问题的需要，它要求研究者从现状调研、问题诊断入手，弄清楚：

第一，现状是什么？为什么会如此？

第二，存在多少问题，可以归类为几个层次？从什么意义上讲有问题？

第三，关键问题是什么？它的解决受哪些因素的制约？

第四，众多的制约因素中，哪些虽然重要，但一时改变不了？哪些虽然可以改变，但不重要？哪些是重要的而且可以创造条件改变？

第五，创造怎样的条件，采取哪些方式才能有所改进？

第六，什么样的设想是最佳的？

（2）计划包括总体设想和每一个具体行动步骤，最起码应安排好第一步、第二步行动研究进度。

（3）计划必须有充分的灵活性、开放性。随着对问题的认识逐渐加深，制订计划时既要考虑和包容已知的制约因素、矛盾、条件，又要把始料不及、未曾认识，在行动中才发现的各种情况、因素容纳进去。从这一意义上讲，计划是暂时的、允许修改的。

（二）行动

“行动”就是指计划的实施，它是行动者有目的、负责任、按计划的行动过程。在行动中，要按计划、有控制地进行变革。在变革中促进工作的改进，包括认识的改进和行动所在环境的改进。随着研究者对问题认识的逐渐明确，以及行动过程中各种信息及时的反馈，不断吸取参与者的评价和建议，对已制定的计划可在实施中修改和调整，要考虑实际情况的变化，进行不断的行动调整。“行动”包括：

（1）行动是在获得了关于背景和行动本身的反馈信息，经过思考并有一定程度的理解后的有目的、负责任、按计划采取的实际步骤。这样的行动具有贯彻计划和逼近解决问题的性质。

（2）实际工作者和研究者一同行动。在教育行动研究中，家长与社会人士和学生均可作为合作的对象。要协调各方面的力量，保证实施到位。

（3）重视实际情况的变化，随着对行动及背景认识的逐步加深，以及各方面参与者的监督观察和评价建议，不断调整行动。它是灵活的、机动的。

（三）观察

"观察"是指对行动的过程、结果、背景以及行动者特点的考察。"观察"是反思、修订计划和进行下一步的前提条件，在行动研究中观察既可以是行动者本人借助于各种有效手段对本人行动的记录观察，也可以是其他人的观察，而且多视角的观察更有利于全面而深刻地认识行动的过程。因此，研究者在行动研究过程中要着重注意对以下几个方面进行仔细观察：

（1）行动背景因素及其制约方式。

（2）行动过程，包括什么样的人以什么方式参与了计划的实施，使用了哪些材料，安排了哪些主要活动，有无意外的变化、干扰，如何排除，等等。

（3）行动的结果，包括预期的和非预期的，积极的和消极的。

（四）反思

"反思"是行动研究第一个循环周期的结束，又是过渡到另一个循环周期的中介。反思这一环节包括整理描述，评价解释，写出研究报告。

（1）整理描述。整理描述即对观察到、感受到的与制订计划、实施计划有关的各种现象加以归纳整理，描述出本循环的过程和结果，勾画出多侧面的生动的行动过程。

（2）评价解释。评价解释即对行动的过程和结果做出判断评价，对有关现象和原因做出分析解释，找出计划与结果的不一致性，从而形成基本设想。总体计划和下一步行动计划是否需要修正，需做哪些修正的判断和构想。

（3）写出研究报告①。行动研究的报告有自己的特色，允许采取多种不同的写作形式。如让所有的参与者共同撰写叙述故事，让不同的、多元的声音一起说话，也可以编制一系列个人的叙述、生活经验，让当事人直接向公众说话，等等。详细内容参见第六章。

三、几个需要说明的问题

（一）教育行动研究具有不同的层次

教育行动研究可以在三个层面上开展，可以是教师个人单独研究，也可以是学校范围内若干教师的合作研究或科研人员与教师的合作研究以及科研人员、教师和行政领导三结合的研究。前者是一种问题解决及自我反省的探究，无论新手教师还是专家型教师，都是个人为了改进或解决他们工作中的实际问题而产生的一种自我反省探究的研究。后两者是行动研究的典型层次，是我们提倡的重点，主要适用于当合作力量胜过个人，或个人刚开始做行动研究时运用。

（二）行动研究课题的大小灵活

教育行动研究可以是针对个别学生、特定事件的研究，也可以是班集体内或

---

① 教育行动研究报告的格式和撰写具体要求参见第六章的相关内容。

整个学校内某个突出问题的研究，还可以是一个城镇、区县、地市乃至一个省的范围内带有普遍性的问题的研究。教师们可以根据自己的情况有所选择。先从小课题开始，逐步向中、大课题发展。每所学校应重点抓好一两个对学校发展、教育教学质量提高有较大影响的龙头课题（或称核心课题），以便有效地推动全局。

（三）广义的教育行动研究既可以反思已经发生的教育行为，又可以探讨教育行动的变化

行动研究的过程重在反思，“教例研究”就是常见的一种反思形式，其做法是，从对自身工作经验的回顾与反思中发现课题，进而把发现问题及处理问题的全过程写成教例，然后围绕此例展开研讨和分析，在此基础上形成教例研究报告。教例研究能够充分尊重和吸纳教师已有的教育经验，唤起教师研究教育问题的兴趣，鼓舞教师长期从事教育研究。这种研究方式不失为教师步入教育研究殿堂的第一个台阶。探讨教育行为变革的研究，就是从工作中的实际问题出发，以解决实际问题为目的的研究。它被称为问题研究，是教育行动研究的主要形式。

第三节　教育经验总结

一、什么是教育经验总结法

（一）教育经验总结法的概念

教育经验总结法是根据教育实践事实，分析概括教育现象，挖掘现有的经验材料，并使之上升到教育理论的高度，以便更好地指导新的教育实践活动的一种教育科学研究方法。经验总结法总结的是自己的或其他教师教育实践中的直接感受，所获得的材料比较真实，所得的结论实践性强。而且，经验总结法简便、实用，中小学教师人人都可以参与、运用。这是广大中小学教师常用的教育科研方法。许多特级教师的经验就是运用这种方法总结出来的。

（二）教育经验总结的层次

教育经验总结的科学水平可以分为三个层次，即具体经验总结、一般经验总结和科学经验总结。

1. 具体经验总结

它是指以具体实践事实为基础，总结一次教育或教学活动的经验。其一般内容为：教育活动过程＋效果＋体会。教育活动过程要记述活动的目的、内容、准备、活动经过和师生参与的情况等。效果要记述这次活动后师生的反应、收获、是否达到活动的目标等。这一部分还可以用数据或图表表示。体会介绍活动组织者的感受，对此项活动优越性的认识，亦即具体经验所在。具体经验总结常用“教学一得”、“教学后记”等形式记述。与一般工作总结或教学总结不同，它主要是围绕总结经验这一主要目标来进行阐述，无须面面俱到地汇报全部的工作过程。提供的材料是为同行进行同类活动时借鉴用，无须追究得失责任，更无须对个人进行批评或表扬奖励。

撰写一篇具体的教学经验的一般格式是：一项具体的教学活动过程、活动的效果、作者的体会。具体地讲，撰写时，首先要记述此项活动的目的、内容、活动的经过以及师生参与的情况等；接着记叙通过此项活动师生的收获，以及是否达到预期的要求。这里可以用数据或图表说明问题。最后，这一经验的总结者介绍自己的感受、对此项活动的优越性认识。具体经验总结易于学习模仿，常常成为初学者采用和积累资料的重要方式。

【案例3-3】

《师恩难忘》教学一得

我在教授《师恩难忘》一课时，认为课堂生成不是无规律可循，应该是在师生自由平等的交流中自然产生的，就好像两个人在闲聊，顺着一个话题能够越谈越深入，越谈越有劲，越谈话越多。所以，我觉得教师课堂生成的能力应该是可以通过日常的课堂教学自觉培养的，课堂生成强调师生交流的自由平等，但同样强调教师的“心中有数”，不能“偏题”、“跑题”，这就需要教师要有较强的课堂调控能力。在教学联系上下文理解词语时，学生就“戛然而止、引人入胜、身临其境”等词语只是说字典上的意思，后来引导学生根据课文内容来解释词语的意思，学生就很自然地理解词语的意思了。在教学过程中，我们只有将预设和生成结合起来才是解放学生思维的保证，是课堂精彩的源泉。关于春雨、冬雨和夏雨的讨论，以及把“滋润”换种说法等，既是语言的训练、情感的领悟，又是教育的熏陶。课文语言的品味，课文情感的品悟，思想情感的熏陶就是一个相互交融的整体。像这样的交流讨论，就是最有效的阅读教学。本文最后一段，虽然不是文章的重点段，但是在教学中，我却重点讲授和启发学生去理解。在这一段课文里，“如春雨点点”的比喻，我是这样教学的：这句话用了打比方的方法，请问是把什么比作什么呢？（把田老师讲的故事比作“春雨”。）为什么不把田老师的故事比作“冬雨”、“夏雨”呢？（冬天的雨是冷的，春天的雨是温暖的。）就是说老师的故事像春天的雨一样，怎样？（温暖。）田老师的故事还给人怎样的感觉？（老师的故事是娓娓动听的。）春天的雨是绵绵的，田老师的故事是娓娓动听的。它们给人的感觉是相似的，所以，作者才会由田老师的故事想到“春雨”。是啊，春雨让花草树木快乐地生长，老师的故事则让作者健康地成长，这是多么美妙的比喻啊！“这些故事如春雨点点，滋润着我”，“滋润”还可以换成什么样的说法？（教育、培养、培育、栽培。）有如春雨点点说明什么？（田老师教学技艺高超，作者在四年中听了上千个故事，受到老师的教育熏陶，从内心发出对老师的赞美。）那么，像这样的好句子该怎样来读呢？（指导学生有感情地练读。）

在教“我仍然像40年前的小学生那样，恭恭敬敬地向他敬礼”的举止，“深深感谢”，“教诲之恩，终身难忘”的直抒胸臆，淋漓尽致地表达了作者真挚的感恩情怀时，我注意启发学生想象作者再一次见到恩师时的心情，让学生感悟当时的场面，效果较好。

资料来源：庞奇蓉．《师恩难忘》教学一得．http：//blog. bdxx. net/user1/201/archives/2006/7706. shtml

2. 一般经验总结

相对具体经验总结法而言，一般经验总结法已经有了一定的抽象性和概括性。如提出了某类教学活动的“一般程序”、“指导思想”、“实施范围”以及具体的操作建议或操作过程的关键，其科学性水平高于具体经验总结。一般经验总结是以具体经验总结为基础，从中概括出一般的工作形式，它主要由三部分内容组成：这种教育活动的基本程序和举例、这种教育活动的指导思想和优越性、这种教育活动所属的范围和实施的具体建议等。

【案例3－4】

“启发讨论式”物理教学法的积极尝试——一个一般性经验总结的案例

该文就是一个典型的一般性经验总结报告①。该文首先说明“启发讨论式”教学方法的基本程序是：“环绕教材的中心要求，设计一系列互相联系而又不断深化的问题，引起学生的兴趣，组织学生进行分析和讨论，引导他们得出结论，并在此基础上组织学生继续探讨，不断巩固和扩大学生的认识，把整个教学过程变成培养他们分析问题能力的过程。”在总结了教学方法的主要程序之后，文章以“全电路欧姆定律”一课的教学过程为例，具体说明这个教学方法是如何运用的。通过以上的介绍，读者具体地了解了这一教育活动的基本操作程序，便于学习和运用。接着，文章又从培养学生的思维能力，帮助学生更深刻、更精确、更灵活地掌握物理学基本知识和提高课堂教学效率三个角度叙述了这种教学方法的优越性，体现了中学物理教学不仅要给学生扎实的基础知识，还要重视培养学生能力这一指导思想，使读者认识到以这样的形式进行教学的好处，从而乐于接受这一经验。最后，文章点明实施这一教学方法的关键是“设计好一套好的讨论问题”。这套问题要“紧扣教材，抓住教材的中心和要点、难点”，“要切合学生的实际”，“要有系统性步步深入”。同时指出这一方法的适用范围和实施要点。

资料来源：汤肇基．中学物理教学的理论探索与改革实践．北京：高等教育出版社，1985：190

① 汤肇基．中学物理教学的理论探索与改革实践．北京：高等教育出版社，1985：190

一般教育经验较具体教育经验有更大的普遍性，它可以成为一类教育活动的参考和借鉴。为了说明这类教学活动的基本模式，还可以举出许多具体例子，如上面所提到的“启发讨论式”教学方法，它不仅可以运用于物理教学，还可以运用到语文、数学、化学等其他科目中。所以，在进行一般经验总结时就可以从具体经验的实例中进行筛选，以更好地说明其“一般”性。

总之，撰写一篇一般的教学经验的基本格式是：举例说明一种教学活动的基本程序；阐述这种教学活动的指导思想、特点和优越性；指出这种教学活动所适用的范围和实施的具体建议，等等。如“浅谈小学数学教学的务实高效”，“克服学生的心理障碍，优化小学数学教学过程”就属于一般经验的总结。总结一般的教育经验，一是要做好资料的收集，二是要在资料的基础上进行概括和提炼。

3. 科学经验总结

科学经验总结是经验总结的最高层次。它在一般经验总结的基础之上进行逻辑的、理性的分析，揭示经验的实质、主要内容之间的相互联系以及在教育工作中的地位与作用。通过这种总结，把各种教育经验上升为教育理论。

科学经验总结是教育科学工作者研究的目标。要达到这一目标，必须深入教育实践，积累资料。同时，应当加强自身的理论修养，提高自己的分析能力。

科学性经验的总结方法是，掌握丰富的事实材料、科学的理论和方法，运用理论知识揭示经验的实质，使经验上升为理论。

三个层次的教育经验总结既相对独立，又相互联系。具体经验总结和一般经验总结是科学经验总结的基础。这两个层次经验总结的真实性和价值性决定着科学经验总结的科学性。科学经验总结是形成教育理论的重要基础，反过来又指导教育实践，促使具体经验总结和一般经验总结的水平得以提高。

二、教育经验总结的基本程序

（一）选题

选题是开始经验总结的起始环节，其特殊性在于在确定经验总结的课题之前已存在大量的经验事实，因此，课题的确定是建筑在总结者对经验事实的初步的、直觉的判断基础上的。由于同样的经验事实对于不同的价值取向、不同认知背景的观察者来说可能产生不同的判断，这样确定经验总结的课题通常受总结主体的主观影响较大，因而确定经验总结课题时要格外注意。通常在确定经验总结课题时，应反复咨询、反复推敲，其中还应穿插调查、访问、论证，以此来保证教育经验总结的真正意义。

经验总结的目的是为了总结出先进的经验加以推广，或者对工作中的失误加以总结，使大家引以为鉴。在我们的教育工作中，有许多现实的内容、丰富的事例。我们要善于从这些众多的事例中找出能够解决实际问题的内容。例如，如果我们能够对某些学校在如何克服片面追求升学率，减轻中小学生负担方面的先进经验加以总结，那么这类经验就很受广大中小学教师的欢迎。

选择研究对象，应根据总结的目的来确定。一般来说，经验总结应以先进事迹与突出贡献为前提来确定研究对象。但为了全面考察教育实践过程，也需要从正反两方面总结经验教训，所选择对象应包括“好、中、差”三种类型，其研究范围既有“点”，也有“面”、“点”与“面”结合，以获取完整的经验。如普及九年制义务教育的经验，须以地区、市、县为研究对象，总结其试点的研究，应该总结其工作全过程的经验教训。总结某一门学科的教学方法，以某学校教研室或某位教师为对象，对一些优秀教师的教学方法及思想进行总结等。

（二）搜集资料

确定了研究课题之后，就得围绕经验总结的中心内容，对有关方针政策、上级文件与指示、国内外对该问题的研究动态，以及被研究对象的历史与现实材料进行广泛的收集和翻阅，以进一步明确总结经验的指导思想、目的、任务和方法步骤，避免盲目摸索或重复已有成果，从而提高经验总结的功效。收集被总结对象成功与失败的经验，通过筛选，提炼出有价值的、有普遍意义的经验，收集经验的方法多种多样，如深入课堂听课，召开各种形式的座谈会，分析教案和学生作业，查阅各种有关的资料等。

经验总结中需要积累的事实材料，从其所反映的范围来讲，有整体的材料、局部的材料和个别展开的材料；从其所反映的类型来讲，有数量化材料和非数量化材料、文字材料和声像材料等；从事实材料的性质来讲，有正面材料和反面材料、主体材料和背景材料、历史材料和现实材料等。不同的经验，不同的研究对象，由于具有不同的特点，搜集资料时的做法就会不一样。在搜集资料的过程中要增强目的性、意识性、持续性和敏感性。目的性是指围绕着总结的目的和课题去搜集和积累资料，避免盲目性；意识性是指树立总结经验的意识，从总结工作一开始就确立进行经验总结的意图，有了经验总结的意图，才能在工作中自觉地、主动地搜集和积累素材；持续性是指在一段时间内不断地、一点一滴地搜集和积累资料，一鼓作气，不间断；敏感性是指在实际工作中要善于发现新情况，捕捉新问题，并随时随地记下新的感想、新的方法和新的点子。

（三）整理分析

对广泛收集起来的具体事实，如果不进行分析综合，使之系统化、条理化，就会像一团乱麻，理不清楚。对资料的整理，首先是分类，即要对搜集到的资料进行分类，将同类或相近的资料归在一起，并编制编号和标目，以便于查找。其次是加工，即按照经验总结的目的要求，对具体事实进行分门别类的整理，并删繁就简、去伪存真，核实必要的数据，查对引证的实例，如实反映总结对象的全貌，在此基础上将资料条理化、系统化。

经验总结要依据事实，但并不是简单地堆砌事实。因为事实只告诉我们“是什么”，而科学研究注重解决“为什么”的问题，所以，要对收集的材料加以整理，进行定性和定量分析，从中找出规律，得出有科学根据的理性结论，才是经验总结的根本目的。因此，分析资料可以说是教育经验总结的最重要环节。

在分析和研究教育经验的过程中，要注意下面几个问题。一是要有科学的理论依据。只有科学的教育理论才能对教育经验做出合理的解释，如用“情感教育”学说揭示情境教学的科学性，用“反馈调节”理论分析目标教学、合作教学的合理性等。当然，我们也要反对脱离实际的理论分析和不切实际的生搬硬套。二是要提炼经验的主题。经验的主题贯穿于实践过程之中，起主导作用，反映教育现象实质的思想观念。主题明确之后，一系列具体经验才能形成一个有机的整体，人们在学习、借鉴时才能准确地把握它的精神，从而避免机械模仿。比如，从有效教育学习困难学生的改革实践中概括出的“成功教育”思想，在总结一批教改经验的基础上提出的“愉快教育”观点等。三是要使成功的经验原则化、具体化。具体的原则既是提炼主题的根据，又是理解和掌握主题的途径，它可以使抽象的原理变为具体的规范，增强研究结果的应用性。比如贯彻“成功教育”思想的“低起点、小步子、快反馈、多活动”十二字教学方针，汨罗市推行全面素质教育所坚持的面向每一类教育、面向每一所学校、面向每一个学生、面向学生的每一个方面的“四个面向”原则等。

（四）写总结报告①

写经验总结报告又可以分为两小步：一是写初步的经验总结草稿或详细提纲，二是写正式的书面经验总结报告。对资料进行整理分析后，一般就可以写出初步的经验总结草稿或详细提纲。对有的经验总结，在初步的经验总结草稿或详细提纲写好后，应以经验总结者为主体，邀请教育主管部门的领导、教育专家、教育理论工作者、教师和学生代表参加，召开大型或小型的经验总结论证会。对于内容广泛、涉及其他行业问题的总结，还应邀请这些单位部门的负责人参加论证。在经过论证的经验总结初稿的基础上，要进行精心的加工修改，从内容到形式反复推敲，最后写出正式的书面经验总结报告。

三、教育经验总结的基本要求

中小学教育科研活动过程中，经验总结法经常被运用到，但是教师在运用经验总结法时应该注意：要勤于动手，搞好总结素材的日常积累。在实践中随时记录有关过程和必要的数据，这是教育经验总结的最基本要求。同时，总结时要善于抓住重点，突出主要问题。要本着改革的精神，抓住它的本质和发展，抓住不同于过去的新变化，做出实事求是的分析与判断，找出其中真正有指导意义的东西。选择总结对象要有代表性，有典型意义，有广泛的群众基础，有现实意义，能起典型示范作用，不树假典型；要以客观事实为根据，定性与定量相结合。不

① 经验总结报告的格式和撰写具体要求参见第六章的相关内容。

能先入为主，夹杂任何偏见，接受任何暗示，尽可能用事实、数据说明；要全面考察，注意多方面的联系。要从事物发展整体入手，注重全面考察，系统了解，不就事论事。要有时代感，有创新，教学思想端正，方法新颖，手段现代化，适用且效果好等。

具体说来，教育经验总结需遵循以下基本要求。

（一）要注意经验的先进性

一般来说，教育经验总结是以总结成功的先进经验为主的。先进的教育经验应具有以下一些特征。

1. 典型性

教育经验在一定的范围内具有普遍的代表性，对于教育教学实践具有广泛的指导意义，具有普遍推广和学习的价值。例如，李吉林的“情境教育”经验在课堂教学改革方面取得突破性进展；北京一师附小进行“快乐教育”实验研究，在减轻学生负担、提高教育质量上取得突出成绩，在北京市乃至全国树立了榜样；上海闸北八中“成功教育”经验在转化差生、改变基础薄弱学校面貌方面取得显著成效。这些经验可以说在解决基础教育领域存在的一些关键问题上获得了丰富的经验，具有代表性和典型性，具有普遍推广的价值。

2. 先进性

所总结的经验不是落后的、过时的经验，而是在时间上是领先的，在价值上是有效的，表现在教育教学工作中具有与众不同的方法和手段，对开创教育工作的新局面具有重大的贡献。假设某位教师是通过题海战术提高学生成绩的，那么不管学生成绩提高得如何，都不能称之为先进的教育经验，因为它已不能适应现代教育教学理论的发展。

3. 创造性

教育经验具有革新创造的活力，或独树一帜，或另辟蹊径，有利于开创教育工作的新局面。

4. 稳定性

教育经验的形成与发展处在相对稳定的状态，经得起实践的检验和理论的辩驳，不带有偶合性、随意性。

5. 效益性

教育经验的产生、形成，已经在实际工作中引起了较强烈的反响，取得了一定的效果和良好的社会效益。

6. 现实性

教育经验具有现实意义，对于提高教育教学质量或推动教育教学改革有积极的促进作用，或对教育教学领域内长期难以解决的重大问题提供途径、方法上的突破。

（二）要全面考察总结的对象

选择教育经验时，要从联系的观点出发，注重考察教育实践过程的全貌。全面考察，就是既要了解教育的外部联系，即教育的纵向与横向之间相关因素的依赖与制约，又要把握教育的内部结构，即教育各层次之间的协调一致、合理布局；否则，教育经验总结，不是就事论事，就是片面的狭隘的事实概括，既谈不上理论性、科学性，更不会产生好的社会效果。

同时，对选择的各种类型的总结对象必须进行全面的了解、系统的分析，从整体入手，既了解其内部联系，又分析其外部联系。

（三）要以教育实践活动为依据

教育经验来自于教育实践，教育实践活动提供了什么事实就总结什么经验。在总结过程中，要完全尊重客观事实，不能先入为主、掺杂任何主观偏见，更不能夸大事实、随意“拔高”、弄虚作假。

（四）要善于进行理论分析

教育经验总结以实践为基础、依据，但并不是说要对事实材料进行简单的排列组合。我们必须对从教育实践得来的感性材料进行分析、综合、抽象和概括，使之上升到理论的高度。这样，才能使经验总结既源于实践，又能指导实践。要处理好教育经验与教育理论的关系。总结经验时不要罗列现象，要抽象出共同的本质属性。要坚持运用理论分析，由感性认识上升到理性认识，由经验上升到理论，使经验具有理论价值与认识价值。

（五）要解放思想，更新观念

教育经验总结虽然以客观事实为依据，受客观事实的制约，但总是以一定的思想观念作为指导。

当前，我国正处在一个深化改革的新的历史时期，教育实践中出现了许多新情况、新问题，需要我们解放思想、更新观念，这样才能给予正确的理解和评价。否则，对于在教育改革中出现的新生事物、取得的先进经验，我们就可能会视而不见、听而不闻，那就更谈不上去总结、去推广了。

第四节　个案研究法

个案研究是当今教育研究中运用广泛的定性研究方法，也是描述性研究和实地调查的一种方法。个案研究主要通过案例方式考察教育现象，基本目的在于描述与解释，在描述过程中进行解释。个案研究可以深入探讨个案特征以及问题的症结所在，还可以发挥诊断与矫治的功能。个案研究可以是研究者为了理解感兴趣的某一现象、过程、事件、人物而选择一个案例进行的细致研究；个案研究也可以是通过各种渠道，有针对性地收集挑选大量有关资料，以深入了解个案内容的研究；个案研究还可以是在自然的实地情景中针对单一个体或问题而进行的深入细致的研究。

一、个案研究法概述

（一）个案研究法的含义

所谓个案就是一个具体事例，研究者通过生动地描述某一现象，向读者展示理解这一现象的意义。个案研究法就是对单一的研究对象进行深入而具体研究的方法。个案研究的对象可以是个人，也可以是个别团体或机构。前者如对一个或少数几个优生或差生进行个案分析，后者如对某先进班级或学校进行个案研究。个案研究一般对研究对象的一些典型特征作全面、深入的考察和分析。同时，个案研究不仅停留在对个案的研究和认识的水平上，而且需要认识教育与发展之间的因果关系，提出一些积极的教育对策，以便因材施教。

根据国内学者的观点，个案研究的具体目标主要有①：

第一，寻找原因——个案之所以会发生，有其原因。研究的目的就是先找出其中的原因。

第二，提出策略——根据找出的问题原因，提出若干解决问题的可供选择的策略或预防措施。

第三，建构理论——个案研究可以作为建构理论的基础，个案实例是探询更高深学问的垫脚石。

第四，协助发展——个案研究的进行也是以个案认识自我，发掘隐性知识的过程，这就给予了个案自我发展的机会。

第五，提升绩效——对个案的深入探讨和相关背景的透彻分析，可以成为有关机构提升绩效的依据。

（二）个案研究法的特点

1. 研究对象的个别性与典型性

个案研究的对象是个别的，但不是完全孤立的个别，而是与其他个体相联系的，是某一个整体中的个别。因而，对这些个别对象的研究必然在一定程度上反映其他个体和整体的某些特征和规律。个案研究的目的固然是了解把握某个个体的具体情况，但也要通过一个个案的研究揭示出一般规律。个别虽可以反映某些一般的特征，但个别毕竟不等于一般。个案研究取样较少，其研究的结论代表性也就较小，因此不宜机械地推广到一般中去，需要谨慎地思考和分析，以免犯以个别代替一般的错误。此外，作为个案研究对象的个别，应该具有与众不同的典型特征，不具有典型性的个别，显然没有多少研究价值。

一般来说，作为个案研究对象的个别应该具有以下三个显著特征：

第一，在某方面有显著的行为表现；

---

① 丁钢．教育研究范式转换中的方法论困惑．中国教育：研究与评论（第5辑）．北京：教育科学出版社，2003

第二，与这方面有关的某些测量评价指标与众不同；

第三，教师、家长等主要关系人都有类似的印象和评价。

比如，对某学生学习困难的个案研究，可以看一下他的学习行为表现与正常学生有什么不同；学习成绩是否达标；在智力测验、学习能力测验等方面的得分如何；他的老师、家长和同伴对他的评价，等等。

2. 研究内容的深入性和全面性

个案研究既可以研究个案的现在，也可以研究个案的过去，还可以追踪个案的未来发展。个案研究既可以作静态的分析诊断，也可以作动态的调查或跟踪。由于个案研究的对象不多，因此研究时就有较为充裕的时间，进行透彻深入、全面系统的分析与研究。

例如，就上例学习困难的学生进行研究，往往需要从多方面加以考察，诸如学生学习的智力因素和非智力因素，原有的知识基础和学习方法，以及教师的教学和家长的辅导情况；还要进行前后左右的对照和比较。这样就可以对该生进行比较全面而深入的了解和认识。

3. 研究方法的多样性和综合性

个案研究有自己的研究方法，如追踪法、追因法、临床法和产品分析法等。但是，个案研究又不是完全独立的研究方法。为了搜集到更多的个案资料，从多角度把握研究对象的发展变化，就必须结合教育观察、教育调查、教育实验、教育测量等多种研究方法，综合各种研究手段来进行。例如，在学习困难学生的研究中，首先需要对被试进行智力测验，还要对其学习行为进行系统观察，同时要调查其成长环境，必要时还要做一些对照实验。

4. 连续性与动态性

个案研究法对被试进行的是连续、系统、追踪的研究，具有较强的科学性要求。为了了解个案发展的整个过程，研究者必须深入细致而持续地掌握或观察个案在整个时期内的心理、生理、环境、文化背景等有关状况和变化，而不仅仅是在短期内完成研究工作。尤其是在心理咨询和心理治疗中，在给予被试指导后的一段时间里，还必须对个案进行追踪研究，观察方案的有效性和可行性，从而不断完善和发展方案。同时，由于个案的独特性，研究中要根据不同研究对象及其需要而定，只要有利于研究，就可以随时积极而灵活地制定研究手段和步骤，及时修订原方案，以达到最佳效果。

（三）个案研究的常见类型

个案研究有很多类型，最常见的有：

1. 人种学个案研究

人种学研究又叫实地研究，是定性研究的一种，主要是对个体文化进行科学描述，通过参与性观察对个案进行深入研究，并通过面谈对观察结果加以验证，它非常强调在习俗中观察和理解人际关系。

2. 评价性个案研究

评价性个案研究又叫诊断性个案研究，是对个案的全面情况进行深入的了解与分析，并根据有关意图、指标，对个案的表现情况进行分析评判，最后得出结论。对个案进行深入的评价性研究的目的是为教育工作者或决策者（行政管理人员、教师、父母、学生等）提供信息，以帮助他们对教育政策、方案或机构的优点与价值做出判断。

3. 教育个案研究

教育个案研究，主要是把教育工作中发现的问题及处理问题的全过程如实记录下来，写成“教育案例”，然后围绕案例中所反映出的问题进行分析或集体研讨，提出解决问题的策略，最终形成教育案例研究报告。

4. 实践研究中的个案研究

实践研究是指通过提供有益的反馈信息改进教育活动，并推动被研究个案的进展。如在美国的课程改革运动中，活动研究被广泛地运用于制定课程细目与编制教材等研究项目中。如果教学策略在课程研制中至关重要，教师往往通过自我案例的研究来提高自己的教学质量。

（四）个案研究的优点和不足

1. 个案研究法的优点

（1）样本来源受限，无法得到足够的样本数进行大量样本的研究时，个案研究法仍可对少数的样本进行探讨。

（2）个案研究常常不仅发现所存在的问题，而且研究形成问题的根源，并针对问题加以辅导与矫治，因此，具有明显的实际意义，也容易得到家长们的支持。

（3）个案法着重于分析。可避免一般研究法对于样本本身仅具片面表层的印象。因为个案法研究的对象较单一，能够做极精细的分析工作。正是由于这种极精细的工作，研究所得出来的结果才能较准确地反映人们生活中的真实情况是什么，能够不被一些假象蒙蔽，而是根据事实进行分析研究工作。

（4）教育上的个案研究特别适合于对特别好或特别差的学生进行研究与辅导，以及对那些不能预测控制或由于道德原因不能人为造成或重复的事例进行研究。比如，对差生学习障碍的研究，对学生犯罪过程与原因的研究，对某学生采取特殊教育的研究等。

2. 个案研究法的不足

个案研究法在对个别研究对象的全面细致了解方面远远胜过其他研究方法，但是它的缺陷也是显而易见的。

（1）结论的普遍性、可推广性较差。由于个案研究的对象数量少，其代表性有限，难以从个案研究中得出普遍性的规律和结论，因而推广应用的可能性受到限制，故依据个案研究得出的研究结果的适用性也常常被人怀疑。虽然个案研究本身的结论是客观的，结果是颇有成效的，但要想得到广泛适用的结论，尚需在多种个案研究后综合归纳，这样才能符合从特殊到一般的演绎，从而得出代表总体的特点。因此，国外有学者认为，理论可建立在个案研究基础之上，但个案不能验证理论，个案法更适合于探索性问题的研究。

（2）结论主观性较强。由于研究者与个案的密切接触，可能会因此失去客观的立场。个案研究一般只能揭示对象的典型特征，常常是定性的分析，其分析的结果也难以量化、标准化，加上受研究者自身的知识结构、能力等因素的影响，容易做出主观的不精确的结论。

（3）费时费力。个案研究往往需要采用不同的方法收集各方面的资料，如对儿童进行一定的训练或矫正，有时甚至需要追踪研究几年或几十年，因而耗时较多，投入的人力物力也较多。

（4）个案研究中获得的经验只是一种初步的认识，只是一种推论，有待于进一步验证。

（5）个案研究不能确定因果关系。在个案研究中，我们可以通过研究对象以往的经验来推断导致问题的根本原因，但是不能肯定问题就是由某种经验引起的，因为我们不能设置情境、控制变量，也就是说难以做到科学区分相关关系与因果关系，所以在实际操作中难免有失偏颇。

二、个案研究的基本程序

一项个案研究一般包含四个基本步骤。

（一）认识对象，确立个案

个案研究的首要问题就是研究对象的选择。个案研究只有一个研究对象，因而对个案的选取显得十分重要。个案是否合适，决定着研究的成与败，必须精心挑选。在研究工作开始之前，要先对几个可供挑选的个案通过实地查看、调查询问、查阅资料等方式粗略地了解个案的有关情况，从中挑选出合适的确有研究价值的个案。应当提醒注意的是，还要综合考虑时间、路程和经费等因素。

通常，个案研究中研究对象的选择可以有两种方法：一种是机遇式抽样；一种是目的性抽样。机遇式抽样的个案研究中，研究者事前并没有表述清楚调查的主题，只是研究者进入了某个现场后，因为巧合而遇到，并在工作和生活过程中逐步确定和界定研究对象。目的性抽样个案研究是个案研究中更常用的确定研究对象的方法。它是依照研究者对研究目的的判断来选择适当的抽样方法，为此，研究者应事先界定研究对象，以便选择有可能为研究的问题提供最大量信息的样本。

个案一旦选定，就要和有关方面协商，以获得调查该案例的权力。在教育研究中这一过程是十分复杂的。例如，研究人员往往要有行政管理部门的许可方能对某一机构进行调查研究，要得到该机构领导的同意，才能接触到教师，在教师的协助下方能调查学生。要确定个案的特殊情况。个案的特殊情况是个案研究的对象，它包括个体由于参与某些活动而可能产生的变化，与被观察对象的沟通过程，与资料拥有者的沟通过程。

（二）收集个案资料

个案研究依赖于收集详尽的相关资料，否则难以得出准确的结论。

1. 个案资料的内容

个案资料涉及的内容十分丰富。就个体个案研究来说，其内容主要包括：

（1）研究对象的基本情况，如个人的姓名、年龄、性别、所在学校和班级、民族，所在班级同学的总体情况（年龄分布、性别比例等）。

（2）个体身体健康资料，如既往病史、药物过敏史等。

（3）个体成长及心理发展资料，如母亲妊娠、生产情况，出生后的发育情况，个性心理特征、行为习惯等。

（4）个体家庭背景资料，如父母的姓名、年龄、职业、文化程度、健康状况，家庭经济状况及居住环境，父母的教养方式，亲子关系，家庭中的重大生活事件，家庭病史等。

（5）个体当前问题资料，如目前的主要症状、表现等。

2. 个案资料的来源与收集方式

收集个案资料时，必须注意个案资料的来源是十分广泛的。可以来自于对研究对象本身的观察、调查或由研究对象自己提供，也可以来自于与研究对象相关的一些人。如对超常儿童的个案研究，可以向研究对象本人收集相关资料，也可以通过对研究对象相应的观察、调查谈话等获得资料，还可以向与研究对象相关的一些人或机构索取材料，如儿童的家长、老师、同伴、学校等。

所收集的这些个案资料可概括为两类，即主体资料和客体资料。前者指研究对象的自传日记、写给别人的信件、著作等；后者指个人档案，社团或学校、机关的记录、照片、录音、登记表格以及同学、同事等人提供的证明材料。

收集资料的方式很多，如观察、测量、问卷、访谈、查阅个案一切文字记录等。

3. 收集个案资料的要求

收集个案资料要做到客观、公正、全面、深刻。

（三）整理分析资料

个案研究的第三步是对大量资料进行精细的整理和分析，探究某一特殊行为的原因，揭示出个案的外在现象与内在本质间存在的必然的因果联系。在教育或心理现象中，有些行为的原因易于发现，有些行为的原因则不易察觉；有些行为的原因很单纯，有些行为的原因却很复杂；有些行为的原因可能源于童年时代的生活经历，有些行为的原因可能是由于成年生活的重大事件的影响；有些行为的原因可能曲折变化，如此等等，都需要研究者对个案资料进行全方位的谨慎而深入的分析。

1. 个案资料的记录和整理

个案研究资料的记录和整理一定要分门别类、简便清晰，一般可采用表格来处理。如个人谈话记录表和儿童个案研究资料袋都是记载和整理个案资料的简便形式。

2. 个案资料的分析

面对收集的丰富而详细的资料，如何进行分析，从哪些方面进行分析，直接影响研究的质量。一般而言，分析个案资料主要从以下两个维度进行：

（1）主观—客观维度。从研究对象的主观上分析，主要是探究隐藏在个案外在行为背后的内在动力，如动机、态度、情感、世界观、人生观、价值观等；从客观上分析，主要是了解教育、家庭、社会环境等与儿童的生理心理特点以及学生的成长、发展存在哪些相适应或不适应的地方，并找出它们的矛盾关键所在。

（2）现状—过程—背景维度。现状—过程—背景维度分析主要从个案当前的发展现状和水平来分析个案行为或现象的形成和发展过程，以及现有水平的动态关系，进一步分析个案行为或现象发生的背景因素，以此来了解个案发展变化的基本特点和规律，以及影响个案发展变化的各种因素。

（四）个案的补救矫正与发展指导

个案的补救矫正与发展指导就是根据对个案资料的分析、诊断，提出恰当的教育措施，进行矫正或发展指导教育，即设计一套因材施教的方案并加以实施。

个案的补救矫正、发展指导涉及两个方面的具体内容：

（1）改善和疏导那些不利于个案发展的外在条件，加强创设那些有利于促进发展的外在条件，使之更好地适应、满足学生发展的需要，如家庭氛围、父母的教养态度、学校的教育措施、学生人际关系、社会文化环境等因素对其发展的影响。

（2）激励或引导儿童内在因素的健康积极发展，如通过心理咨询和治疗，提高学生的心理健康水平，改善和发展儿童的良好情绪、情感和人格倾向及性格特征，克服过度焦虑和一些不良性格，等等。

对个案进行补救矫正和发展指导的具体方法视问题的性质而定，如矫正儿童的问题行为，其矫正方法就要根据问题行为的性质而定，处理有偷窃行为的儿童的方法与处理学习行为异常儿童、情绪障碍儿童的方法就不同。一般来说，教师要矫正儿童的不良行为，需要根据生理学、心理学、教育学、社会学的原理，针对病源综合运用，有针对性地加以矫正。

以上四个基本程序是个案研究法在操作上必须坚持的基本路径，只有按照此程序进行个案分析，才能保证对个案有深刻、科学的认识。

三、个案研究的具体方法及其实施

中小学的教育个案研究可以根据研究目的、对象、内容的不同，采用追踪法、追因法、临床法、产品分析法等具体的个案研究方法。

（一）追踪法

1. 什么是个案追踪法

个案追踪法就是在一个较长时间内连续跟踪研究单个的人或事，收集各种资料，揭示其发展变化的情况和趋势的研究方法。追踪研究短则数月，长达几年或更长的时间。如我国著名的教育家和心理学家陈鹤琴对他的长子进行了长达三年的追踪研究。

追踪研究方法尤其适用于以下三种情况的研究：

（1）探索发展的连续性。因为追踪法一般以相同的对象做长期连续不断的研究，每个人或每个事例，其自身的发展变化可促使纵向比较，研究者从中可以了解其发展的连续性。

（2）探索发展的稳定性。主要是探索人的某些方面的特质或某些教育现象在各个时期发展的稳定性情况。例如，研究智力测验分数的稳定性时，可以从幼儿时期开始测量，然后每隔一定时间再测量，直到青年时期为止。这样就可以看出个体的智商是否具有稳定性。

（3）探索早期教育对以后其他教育现象的影响。例如，研究者可以选择一些早期教育比较好的儿童，从小学一年级开始进行追踪研究，对他们的德智体方面发展情况进行全面的综合考察，从而探索他们多方面的发展与早期教育的关系。再如，对一些单亲家庭的儿童进行追踪研究，看看父母离异对儿童发展带来什么影响。

2. 个案追踪法的实施步骤

个案追踪法的实施包括以下步骤：

（1）确定追踪研究的课题。研究者首先要明确追踪研究的对象是什么，目的是什么。也就是说，确定追踪研究对象是个人还是团体或机构，要追踪研究对象的哪些方面，追踪旨在了解哪些情况，研究者都需要心中有数。作为教师，在日常教学和教育工作中要善于发现某一方面具有典型特征的学生或事例，以此作为追踪研究对象，并明确要对学生或事件的哪些方面进行了解。

（2）实施追踪研究。追踪研究一定要紧紧围绕课题确立的内容进行，要运用规定的手段收集有关的资料，不能让重要的信息遗漏，也不能被表面的现象迷惑。追踪研究需要较长时间，研究者一定要持之以恒，不能半途而废。

（3）整理和分析收集到的各种资料。对收集到的各种个案资料要进行细心的整理和分析，做出合理判断，揭示出个案发展变化的特征和规律。必要时还要继续追踪，继续研究。

（4）提出改进个案的建议。研究者要根据对个案追踪研究的结果，进一步提出改进个案的建议，指导和促进个案的发展，实施因材施教。

总之，个案追踪研究法是对相同的个案进行长期而连续性的研究，研究者能真实而直接地获得研究对象发展变化的第一手资料，能深入了解个人或某一教育现象的发展情况，弄清发展过程中的个别差异现象。它对于研究青少年学生身心发展的顺序性、阶段性、成熟期、关键期，以及研究复杂教育现象的发展变化，某一教育理论的验证、某一教育措施的实施、某一新方法的探索、某些教育现象之间前后发展的关系等都具有重大意义。但追踪研究法也有明显的缺点。首先，它费时且难以实施。想获得问题的答案，往往需要一段相当长的时间，有时还需要较多人力和物力的支持。其次，由于时间长，各种无关因素都可能介入而影响研究结果。此外，由于时间太长，研究对象是否长期合作，以及研究对象的流失都是问题。

（二）追因法

1. 什么是个案追因法

实验法是先确立原因，然后根据原因去探究产生的结果。追因法则是先见结果，然后根据发现的结果去追究其发生的原因。例如，某学生的学习成绩突然下降，我们去追寻他成绩下降的原因，这就是追因法。追因法正好是把实验法颠倒过来，在实际研究中究竟采用哪种方法须视客观情况而定。

2. 个案追因法的实施步骤

个案追因法的实施步骤如下：

（1）确定结果和研究的问题。第一步工作是确立研究的问题，先把某一结果搞得很确实。如果这一步搞得不够确实，那么在后面的研究中找出的原因也很难说是确实的。例如，某校某班级某学科的教学质量特别高，某学习后进生最近有较大变化，学科成绩提高很快等，这些都是已形成的事实，我们可以把它们确立为研究的问题。

（2）假设导致这一结果的可能原因。明确了事实发生后的结果，接着就要寻找导致这一结果可能的原因。这些原因最初是假设的，还没有经过验证。假设导致结果的原因应尽可能全面，只要合理就不怕数目多。对已成事实的各种原因之间的关系也要进行假设。这一步骤对于后面工作的进展具有决定性的意义。

（3）设置比较对象。为了追寻导致结果的原因，研究者可以采取两种途径设置比较对象。一种是设置结果相同的若干比较对象，从中找出共同的因素，即前面假设的原因；另一种是设置结果相反的若干比较对象，找出相反的因素，从反面找出真正的原因。例如，我们研究某学生品德不良形成的原因，可以找出若干个品德不良的学生，从中找出他们品德不良形成的共同因素；也可以找出几个品德优良的学生与品德不良的学生进行对比，探究两者成长过程中的不同之处，从而找到学生品德不良形成的真实原因。

（4）查阅有关资料进行对比。研究者可以从研究对象的有关资料中看是否具有前面假设的原因。这一步骤非常重要，要做得特别细致，因为教育现象是复杂的，导致某项结果的原因往往是多方面的。对这些可能的原因又不能等量齐观，它们所产生的作用在程度上有差别。有时在单个考虑每一原因的情况下，原因所表现的作用是一回事；而在把几个原因综合地加以考虑的情况下，这个原因所形成的综合作用就会是另一回事。这种综合作用可能要比原来的两个或两个以上原因单独的力量之和大得多。这时就可以看出，在深入研究一些复杂的教育现象的过程中，有时还需要找出原因之间的关系。

（5）检验。找出的原因尚有待于进一步检验。最好的检验办法是看有同样原因存在的其他许多事例中是否有同样的结果发生。如果没有的话，这个假定仍然不能成立。如果有的话，二者因果关系的信度就大了。经过初步检验，就可能把那些假的原因淘汰掉，而导致此项结果的某个或某几个真正的原因就可以呈现出来。这时为了慎重起见，还可以多举一些事例反复验证。最后，为了进一步验证得出的结论，还可把这一结论当做假设，有计划地组织新的实验。这样把个案追因法和实验法结合起来研究，所得结论的可靠性与学术价值就更大了。

（三）临床法

1. 什么是临床法

临床法往往通过谈话的形式进行，故又称临床谈话法。这一方法既适用于陷入困境儿童的研究，也适用于正常儿童的研究。前者旨在解决个案的问题；后者旨在由特殊个案发现儿童发展的一般规律。临床谈话法的方式可以是口头谈话，即面对面地交谈，也可以是书面谈话，即问卷谈话。口头谈话是会谈双方的一种互动过程，特别是教师对学生的谈话。教师一定要首先解除学生的紧张、焦虑、防御和冷淡的心理，要创造轻松自如的谈话气氛。教师要以平等的身份参与谈话，不能居高临下、咄咄逼人。谈话过程不能是教师问一句学生答一句，要变学生被动应答为主动回答。同时，教师的提问要以封闭性和开放性问题交替询问。书面谈话一般按问卷要求的程序进行，教师要向学生交代清楚做问卷的具体要求和注意事项。对问卷的评分要严格按照标准，做到公正、客观。对于临床上的复杂个案问题，需要动用两种谈话方法进行综合判断和分析。

2. 临床法的实施步骤

临床法应用的一般过程包括以下几个步骤：

（1）由教师、父母或学生本人提出具体的需要帮助行为问题或学习问题，然后观察他的行为。

（2）根据学生的学习成绩、教育测量情况、同伴评价、家庭情况，以及该生在各种环境中的表现，明确当前的情况。

（3）根据这个学生的发展史、学校记录和家庭历史等材料，了解其过去的历史，找出行为的一贯性。如学生的问题行为是在所有情境中发生，还是只在一定的情境中发生？找出行为的模式，即使行为前后不一致，也可能是一种有意义的模式。找出可能的动机。

(4) 根据可能的假设设置处理方案。

(5) 根据初步处理的结果判别假设是否正确，是否需要修改或者必须完全推翻。

(6) 为了提高研究的科学性，一般宜用实验法，再加以检验。

(四) 产品分析法

教育也制造"产品"，可研究如下资料：能反映一生、一班、一校……情况的会议、决策等；反映教学的教学日志、班级日志、教案等；反映学生的日志、日记、试卷等。运用这种方法时，不仅要研究人的活动产品，还要研究产品制造过程本身以及有关的各种心理活动状况。

例如，我们对儿童绘画作品的研究，可以反映出他们的许多心理特征。儿童的绘画可以反映他们的知觉特征和学生对所绘的物体形成的表象特征。通过儿童的绘画还可以在一定程度上判断其智力水平。研究表明，智力落后的学龄儿童所画的图画，其内容通常是原始的，而且惊人地千篇一律。在儿童的绘画中，还鲜明地表现出儿童对周围环境的态度，他们的态度既影响主题的选择，也影响绘画方式，特别影响对物体和人物的着色，儿童往往把"坏人"和动物涂上黑色。

产品分析法作为个案研究的一种方法，往往需要与实验法相结合，设置对照组，观察儿童创造产品的实际过程，这样可以获得更加科学的结论。

四、个案研究报告

个案研究报告是个案研究的表现方式，是个案研究过程中必不可少的一环。通过个案研究报告，可以了解个案的基本情况及处理过程。正如去医院看病，医生写的病历一样，可以为以后的诊断、治疗提供依据。

1. 个案研究报告的类型

个案研究报告的表达方式多种多样，大致可分为以下三类：

(1) 描述性报告。描述性报告比较详细地叙述个案资料，直接而精细，可以将一些片段并列或串联，不用转述而用原话，尽可能用客观描述来呈现对个案的解释。但整理报告的时间较长，重心难以把握，较为繁复。

【案例3－5】

描述性个案报告　某班级学生和老师应对考试压力情况

一、确定问题性质——考试压力

由于升学考试的压力，中学生的学习负担普遍较重，学生自主学习和活动的空间很小，教师和学生的精力都放在应付考试上。如果说一所学校的校长是从学校的生存和发展的角度感受到升学的压力，那么教师则是从自身的工作中感受到考试带来的生存压力。学生的考试成绩同教师的切身利益息息相关。

二、把握问题关键

升学考试的压力渗透在学校生活的方方面面，也从根本上制约着学生自主性的发展。为了真实地再现升学压力下教师和学生的生存状态，笔者运用个案调查的方法，在江苏省江阴市某所实验学校进行了调查工作。

三、了解问题背景

首先选取学习成绩好、中、差的三类学生进行了座谈。

1. 问：你们是怎样看待考试的？考试对于你们意味着什么？

   答：考试意味着未来、职业和将来的工作。

   ……

2. 问：你们对这次考试成绩满意吗？

   答：(齐答) 不满意，每次考下来总是不满意。

3. 问：为什么？是不是对自己期望值太高了？

   答：……

4. 问：你们个人有没有责任呢？

   答：主要原因在自己，就是老师让背书时不认真。

5. 问：你们觉得现在的考试主要是考查什么？

   答：语文主要是考学生的死记硬背，背过的就能答上，没背过的就答不上，而且是什么都要背，根本就不要自己去理解。考试时必须按标准答案回答，不这样就算错。

之后，还同语文教师进行了交谈。

6. 问：这次语文考试成绩怎样？

   ……

7. 问：什么题目没背到？

   答：……

四、问题分析

现在的考试，不是考查学生对知识的理解和应用能力，而是要求学生死记硬背所谓的“标准答案”；也不是鼓励学生独立思考，有自己的独立见解。在这样的考试制度下，教学变成了应试的手段，而不是教师、学生共同探求知识的活动，这样的教学，对教师和学生的创造力、想象力都是一种摧残和戕害。考试的内容、形式以及考试背后的思想观念如果不发生根本的转变，教育教学改革将难以取得实质性的突破。

资料来源：齐学红．考试压力下的教师和学生——个案研究．教育理论与实践．2001 (1)

（2）简介性报告。简介性报告像一幅个案的速写，着重反映个案的主要特征，比较简洁。报告整理时间较短，较能显出问题的重心，不过往往难以详细获知一些有关个案的细节部分资料。

【案例3-6】

简介性个案报告　勒索行为个案调查

1. 确定研究对象

Z是一名初中的男生，他性格急躁，善于说谎，小学6年级时学过跆拳道与足球，从此功课节节退步，与同伴在一起抽烟、喝酒、赌博及打架滋事、逃课，常深夜不回家。在学业方面，小学5年级以前还不错，6年级就跟不上了，回到家里不做功课，除看电视、游荡外，就是睡觉。功课赶不上，导致厌学，索性逃课。

2. 收集个案资料

根据班级老师及同学的反映，Z同学经常受人指使，欺负弱小，以刻薄的语言骂人，并威胁对方不得告诉老师。好逞英雄，结交各年级的捣蛋同学及校外的不良少年。会逃学及离家出走，喜欢喝酒、抽烟，当家人给的钱入不敷出时，就向同学勒索以供花销。

Z的祖母70岁，平时管理家里的衣食住行，对孙子非常宠爱。父亲是国际海员，所以经常不回家，没有办法照顾孩子，对Z的管教态度时宽时严。母亲小学毕业，随父亲一起出海，对Z的期望很高，管教严格。所以他们约一两个月才回家看望子女。平时Z和姐姐住在一起，家里没有人可以督促Z做功课。

3. 诊断与假设

由于父母在船上工作，家里无人照顾，Z个性好动，所结交的朋友都是喜欢玩的，在家也不做功课，是个案问题行为的原因。父母管教态度不当，Z爱说谎，姐姐因为遭Z恐吓，不敢将Z的实情告诉父母。

老师为此与家长联系，Z的母亲很关注，愿意与校方配合。老师因为感到田径、足球与跆拳道会使Z分心，所以征得Z父母同意让Z停止那些活动，并劝导Z静心求学。在父母管教态度测验上发现Z觉得父母对他的感情有拒绝、严厉、前后不一致、父母不一致等倾向。

4. 个案矫治指导

（1）随时与姐姐保持联系，若Z未上学或晚归，应查明原因，以免与不良少年在外闹事。

（2）劝其父母多留在家里关心子女。

……

5. 矫治效果与结论

Z慢慢越来越听话，在班上表现也愈来愈好，对师长态度已经改变，不像昔日那样凶。动手打人少了，每晚多多少少会看书、做作业，能按时交作业，平时考试也有显著的进步，成绩也节节上升，很喜欢上课，更希望得高分。他除了与班上的同学一起玩外，很少与别班同学为伍，完全没有与外面的不良少年来往。经过两三个月的辅导，Z在各方面有显著的进步。

资料来源：马信行．教育科学研究法．台北：五南图书出版公司，1998：27 ~ 30

（3）分析性报告。分析性报告通常对论点进行直接的论述，对论点均需提供论据，并需说明个案的各种可能现象及推理过程。分析性报告是一种企图利用客观的方式呈现个案资料，但又无法全然放弃主观判断的呈现方式。

【案例3－7】

关于低年级儿童汉字识记障碍的个案研究报告

无锡旺庄中心小学　周娴

一、背景描述

被试者在3岁时，其父母离异，由体弱的爷爷奶奶照顾其生活。进入小学二年级之后，由于识字量增大，很快发现被试者具有一般阅读障碍的主要特征：

……

由此引起我的重视，我开始想通过一些常规的方法来提高其对汉字识记的水平。……我认识到应该对被试者进行更为深刻的了解与研究，要靠自己的力量来帮助被试者解决汉字识记的问题，同时，尽可能地争取家长的支持与配合。

二、测试及分析（附测试卷一份，题目均为自己设计）

1. 拼音认读成绩还是很好的，但被试者在认读拼音以前自认为学得不好，这是缺乏自信心的表现。

2. 写拼音的成绩较差，说明记忆再现比识读要困难。

3. 识字自信心不足。

4. 对字形较复杂的字的认读率（44%）远远低于对独体字的认读率（92%）。

……

通过一系列具体的测试及对被试者进行较细致、深入的观察，我对被试者的了解加深了，也有助于我找出切实有效的方法来帮助被试者更好地识字。

三、具体方法

1. 转变厌学态度，树立识字自信心。

……

2. 加强视觉训练，音、形、义三位一体，学好汉字的母字。

……

3. 进行字串教学，在比较中大量识字。

……

4. 强调音、形的联系，“逼”着脑筋动起来。

……

5. 发挥角觉优势，突破汉字识记难点。

……

6. 联系教材，多方面训练，强调提高。

……

被试者是一个意志力坚定的孩子，需要我倾注大量的时间和心血来陪伴他，给予他有效的指导，现在他还没能完全突破识字关，成绩也比较滞后，但是我相信，他终能跨越障碍，获得发展。我会努力，也许我的努力及我对他的信心会成为他前进的力量。

资料来源：中小学心理健康教育网 http：//www. njxljy. com/

2. 个案研究报告的基本格式

个案研究实际上就是用各种方法收集个案的相关资料，通过科学的推理提出解决问题的策略，进而评价其效果的研究过程。个案研究不仅是一种研究方法，也是复杂的认知过程，并且是解决问题的理论框架。典型的个案研究报告的格式大致涉及以下几个方面：

（1）基本资料：姓名、性别、年龄、学习程度、籍贯等。

（2）个案来源：别人介绍、自己寻来或其他关系等。

（3）背景资料：

个案家庭史：父母、兄弟姐妹、其他人。

个案与家庭的关系：父母的管教态度、亲子关系、兄弟姐妹的关系等。

个案的学校生活：对学校的态度、学习能力、学业成绩等。

个案的社会关系：人际关系、与朋友的交往等。

（4）主要问题的描述。

（5）诊断和分析。

（6）指导策略。

（7）实施指导策略。

（8）实施结果。

（9）跟踪及检讨。

【案例3－8】

问题行为学生个案研究

深圳菁华中英文实验中学　高丽红

一、个案的基本情况

K，独生子女，15岁。被其他学校劝退（原因是打架、逃学），性格直爽，易冲动。头脑较聪明，很讲义气。父母不在深圳，K住校，半个月回家一次。父母对K很宠爱，在各个方面都尽量满足K的要求，对K的期望值也很大。

二、问题行为的表现

（1）K是从其他学校（被劝退）转来的，给大家的印象不是很好。

（2）K是住校生，有时候不遵守住宿制度，晚上不按时就寝，大声在宿舍讲话。喜欢去网吧玩游戏，曾经多次试图从学校围墙爬出，但最后只有两次得逞（一次被德育处警告；另一次险些被开除）。爱打架。

（3）学习兴趣不大，上课爱说话，扰乱课堂纪律，有时候不交作业。除了数学成绩稍微好些，其他学科都挂红灯，上课睡觉是经常的事情。

（4）思考问题往往以自己的愿望为出发点，对他人是绝对化的要求。执拗、偏激，对矛盾归因时只看对方的错误，对老师的批评教育表现出强烈的抵触情绪，经常给班级管理带来困难，班主任很头痛。

从以上行为中，可以判断K品行存在障碍，急需矫正。

三、制定方案，科学辅导

1. 父母与家庭治疗

父母与家庭治疗主要是消除家庭教育的负面影响。

首先，矫正母亲的错误教育观念和行为。……

其次，合理运用奖励技术。……

再次，建立和睦的朋友式的父子关系。……

2. 认知治疗

对于大部分问题行为学生来说，对自身行为的正确认知是解决问题的关键。所以，我认为认知过程中K对当时情境的评价、对周围人的反应，以及在特定事件中做出的自我陈述，是我们解决问题的必备资料。

首先，说服教育是认知治疗的第一途径。转变K的道德意识，主要采取与其谈心的方式。

其次，问题训练是认知治疗的必由之路。心理学认为，儿童对于他人行为进行归因时，倾向于用一种带有敌意的先入为主的印象做出解释。……必须训练学生的思维过程。这个过程包括：我是谁，我要做什么，我考虑问题的所有可能性，我需要评价我是如何去做的。然后通过一些具体的问题，训练K应用这些步骤解决自己实际遇到的问题。训练题目来自于K的生活实际。如你上课睡觉、大声说话，老师提醒你或者同学提醒你，你怎么办？你不写作业、不交作业，同学或者老师批评你，你该怎么办？在训练中使K熟练运用这些步骤，能够做到自然而然和不需要专门注意地应用它们。

第三，激发动机是认知治疗的最佳方略。学生的学习动机在很大程度上受情绪的影响。情绪是学习动机主观因素中极为活跃的重要变量。……教师对学生的理解、关怀，平等相待的态度及亲切和蔼的微笑、鼓励的话语是对孩子最大的奖赏。对K来说，缺少的正是以上这些。多给K些奖赏，K的归属与爱的需要、自尊需要的满足就得到了保证，他的行为就会有很大的改观。

四、治疗与辅导过程中的问题

1. 耐心疏导

教育的奇迹来自于平时的引导，课上课下，我尽量找机会给K表现，让K体验成功的感觉。作业认真表扬，积极回答问题表扬，考试成绩好表扬，等等，以这些闪光点为契机，耐心正确引导。有时候K还会犯一些小毛病，如晚自修没有作业的时候，借口悄悄地去操场玩等。每当这个时候，我不是指责、唉声叹气，而是积极地去跟K交流，了解其中原因，再下结论。事情过去后，我让K冷静地思考，把当时事情的全过程再回忆一遍，自己找到出错的缘由，帮助其逐渐改变道德认识、道德情感，强化K正确分析问题的能力。

2. 允许反复

学生的不良行为，在矫正过程中会多次出现反复。因为受原有道德习惯的影响，主体会做出自动的反应。虽然道德认识已经有所改善，但是作为调节道德行为的内部力量，其良好的道德意志品质还没有形成，不能保证知与行的一致。同时，客观的道德不良刺激也会对其行为的矫正产生消极的影响。错误反复出现，教育过程具有长期性。所以急于求成，或者遇到问题就灰心是不可取的。

……

通过治疗与教育，K感受到老师对自己的关心、爱护、支持与鼓励。归属与爱的需要、自尊的需要得到满足，求知的需要随之产生。表现在K上课开始听讲，参与课堂问题讨论，作业积极完成。我不断积极鼓励K，使其成功感得到强化，学习兴趣和自信心逐步提高。对K的教育见成效：上学期期中考试，K的学习名次已经由原来的二十多名上升到现在的前五名。成绩达到了重点班的要求。

五、个案小结

1. 辅导方法

在辅导过程中，我始终尊重K，理解K的行为，信任K的行为，和K真实地交流；同时在相互信任的基础上，逐渐引导K对自己的行为进行独立思考；减少K对我的戒备心理，使K能够听我的话，这就为我的教育奠定了很好的基础，我在此基础上，帮助K解开了一些心底的“结”；用心理暗示的方法，引导K不断鼓励自己、相信自己。

2. 经验与教训

建立很好的师生信任关系，这是我教育成功的关键因素。要给学生不断树立学习自信的“韧”劲，从实际出发，采用学生喜欢的方式与之交流，既尊重了学生，又达到了教育的效果。

辅导者不能急于求成，应该允许学生有一个适应过程以及行为反复，这样才能趋于稳定。教师要根据学生的心理发展规律耐心、细致地做工作，以转化学生的不良行为。

3. 反思

心理辅导教师要不断提高自己的业务水平，要善于多观察细微之处，要对学生有爱心、有耐心，不论是什么样的学生，都是有尊严、有性格的。决不能姑息迁就，更不能慌张。要给以学生充分的信任，要多和学生沟通，多和班主任以及家长沟通，及时获得第一手材料。心理辅导教师应该具备准确分析评价各种信息的能力。

资料来源：中小学心理健康教育网 http：//www. njxljy. com/

思考与练习

1. 简述行动研究的基本程序。并选择一个自己教育教学实践中的问题，设计行动研究方案。

2. 谈谈你对教育经验总结意义的认识。并结合自己的工作经验，谈谈进行教育经验总结研究的基本要求。

3. 如何撰写个案研究报告？

第四章　教师常用教育科研方法（下）

内容提要

调查研究、观察研究与实验研究是现代教育研究中几种常用的重要方法。本章的主要内容包括：

1. 教育调查研究的特点、分类和一般步骤
2. 教育观察研究的特点、分类和一般步骤
3. 教育实验研究的特点、分类和实验操作方法
4. 主要的实验设计模式及其优缺点

第一节　教育调查研究

一、教育调查研究概述

（一）什么是教育调查研究

教育调查研究是通过问卷、访谈的形式搜集教育问题的资料，了解教育的实际情况，借以发现教育中的问题，总结教育规律的系统研究方法。教育调查研究的开展，通常是以当前教育中的某些问题为对象，在教育理论的指导下，按照一定的方法和工作程序进行资料的搜集、处理，并以调查报告作为研究成果的表现形式。

调查研究可以说是人类最古老的研究手段之一，有着悠久的历史渊源。早在公元前4500年，古巴比伦的国王就对全国的人口、农业、牲畜、物产等按部族进行登记，以了解相关内容的数量，这可看做是最早的调查工作。而在近代教育史上，较早的调查研究包括1897年莱斯在美国进行的“拼写练习调查”（他把美国小学生每天花在拼写课上的平均时间和拼写水平等资料搜集起来，以了解拼写成绩和所花时间的关系）和1910年Kendall在美国Boise地区所进行的“学校制度调查”等。从那以后，调查研究这一方法在教育科学研究中的运用逐渐广泛，并在科学性方面有了很大的发展。

（二）教育调查研究的特点

教育调查这种研究方法，具有以下几个特征：

1. 间接性

教育调查可以广泛收集那些不能直接用感官感知获得的资料，例如，在教育中人们的情感、态度、动机、观念等，具有间接性研究的特点。

2. 科学性

调查研究从决定调查题目、形成假设、提出理论架构到调查资料的取得、分析、解释，都是按照科学的逻辑性实施的。调查研究的结论以客观的数据为佐证，研究具有可重复性、可验证性，符合科学研究的特征。

3. 自然性

调查研究一般是在自然的状态下进行资料的收集，而不必像实验研究那样去控制情境和变量。

4. 现实性

调查研究一般是以教育的现状为研究对象，以了解教育的现实问题为目的，很少涉及对教育史实的研究。

（三）教育调查研究的功能

教育调查研究是教育科学研究中的主要方式，应用极其广泛。教育调查研究的主要作用有：

（1）了解教育的现状，披露教育发展中存在的现实问题，暴露教育发展中的矛盾和缺陷。

（2）提供第一手的数据和材料，为教育管理和教育预测服务。

（3）帮助教育工作者总结、发现先进的教育思想和工作经验。

（四）教育调查研究的分类

1. 按照调查的实施方式来分，可分为问卷调查和访谈调查

问卷调查也称书面调查，是指研究者通过各种方式散播事先设计好的调查表（问卷），让被调查者填写后回收而取得资料的方法。按照调查问卷是如何被发放的，问卷调查又可以分为现场问卷调查、邮寄问卷调查、电子问卷调查等。

访谈调查是指调查者通过口头提问，让被调查者以口头回答的方式来获得资料的方法，故也称口头调查。访谈调查按照访谈的程序是否严格标准化，可以分为无结构化访谈、结构化访谈和半结构化访谈；按照访谈实施的方式来分，访谈调查又可以分为面访和电话调查等。

2. 按照调查范围来分，可分为全面调查和非全面调查

全面调查是指对研究范围内容的全部对象进行调查。如对某地区适龄儿童入学情况的调查，对某市教师学历状况的调查等都是全面调查。全面调查的优点是可以详细了解全面的情况，其缺点是这种调查往往要花费大量的人力和物力。在实际研究中，囿于条件，研究者往往从研究对象的总体中选取一部分样本进行调查，这样的调查就是非全面调查。

3. 按照调查中变量的多少，可以分为综合性调查和专项调查

教育调查中的变量可以分为关于人的变量和关于物的变量两大类。关于人的变量包括社会学变量、心理学变量和生物学变量。社会学变量包括人的性别、年龄、民族、党派、教育水平、经济状况等各种社会学特征；心理学变量包括人的态度、兴趣、动机、倾向性、能力等各种心理与行为的特点；生物学变量包括人的身高、体重、体格特征、发育水平等。关于物的变量如学校的数量、面积、教育投入、设备数量等。涉及面较广，包括多个变量的调查属于综合性调查。如对一个地区的教育状况调查，涉及学校数量、教育投入、儿童入学率、教育质量、教师队伍状况等方面，这就是一种综合性调查。专门针对某方面的问题，涉及变量较少的调查就是专项调查，如对学生心理健康状况的调查。

（五）教育调查研究的优点与局限性

1. 优点

（1）有助于对大样本的描述与了解。在描述和了解大样本的特征时，调查法是一种简便而有效的方法。借助于严密设计的调查问卷或访谈程序，研究者可以较方便地取得对一个学校、一个地区乃至一个国家的某些特征的认识和了解。

（2）可以同时探讨众多变量之间的关系。在调查中可以涉及众多不同的变量，并可以对不同变量间的关系进行分析、探讨。

（3）易于实施和参与。调查研究对研究情境的控制不像实验研究那样严格，在教育实践中易于开展。同时，调查研究对被调查者的时间、精力占用不多，也使人们更乐于参与，有助于研究的进行。

2. 局限性

（1）调查结果的真实性问题。在调查过程中，被调查者往往会由于各种原因（如服从社会舆论和规范、自我心理防卫等）而做出并不真实的回答。如何避免和减少这种不真实的回答是调查研究中一个重要的问题。

（2）调查研究的过程可能缺乏一定的灵活性。在调查研究中，研究一旦开始，就要保持不变地研究设计下去；否则，对研究中发现的一些新的重要变量就无法进行处理。

（3）调查研究基本上属于一种相关研究，即只能发现变量间的相关关系，但是无法确定其因果关系，无法得出“定因定果”的科学结论。

正因为调查研究存在一定的局限性，所以建议在研究的初期采用调查研究的方法，发现问题后再根据实际情况结合其他的研究方法，以获得更深入、准确的研究成果。

二、问卷调查的步骤与方法

问卷（questionnaries）是指对被调查对象提出若干个问题的书面调查材料。问卷调查具有花费时间少、调查费用较低的优点，因此，在教育科学研究中这种

方法的应用较普遍。

教育问卷调查的主要步骤包括确定研究目标，选择调查对象，设计和编制调查问卷，预测和修改调查问卷，实施问卷调查，处理调查资料。对各步骤，详述如下：

（一）确定研究目标

任何科学研究在进行之前都必须有预定的目标和假设，问卷调查研究也不例外。在开始问卷调查之前，研究者首先要明确你希望从问卷的结果中获得什么结论，有什么要验证的假设。对研究目标的确定是调查问卷编制的基础，也是研究的开端。

关于如何确定自己的研究目标，德瓦斯（D. A. De Vaus，1986）提出，研究者可以用五种问题来问问自己，以帮助确定自己的研究目标①。

（1）你喜欢什么样的时间范围？例如，你是想了解现在的状况，还是想了解将来的趋势？

（2）你研究的地理范围是什么？例如，你是想了解一个学校的教师状况，还是想了解一个地区、一个城市的教师状况？

（3）你是想进行广泛的描述性研究，还是想对不同的群体进行比较研究？例如，对教师的教育观念，你是想进行广泛的总体了解，还是想对不同年龄、不同学历水平、不同教学经验的教师进行比较？

（4）你想研究哪方面的问题？例如，农村留守儿童的家庭教育问题，教师和家长的教育观念问题，学困生的学习动机、学习习惯问题等都是一些具体的研究问题。

（5）你感兴趣的研究问题的抽象程度怎么样？你是仅仅对描述事实有兴趣，还是想把现实与其他变量因素联系起来做出解释？抑或想从研究结果中发展出相关的理论？

当一个研究者对以上五种问题都有了清晰的答案的时候，研究的目标就已经明确了。

（二）选择调查对象

研究的目标一旦确定，研究者就要确定调查的目标人群。错误的调查人群——你把关于教师队伍状况的调查问卷寄送给了家长作答——将使很多返回的问卷都不尽如人意，这样的调查将是失败的。

如果调查的目标人群非常庞大（例如要对一个城市的教师进行教育观念的调查），不太可能也没必要对每个目标人群的个体都进行调查时，调查往往就是针对样本而进行的。我们所希望了解的大群体叫做总体，而事实上我们所研究的群体就是样本。从总体中选择样本的过程就称为抽样。我们在研究中所抽取的样本

① 资料来源：梅雷迪斯·D. 高尔．教育科学研究方法导论．6版．南京：江苏教育出版社，2002

能否准确地代表总体，对研究结果的正确性有重要影响。

要进行正确的抽样，首先要明确界定目标总体，即我们研究的目标人群是什么。如某市的中小学教师，某区的初一年级学生，某地的民办学校管理者等都是一种目标总体。目标总体往往是一个被抽象出来的理论群体，它散布在一个广泛的地理区域内。目标总体明确了，我们的抽样才有了依据。

为了得到具有代表性的样本，研究者通常会采用几率抽样的方法，以避免主观选择的偏差。几率抽样的方法主要包括：

1. 简单随机抽样

简单随机抽样是指总体中的每一个个体，都具有独立相等的机会被抽取为样本的抽样方法。例如，我们要从1 000人的总体中抽取300人的样本进行研究，我们可以先将总体中的1 000人编号（1～1 000），然后利用统计学书本上一般附有的“随机数字表”，以表中任意一处为起点，按照任意方向有系统地依次取得300个1～1 000范围内的数字（如957，362，065，…），相应编号的个体就被选取为样本。简单随机抽样是按照独立、均等的原则来进行的，即每个个体都有相等的被抽取为样本的机会，并且每个个体的抽取并不影响其他个体被抽取的机会。

2. 等距抽样

等距抽样是指从总体中，每隔一定的数目，系统地抽取一个个体为样本的抽样方法。等距抽样是一种比简单随机抽样更简便的抽样方法，其前提是可以取得目标总体的名单。例如，某市的小学教师是10 000人，现在我们已经取得了他们的名单，计划抽取1 000人为样本进行研究。我们先计算出抽样的间隔距离，间隔距离＝总体数/样本数＝10 000/1 000＝10。然后随机确定一个小于间隔距离的数为起点数（例如3），每隔10个数抽取一个样本，如3，13，23，…，直到样本足够为止。这种抽样方法因为不需要另外给总体中的每个个体编号，也不需要在名单和随机数字表之间忙碌，所以可以节约大量时间。但是如果总体名单是按照某种特征排列的，或具有周期性，则不宜使用等距抽样的方法。例如，你有100个班的名单，你决定选择每个班的第一个学生为样本。而如果每个班的名单是按照入学成绩的高低来排列的，你得到的样本就不能代表全部学生的情况。

3. 分层随机抽样

分层随机抽样是指在抽样前先确定各个子群体在总体中所占的比率，按此比率确定在各个子群体中抽取的个体数量，然后在各个子群体中进行随机抽取的方法。分层随机抽样能保证总体中的某些子群体在样本中有准确的表现。例如在10 000个学生的总体中，有300个学生来自单亲家庭。现在我们抽取一个500人的样本，如果采用简单随机抽样的方法，也许你会发现在样本中没有来自单亲家庭的学生。如果这个变量对你的研究很重要，这样的抽样结果显然是不理想的。采用分层随机抽样则可以保证样本中对来自单亲家庭的儿童有令人满意的代表性。在分层随机抽样中，样本中每个子群体的比例和他们在总体中的比例是相同的。例如，我们对某市的小学生进行学习动机的调查，该市小学生在省一级、市一级、区一级、无等级学校就读的人数比例假设分别为10%、20%、50%、20%，则在样本中来自各类学校的学生也要符合这个比例，以保证样本对总体的代表性。

4. 集群抽样

集群抽样是指以团体或群组为单位，随机抽取研究样本的方法。例如，某区初一年级有200个班8 000学生，现在要测查学生的语文学习情况，需要800人的样本。采用随机抽样需要从这8 000人中随机抽取800人，这800人也许来自全部的200个班。采用集群抽样的方法则是抽取20个班，这20个班的全部学生都参加测查，组成800人的样本。这种集群抽样的方法较符合教育的实际工作情况，方便教育研究工作的进行。

另外，抽样的样本大小也是研究中要考虑的一个很重要的因素。一般而言，总体越小，要得到较为准确的样本，抽样的比率要越高。通常对于1 000以下的小群体，需要大约30%的抽样率；对于10 000左右的群体，大约需要10%的抽样率；对于15万以上的大群体，1%的抽样率即可（Neuman，1997，2000）。

（三）设计和编制调查问卷

设计和编制调查问卷是问卷调查中的一项必不可少的重要工作。问卷的设计和编制科学与否，对于研究目标的达成有着重要的影响。由于调查研究在教育科学研究中的广泛应用，设计和编制问卷也成为教育研究中一项基本的、应该掌握的技术。在设计和编制问卷时主要有以下一些步骤：

1. 确定编题计划

编题计划实际上就是调查目标的具体化和细化。在确定调查目标后，到底我们的调查目标和哪些变量有关，用什么可以作为这些变量的外在指标，这些我们都必须明确。这种明确化的过程，就是编题计划的产生过程。例如，蔡笑岳等人在对广州市公众进行的关于教育观念的调查中，就将教育观念具体划分为教育本质观、教育功能观、教育改革观、教育质量观、师生观和人才观等六个方面，对每个子观念分别确定了一些行为指标。① 这就是调查问卷编制的依据和基础。

2. 确定问卷题目形式

问卷题目形式按照被调查者的反应方式的不同，可以分为封闭式（closed form）和开放式（open form）两类。

（1）问卷题目类型。

①封闭式题目。封闭式题目是指问卷题目的答案是事先已经制定好的，被调

① 于龙，蔡笑岳．广州地区公众教育观念的心理学研究．广州大学学报（社会科学版），2005，4（11）：79～84

查者的反应（回答）只能在研究者预先设定的范围内做出。常见的封闭式题目形式有：

a. 是非式。如：

你赞成发展“贵族学校”吗？ □是 □否

b. 折中是非式。如：

你认为新课程改革是成功的吗？ □是 □否 □不确定

c. 选择式。如：

你所任教的学校属于： □省一级学校 □市一级学校 □区一级学校 □其他

d. 排序式。如：

请按照你的喜爱程度对下列课程排序，1 代表最喜欢，10 代表最不喜欢：

□语文 □数学 □英语 □物理 □化学

□历史 □地理 □政治 □音乐 □美术

e. 等级式。如：

你对现在教师的待遇感到：	1	2	3	4	5
	很满意	比较满意	一般	比较不满意	很不满意

②开放式题目。开放式题目则是指问卷的题目没有事先定好答案，被调查者的反应（回答）是不受限制的，可以自由表达。开放式题目的形式有：

a. 填充式。如：

你认为当前你最主要的学习动机来自________。

b. 问答式。如：

你认为我国教育最大的失败之处是什么？

（2）各类题目的优缺点。

封闭式题目和开放式题目各有其优缺点。

封闭式题目的优点在于：①答案标准化，便于对调查结果进行统计分析；②作答容易，有助于提高被调查者的作答意愿，有助于提高有效问卷的回收率；③在单位时间内被调查者能回答更多的题目，从而有助于提高取样的广泛性，有助于提高调查的可靠性。

封闭式题目的缺点在于：①题目的答案是限定的，不利于被调查者表达自己的意见，所得的材料往往不够深入详尽；②封闭式题目的编写较困难，往往需要更多的技巧。

开放式题目的优点在于：①便于被调查者表达意见，获得较为丰富、深入、详尽的材料，甚至获得一些研究者未曾预料到的结果；②有助于研究向新的方向探索。

开放式题目的缺点在于：①答案非标准化，对结果进行量化的统计分析较困难；②作答需要较多的时间和精力，因此被调查者的配合意愿较低，导致有效问卷的回收率降低；③在单位时间内能调查的题目数量较少。

在问卷调查中，到底采用何种题目形式，需要综合考虑多方面的因素。其包括：①研究的目的。如果对某些问题我们只是想对现状做一般性的了解，往往采用封闭式的题目。如果对某些问题我们希望做探索性的深入研究，则适宜采用开放式的题目。②调查对象的特点。如果被调查的对象年龄较小，文化水平较低，配合研究的意愿不是很强烈，则采用封闭式的题目较合适。如果被调查对象具有较高的文化水平，积极配合研究的进行，则采用开放式题目较佳。③研究的性质。如果研究者进行的是量化研究，要对调查结果进行量化的统计分析，则较适于采用封闭式的题目。如果研究是一种质化研究，则采用开放式的题目较为合适。

在实际的调查研究中，许多研究者往往在问卷中会兼用这两种形式的题目，以使自己的研究更客观、更深入。

3. 撰写题目

撰写题目就是根据已确定的编题计划和已选定的题目形式，搜集素材，实际编写、产生题目的过程。在撰写题目时，要注意以下一些问题：

（1）题目语言要简单、明确，易于理解，避免出现双重对象、双重否定等。例如："你是否喜欢阅读和写作？"这就是一个双重对象的题目。如果回答"是"，则表示两者都喜欢；如果回答"否"，则表示两者都不喜欢。但是如果被调查者只喜欢阅读不喜欢写作，就不知该如何回答了，所以像这样的题目应该分两个题目来提问。再如："你认为没有学生不想取得好成绩吗？"这是一个双重否定的题目，这样的表达会使被调查者对题目的意思不易理解。这都是在撰写题目时要避免的。

（2）避免暗示性、引导性的问题，避免一题多问。暗示性、引导性的提问方式，如："你认为……难道是不合理的吗？""你不认为……吗？"往往会影响被调查者的意见表达，诱使被调查者回答出研究者所期望的答案。一题多问则是在一个题目中包含了超过一个以上的问题，如："你喜欢去图书馆吗？你一周去几次图书馆？"这样一题多问的题目往往让被调查者难以回答。

（3）在采用选择式的题目形式时，各选项间不能重叠，选项的列举要全面，不要遗漏可能的选项。例如：

你工作的学校是：□省一级学校　　□市一级学校　　□区一级学校

□农村学校

在这个题目中，"农村学校"这个选项就和其他三个学校发生了重叠。再如：

在孩子的成长中，你最关心孩子的：□学习成绩　　□个性发展

□身体健康

在这个题目中，就出现了选项列举的不完整，因为家长最关心的除了这三者以外，可能还有其他方面。为了避免出现这种列举不完整的现象，可以增加一个选项"其他__________"，让被调查者可以真实准确地表达自己的意见。

（4）避免使用不具体的副词和形容词。如："你是否经常检查孩子的作业?"到底多频繁才算是"经常"呢？不同人的主观认识是不一样的，像这样的题目可以改成：

你每周检查孩子作业的次数平均为：

□每天检查　□4～6次　□2～3次　□1次或以下

（5）问题要避免涉及社会禁忌与个人隐私；否则我们所得到的答案只能是强烈的心理防御，而不是被调查者的真实行为或意愿。如："你曾经在考试中作弊吗?"对于这样有明显社会舆论倾向的问题，尽管被调查者有作弊的行为，他也会做出否认。如果调查确实需要对被调查者的个人隐私进行了解，问题的提出要较为委婉，并要使被调查者相信他的真实回答是安全的，不会对他造成不利（如匿名的回答等）。

（6）要采用多个问题来了解态度、信仰、兴趣、期望等主观心理变量。这更有利于调查结果的准确可靠。

题目撰写完成后，还要对题目进行一定的排列以构成问卷。在排列题目时一般的原则是：

（1）同一类型或涉及同一主题的题目应放在一起；

（2）问题的呈现要符合逻辑，遵循谈话习惯，问卷的内容不要来回跳跃；

（3）由一些简单的、有趣的、无威胁的题目开始，由易到难，由普通到敏感，由一般性问题到相关的具体问题，由封闭性题目到开放式题目；

（4）最重要的问题不要放在最后。

4. 组成问卷

一份完整的问卷一般包括这样几个部分：

（1）标题。标题要反映调查的目的，并不致引起被调查者的不良心理反应。

（2）指导语。指导语是对该调查的一个说明，一般要包括该调查的目的、回答问卷的方法、可能需要的回答时间、对调查对象隐私的保障承诺、对调查对象合作的感谢、调查者的身份和单位名称等。指导语要简明扼要、真挚诚恳，使被调查者乐于配合调查的进行。

（3）问题表。问题表即研究者撰写并排列好的一系列问题，这是调查问卷的主体。

（4）结束语。结束语一般是对被调查者的合作再次表示感谢，提醒被调查者进行复核，不要漏答、错答一些题目。

（四）预测和修改调查问卷

问卷编制完成后，还不能马上运用于实际研究。因为这份问卷只是研究者根据自己的主观判断来编制的，它是否恰当，是否适用，还需要经过一定的检验。对问卷进行检验的程序就是问卷的预测。

预测是对从计划调查的人群中选出的一个小样本所进行的一次问卷调查，其目的就是对已编制好的问卷进行检验，以发现问题，进行修改。参加预测的对象必须是来自调查问卷计划使用的人群（如计划使用于对中学教师进行调查的问卷，那么其预测的对象必须是中学教师，而不能是其他人）。预测的人数不需要很多，如果调查对象是明确的同质群体（如对中学校长进行的调查），通常预测的人数20人就够了，对异质群体的调查（如对家长的调查），预测的人数最好多一些，一般30~50人也就可以了。

预测的程序要按照正式调查时计划的程序来进行，并做好以下工作：

（1）记录下每个预测对象完成问卷所需的时间，以便了解完成问卷所需的时间，为调整问卷的长度提供依据。过长的问卷通常会降低调查对象的回答意愿，从而使问卷的有效性降低。一般而言，书面调查问卷的长度应控制在能在半小时内作答完毕。

（2）记录下预测对象对于问卷所提出的问题，或者要求预测对象对每个题目的含义用自己的话去进行陈述，以了解题目的表述是否有问题，调查对象是否会出现对题目理解的混乱或歧义。

（3）对预测对象对每个题目的反应（回答）进行分析，要注意那些过多的人没有作答或回答高度一致的题目。要考虑这些题目是否是人们不愿意作答的或是不会说真话的。如果是这样，这样的题目应该进行修改或删除。

（4）如果调查问卷要了解的是像态度、兴趣、期望、观念等这样的主观心理变量，则对调查问卷还应该进行效度、信度的分析，以保证调查结果是正确的、稳定的。

预测后研究者要根据在预测中发现的问题，对问卷从内容、表述方式、题目排列等方面进行修改、完善、补充。经过预测、修订、完善后的问卷就可以正式用于调查研究了。

（五）实施问卷调查

在实施问卷调查时，按照问卷发放方式的不同，调查可分为以下三种不同的形式。

1. 现场问卷调查

现场问卷调查是指当面发放问卷，让被调查者填答后回收。这种调查形式问卷的回收率通常较高，研究者和被调查者之间容易进行交流，遇到问卷中的问题可以马上发问，减少了对题目的误解误答现象。但这种调查的取样往往受地理条件的限制，当需要跨地域进行调查时成本较高。

2. 邮寄问卷调查

邮寄问卷调查是指将问卷邮寄给调查对象，被调查者填答后再将问卷邮寄给研究者。邮寄调查法是一种较为传统而常用的调查方式。这种方法的优点在于：

（1）调查对象的样本数量大且来源广，特别适用于样本广泛分布在不同地域的情况；

（2）所需人力较少，调查成本较低；

（3）对受访者的隐私有较好的保护；

（4）受访者可以在方便的时间、地点作答。

但这种方法也有一定的不足：

（1）无法保证问卷的回收，通常回收率较低；

（2）受访者缺乏与调查者的交流，对问卷题目容易出现误解误答的情况，废卷率较高。在邮寄调查中要附上贴有邮票、写明地址姓名的回邮信封。在关于问卷的说明中要清楚地规定一个截止日期，要求受访者在截止日期前将问卷寄回。许多研究表明，良好的问卷设计、整洁的卷面、美观的版面、精美的印刷都能更好地提高邮寄调查的反馈率。

3. 电子问卷调查

随着互联网的蓬勃发展，利用网络来进行问卷调查成为调查研究的一种新手段，于是产生了所谓的电子问卷调查，即通过网络将问卷传送给受访者，让受访者填答并回复。电子问卷调查可以利用新闻组（newsgroup）、电子布告栏（BBS）、电子邮件、线上聊天（on-line chat）等形式进行，数据的传送与接收完全在网络上完成。电子问卷调查作为一种新兴的调查形式，具有很多优点：

（1）问卷的传送和回收速度快；

（2）方便对问卷进行修正；

（3）调查的地域限制小；

（4）节约人力，调查的成本低；

（5）受访者在网络上具有匿名性，因此对一些敏感问题较愿意回答；

（6）能传送多媒体的信息，这是传统的调查方式难以做到的；

（7）后期的资料统计、处理较为便利。

但电子问卷调查也有一定的局限性，表现在：

（1）受访者必须具备操作电脑的基本知识和能力，愿意上网或有条件上网，这会影响样本的代表性；

（2）参加电子问卷调查的受访者往往都是自我选择参加的，这往往会使参加调查的样本过分集中在某种群体中；

（3）在电脑和网络不普及的地区，这种调查形式不适用。

（六）处理调查资料

在实施调查、回收问卷后，就需要对调查的资料进行整理、统计、分析，以得出一定的结论。整理调查资料时，首先剔除废卷（如未按规定进行填答，有过多题目未作答的问卷），然后统计问卷的有效率。

$$\text{问卷有效率}=\frac{\text{实际回收的问卷总数}-\text{废卷数}}{\text{实际回收的问卷总数}}$$

一般来讲，只有当有效率达到70%以上时，调查资料才可以作为研究结论的依据。在确定调查有效后就要对调查的数据进行统计分析。现在对调查数据的统计一般都采用专门的电脑统计软件包来进行（如SPSS）。研究者所要做的就是按照一定的规则将调查资料编码，按照相关统计软件的格式要求输入数据，然后按照自己的研究思路选择相关的统计功能即可。关于统计软件的使用，读者可参阅专门的相关书籍，在此不再赘述。

【案例4－1】　调查问卷示例

中国公众教育观念的内隐研究调查问卷

尊敬的同志：

您好！教育的改革与发展关系到社会的发展与进步，影响到每个青少年的成长与发展。我们家长、教师和学者专家都希望我国的教育改革能更适应教育发展的规律和社会发展的需要，但这一切是在教育观念的指导下进行的。中国公众教育观念的现状如何，是我们教育改革与发展的重要理论基础和心理基础。为了使我国教育的改革与发展更适合中国社会改革与发展和公众的需要，有必要对社会公众的教育观念做一个调研。为此，我们广州大学教育学院拟在广东省展开一次相关的问卷调查，以期为中国教育改革与发展，各位家长、教师、学者专家的愿望和理想的实现提供科学依据。

我们诚恳地希望得到您的支持与合作，请将您的真实情况和想法提供给我们。本问卷不记姓名，问卷中问题的答案无所谓对错，您的回答我们将按国家统计法予以保密，请您不必有任何顾虑。

占用了您宝贵的时间，向您致以诚挚的谢意！

广州大学教育学院

2004年11月1日

答卷说明

1. 本调查问卷共有38道题目，请您在每道题的选项中选出最符合您的一项，并在其下面画“√”。

2. 如有些题目未列出适合您的情况的项目，请在问题的空白处填写您的具体情况。

3. 非常感谢您详细阅读了以上内容，下面请您开始正式答卷。

●您家中的学生现在正读：

A. 小学　B. 初中　C. 高中　D. 大学　E. 其他

●您的文化程度：

A. 初中以下　B. 高中或中专　C. 大学　D. 大学以上

●您的性别：

A. 男　B. 女

●您的家庭所在地是：

A. 城市　B. 县城　C. 郊区　D. 农村　E. 广州

F. 其他地区（填写您所在城市的名称）

●您的职业：

A. 工人　B. 农民　C. 教师、学者　D. 商人　E. 其他

1. 您认为我国教育在功能方面最应注重：

A. 传授知识　B. 育人，健全学生人格　C. 传承文化

D. 迎合社会发展而教授知识　E. 其他

2. 您认为教育功能应侧重于：

A. 个体功能为主，社会功能为辅　B. 社会功能为主，个体功能为辅

C. 个体功能与社会功能同等重要　D. 个体功能与社会功能都不重要

E. 其他

3. 您对我国当前教育质量的满意度为：

A. 非常满意　B. 满意　C. 较满意

D. 不满意　E. 非常不满意

4. 您认为一所好学校的主要标准是：

A. 教师师资力量的强弱　B. 学生生源的好坏

C. 学生全面发展的程度　D. 升学率的高低

E. 其他

5. 您认为当前学校教育中主要存在的问题是：

A. 教学方式的问题　B. 师资的问题

C. 学校管理的问题　D. 不能全面使学生发展的问题

E. 其他

6. 您认为我国的受教育对象应是：

A. 学生

B. 教师、家长

C. 工作上需要培训的人

D. 任何一位社会人（如工人、农民、商人等）

E. 其他

7. 您认为作为人才最应关注的是：

A. 物质待遇　B. 精神待遇

C. 对社会的贡献价值　D. 自我价值、理想的实现

E. 其他

8. 您认为在教师与学生之间关系的认识上最好的表达是：

A. 一日为师终身为父的“父子关系”

B. 人格上相互尊敬、平等的良师益友关系

C. 监护人和被监护人的关系

D. “伯乐”与“千里马”，“园丁”与“花草”的关系

E. 其他

9. 您希望学生或孩子接受教育后的成才主要是指：

A. 做社会主义的建设者

B. 能自己独立走向社会，对社会有所贡献，实现自身发展

C. 能如愿考上大学，找到安逸的好工作

D. 能实现自己（指家长、老师）未实现的心愿或梦想

E. 其他

10. 您认为当前初中、高中生出国学习的现象的利弊关系是：

A. 利大于弊　　B. 利弊相当

C. 利小于弊　　D. 无利弊

E. 其他

11. 目前，社会上掀起了一股“择校风”，有人说这是有利的，促进了人们对教育的选择，加速了教育竞争与发展，有人说这更加扩大了教育不平等现象，越来越成为“富人教育”，您认为这“择校政策”：

A. 应严加控制“择校费”数额，但允许存在

B. 可以存在，但取消“择校费用”

C. 应该立法取消此规定

D. 顺其自然发展

E. 其他

12. 您认为师生之间的关系对学生发展或教育结果的影响：

A. 非常大　　B. 大

C. 较大　　D. 很小

E. 无作用

13. 您对我国当前的师生关系是否应该改变的态度是：

A. 非常同意改变　　B. 同意改变

C. 比较同意改变　　D. 不同意改变

E. 其他

14. 您认为我国当前教育改革最关键的是：

A. 教育课程的改革　　B. 教育观念的改革

C. 教育环境的改革　　D. 教师素质的改革

E. 其他

15. 您认为教育的本质是：

A. 为政治、经济服务

B. 传承、传播文化

C. 培养、发展人类自身，促进实现人生价值

D. 传授知识、技能

E. 其他

16. 您认为我国的教育应该最注重：

A. 社会教育　　B. 学校教育

C. 家庭教育　　D. 终生教育

E. 其他

17. 您认为促进、实施教育的改革：

A. 主要是国家政府的职责　　B. 主要是教育工作者的职责

C. 主要是学校的职责　　D. 是每位公民的职责

E. 其他

18. 您认为下面对人才表述最准确的是：

A. 高学历、高文凭的知识分子

B. 为社会作出贡献，有专业特长的人

C. 在某方面、某专业有天赋的人

D. 有优裕的工作环境、高待遇的人

E. 其他

19. 目前，您的孩子（学生）参加升学考试，面临着一所普通高校与一所职业高校（两者教学设施、师资方面条件相同），您会选择报考：

A. 普通高校

B. 职业高校

C. 看哪个学校能更好地培养人才

D. 看哪个学校的毕业生能更好地找到工作

E. 其他

20. 假如您有自己的教育观念，那么在现实生活中如教育自己的孩子、学生、朋友等的过程中，您对您的教育观念的应用：

A. 经常，一致性应用

B. 偶尔，一致性应用

C. 在具体教育实践中基本不用自己已有的教育观念

D. 在实践中用，但与自己的教育观念不一致

E. 其他

21. 您认为普通公众对教育改革取得成功的作用：

A. 非常大　　B. 大　　C. 较大

D. 很小　　　　E. 无作用

22. 您对我国当前的教育改革及教育发展方向的态度是：

A. 非常同意支持的　　B. 同意支持的　　C. 较同意支持的

D. 不同意不支持的　　E. 非常不同意不支持的

23. 您认为评价教育成败的标准是：

A. 培养出的学生是否乖巧、听话、考试成绩高

B. 培养出的学生是否能力强、适应社会、能自我实现

C. 教育普及扫盲率的高低

D. 是否适应了经济、政治发展的需要

E. 其他

24. 您认为教育的根本使命是：

A. 育人，促进人的全面发展

B. 传承创造人类文化

C. 满足政治、经济发展的需要

D. 培养出更多的高学历人才

E. 其他

25. 您对教育功能的了解与认识主要是通过：

A. 生活中自己的认识与学习，如看电视，读报纸、杂志等

B. 自己读书求学时学习到的

C. 因学生或孩子与学校接触而得到的，如家长会、教师的家访等

D. 自己目前的工作环境或职业的性质学到的

E. 其他

26. 您认为教育的以下个体功能应侧重于：

A. 教育促进个体的社会化　　　　B. 教育促进个体的个性化

C. 教育个体学会谋生　　　　D. 教育个体学会享受生活

E. 其他

27. 您认为教育的以下社会功能应侧重于：

A. 改善人口质量，提高人口素质

B. 促进文化的延续和发展

C. 促进经济的发展，政治的民主化

D. 调节人与自然的关系，促进社会可持续发展

E. 其他

28. 您认为学校教育的主要功能是：

A. 教授学生知识，使之系统掌握知识，为将来升学作准备

B. 开发学生智力、思维，培养学生的技能，为自我发展做好准备

C. 约束、管理好学生，使之懂得社会行为规范、道德规范等

D. 为学生发展提供必要的场所、环境，满足教育发展的阶段性要求

E. 其他

29. 当代世界教育思潮的宏观演变体现出以下四个特征，您认为我国教育在这演变过程中最能体现以下哪个特征：

A. 从“学会生存”到“学会关心”

B. 从推崇科学主义、经济主义到推崇教育的社会价值取向

C. 从国家主义教育到国际主义教育

D. 从阶段性教育到终身教育

E. 其他

30. 上题中的四个特征中，您认为最不能体现哪个特征。

31. 您认为我国教育目前最大的失败之处在于：

A. 学生讨厌学习　　B. 应试教育禁锢了学生的发展

C. 培养的高等人才的流失　　D. 德育缺失，学生道德失范

E. 其他

32. 您对自己教育观念的认识是：

A. 自己有教育观念，但过时了　　B. 自己有教育观念，但很不系统

C. 没有自己的教育观念　　D. 不知教育观念为何物，有何作用

E. 其他

33. 您认为现代教育观的最核心点是：

A. 教育公平　　B. 教育终身化　　C. 以人为本

D. 教育大众化　　E. 其他

34. 您认为衡量教育质量的主要指标或标准是：

A. 教师的水平　　B. 教育设施的质量

C. 教育内容的科学性　　D. 学生发展的状况

E. 其他

35. 在现实中，您感觉当今的学生与教师之间的关系：

A. 较二十年前深，更互爱、亲密

B. 较二十年前浅，师生感情淡漠

C. 与二十年前一样，没有变化

D. 较二十年前有变，师生感情淡漠，关系对立

E. 其他

36. 您认为导致师生关系、感情变化的原因在于：

A. 教师　　B. 学生　　C. 社会风气

D. 学校管理方面　　E. 其他

37. 我国目前正在进行一次大型的课程改革，并已在某些省份开始实验，那您目前对这方面的改革了解到的信息与内容：

A. 非常多　　B. 多　　C. 较多

D. 少　　E. 非常少

38. 这次教育改革与以往我国所进行的几次教育改革相比，您对这次教育改革的认识是：

A. 坚信一定能成功　　B. 不确定，但希望成功

C. 困难重重，不会成功　　D. 是对以往教育的扰乱

E. 其他

您是否还有其他要说的内容？如对教育本质、教育质量、教育价值、人才、师生关系等的看法。如果有请写下您的观点和想法。如果没有，那请再次接受我们对您的谢意！____

____

附：问卷编制说明

在搜集、借鉴国内外相关研究成果的基础上，我们通过对专家访谈和教师、学生、家长等一般社会公众的问卷调查，确定了本问卷所研究的教育观念中的几个要素和教育热点问题。然后编制了相关题目进行预试，通过因素分析剔除一些相关不明显的题目，最终确定了以下几个主要因素和题目：教育本质（6、15、16、24、33）、教育功能（1、2、25、26、27、28）、教育改革（11、14、17、21、22）、教育质量（3、4、23、31、34）、师生关系（8、12、13、35、36）、人才（7、9、18、19）和热点问题（5、10、20、29、30、32、37、38）。在文章中由于篇幅问题，未对热点问题进行讨论与分析。

三、访谈调查的步骤与方法

访谈（interview）是一种研究性的交谈，即调查者与受访者以口头谈话的形式进行交流，从而收集所需材料的一种调查研究方式。

和问卷调查法相比，访谈调查具有以下一些优点：

（1）可获得更丰富、详尽、深入的资料。在访谈过程中调查者通过引导、追问的手段，可以探讨较复杂的问题，可以获得受访者较真实、深入的意见和想法。在面对面的访谈中，调查者还可以获取受访者的表情、动作、姿态等非语言信息。

（2）调查过程较灵活，调查者的控制性较强。在访谈调查中，调查者可以就某些问题进行反复的解释，使受访者了解问题的实质，不致对问题产生误解。对受访者的回答，调查者也可以进行询问，要求进行进一步的解释，以掌握受访者的真实意见。访谈过程中调查者还可能因为受到受访者意见的启发，产生一些新的问题，进行新的探索。

（3）适用的人群更广泛。存在阅读障碍或文字表达障碍的人是难以接受、

完成问卷调查的，但一切有正常思维能力和口头表达能力的人，都可以接受访谈调查。因此，访谈调查特别适用于像文盲、年龄较小的儿童、高龄老人等特殊的人群。

但访谈调查和问卷调查相比，也有一定的局限性，主要包括：

(1) 调查的效率较低，需要花费较多的人力和时间，不容易取得大样本的资料。

(2) 调查的标准化程度较低，调查过程和结果往往受调查者的主观因素影响较大，调查结果的统计也较困难。

(3) 不具有匿名性的特点，对于一些敏感问题和隐私性问题，受访者往往会有较多的心理顾虑，影响调查结果的真实性。

访谈调查的基本步骤与程序和问卷调查相类似，主要包括：确定研究目的，确定调查对象，设计访谈形式，设计问题，挑选和训练访谈者，就访谈程序进行预测，实施访谈，整理分析访谈数据。与问卷调查相类似的工作环节在此不再赘述，下面主要介绍访谈调查中一些较为特别的工作环节。

1. 访谈形式的设计

访谈调查从不同的角度可以划分为不同的类型，在进行访谈调查前，要根据研究的目的、特点和实际情况选择适当的访谈形式。访谈调查的形式可分为：

(1) 从访谈程序的标准化程度分，可分为结构式访谈、无结构访谈和半结构访谈。

结构式访谈也称封闭式访谈，这种访谈是事先将要访谈的问题设计成一系列的是非式或选择式的封闭式题目，然后由调查者按照预定的程序进行提问。结构式访谈是一种有高度控制性的访谈，有统一的访谈计划和访谈内容，调查者在访谈过程中自由处理问题的程度较低，无法得到更深入、更丰富的信息。结构式访谈的结果往往和问卷调查相类似，可看做是一种面对面的问卷调查。但结构式访谈优于问卷之处在于在访谈中受访者的应答比率会较高。

无结构访谈也称开放式访谈。它和结构式访谈相反，事先没有严密的访谈程序和内容。访谈者只是提出一个题目或主题，由访谈者和受访者围绕这个主题开展自由的交谈，进而了解受访者的态度、意见、观点。无结构访谈较为自由、灵活，通过解释、追问等往往能获得深层次的较为真实可靠的材料。但这种访谈的结果通常是难以标准化、量化的，因此无结构访谈常在质性研究中使用。

半结构访谈介于结构式访谈和无结构访谈之间。这种访谈包括了一系列的结构性问题，先预定访谈计划和程序，然后对每个问题使用更深层次的启发式问题，给被访者提供自由表达自己的意见和想法的机会。半结构访谈兼有结构式访谈和无结构访谈的优点，既避免了结构式访谈的呆板，缺乏灵活性，难以对问题做深入探讨的局限，也避免了无结构访谈主观性强、不容易控制、难以进行定量分析的缺点。在教育科学研究中采用的访谈常是这种半结构访谈。

（2）从访谈对象的数量上分，访谈可分为个别访谈和集体访谈。

个别访谈即访谈者与被访者进行一对一的交谈。这种访谈形式能让访谈者和被访者有更多的深入交流的机会，能获得一些较深入的信息，访谈者对访谈进程的控制也较容易。但是从获得的信息量来说，在一定的时间内这种访谈是难以获得大量的材料的，因此，这种访谈形式较适合于个案研究，而不太适合于对大样本的调查。

集体访谈即访谈者同时与多个被访者进行交谈而获取信息的形式。如日常工作中的座谈会、调查会就是一种集体访谈的形式。集体访谈可以提高调查的效率，在短时间内获得较多的信息，在集体访谈中被访者之间也经常能相互启发、补充，获得较全面的材料。为使集体访谈中每个被访者都有表达意见的机会，集体访谈的人数不宜过多，一般在 10 人以下。集体访谈的形式要求访谈者具有较强的控制访谈进程的能力。另外，在集体访谈中也容易产生“群体压力”，使被访者不敢表达自己的意见。

（3）按访谈者与被访者是否有直接接触交流分，可分为直接访谈和间接访谈。

直接访谈即访谈者与被访者面对面地直接交流和沟通。直接访谈除了可以获得被访者提供的语言信息外，还可以获得被访者的表情、动作等非语言信息，有助于对被访者的态度、意见等获得全面掌握。

间接访谈即访谈者和受访者没有进行直接的接触交流，而是通过某种工具或媒介来进行交谈，从而收集资料。电话访谈就是一种间接访谈的形式。

随着电话的普及，电话访谈已经成为调查中的一种重要形式。如在美国总统大选前的民意调查，大量的调查数据都来自电话调查。电话调查具有以下一些优点：①调查人员不需要在各地奔波，节省了时间和人力；②能够在更大的群体中挑选样本，一些难以当面接触的人员都可以成为调查对象；③调查的费用较低；④比当面交流具有更高的匿名性，被访者对于一些敏感问题回答的真实性更高。

当然电话调查也有一些局限性，在电话调查中往往不易和被调查者进行详尽的细节讨论，访谈者对访谈进程的控制也较难（被访者挂上电话显然比从家中和办公室逐出访问者要更容易）。随着社会的发展，电话调查将日益成为一种便利而有效的调查方式。

2. 访谈者的挑选和训练

在访谈调查中访谈者充当着非常重要的角色。访谈者的表现往往会影响被访者的合作意愿和意见表达。一个优秀的访谈者往往能更好地控制访谈的进程，获得更丰富而真实的资料。因此在访谈调查中，访谈者的挑选和训练十分重要。

一个合格的访谈者要具备良好的读写技能，要具备熟练的电脑操作能力。许多调查研究机构都要求访谈员具有大学学历。而挑选访谈者最重要的条件是具备和访谈对象友好相处的能力。另外有研究表明，访谈者和被访者如果在社会阶层、种族、年龄、性别等变量上相仿，更有利于调查的进行。

访谈者一旦确定，就要对他们进行培训。培训的目标是要使访谈者成为不会影响调查结果的标准化的访谈员。所谓标准化的访谈员主要表现在：

（1）研究呈现的标准化。受访者对研究目的、意义的理解，对调查结果的运用范围、调查结果保密性的认识都会影响对问题的回答。因此，一个合格的访谈员应对研究有一个一致的、标准化的介绍，使不同的受访者有一致的访谈背景。

（2）问题提出的标准化。访谈员应按访谈计划、访谈题目的要求明确提出问题，不能擅自改变问题的顺序和措辞。

（3）对问题探查的标准化。当一个被访者没有完整地回答问题时，访谈员要提出一些补充问题以引出更好的答案，这就是探查。一个设计良好的访谈计划有标准化的探查程序，能应付绝大多数的情况，访谈员要严格执行探查的程序。

（4）答案记录的标准化。访谈员要准确、真实地记录下被访者的回答，不要加以解释、概括或遗漏。

（5）人际关系的标准化。访谈过程中访谈员和被访者不可避免地建立了一种人际关系。这种人际关系对问题的回答也会产生影响。一个合格的访谈员对这种人际关系也要以标准化的方式进行处理。访谈员不要讲述自己的事情，不要表达对于研究内容的个人意见和看法，不要对被访者的回答做出评论。

总之，访谈员要尽量避免表现个人的行为特征，在被访者面前要表现得更像专业人士而不像朋友，这有助于人际关系的标准化。

对访谈者的培训主要包括以下一些内容：

（1）对该研究的认识。其包括研究的目的、意义、方法、变量、理论基础、抽样方法等。

（2）访谈的知识与技巧。其包括如何提出问题，访谈的控制方法，探查不完整答案的程序，记录的程序，处理人际关系的原则与指南等。

（3）实际的访谈练习和反馈。让访谈员在模拟的情境下进行访谈，并把过程录下来。通过分析录像资料，可以帮助访谈员发现程序和技术上的错误，并提出解决的方法，直至访谈员掌握了正确的访谈技巧。

3. 访谈的实施

在正式访谈开始之前，访谈者首先要做一定的准备工作。第一，事先与被访者联系，取得被访者的同意。访谈者需要向被访者介绍研究者的身份，该研究的内容、目的、意义以及隐私保密等方面的承诺。如果被访者同意接受访谈，则要约好访谈的时间和地点，并告知被访者访谈员的姓名。第二，对被访者的语言和文化背景进行了解。这种了解对理解被访者的答案十分重要。例如在进行关于教师工作环境的调查时，一个计算机实验室的教师可能会用各种术语来介绍他的工作环境。访谈者若对这些术语没有一定的认识，可能就无法正确记录下被访者的回答，也无法正确发问并对问题做进一步的探究。

在约定的访谈时间到来时，访谈员应准时到达约定地点。在访谈中要注意以下一些问题：

（1）建立融洽和谐的访谈关系。在访谈开始时可以以一些关于日常工作、学习之类的对话来打开话题，营造融洽的气氛，消除拘束感。

（2）提问时要简单明了，一个提问只包含一个内容，要用被访者能够理解的语言。在结构性访谈中要按照访谈计划的顺序提问，不能对题目的文字随意删改。

（3）避免诱导性的询问，对被访者的回答不要给予评价或暗示。

（4）要耐心听取被访者的回答，避免打断、反驳或盘问被访者。

（5）当被访者的回答不清楚、不完整时要及时进行追问。追问时要尽量用被访者所用的语言、概念来做进一步的询问。

（6）复杂的、敏感的、有争议的问题留到访谈的最后阶段。

（7）在需要询问一些敏感的、忌讳的话题时，如询问学生关于早恋、性行为等话题，要注意提问的婉转性。如可以询问被访者朋友的表现，而不是直接询问被访者的表现。

（8）要忠实地记录被访者的回答。不要用访谈者的语言来进行概括、润色，以防止访谈者的主观因素影响。在访谈过程中要对被访者的表情、体态、语调、音量等非言语信息保持敏感。如果条件允许而被访者又同意，最好对访谈的过程进行录音录像。这样可以忠实地记录下被访者的谈话，而访谈者又不必分心于笔录，可以专注于谈话的过程。

（9）要注意控制访谈的时间。一般而言，电话访谈的时间应控制在 15 ~ 20 分钟；结构式访谈不超过 45 分钟；团体访谈和无结构访谈不超过两小时。在访谈结束时要对被访者的支持和配合表示感谢。如果需要进一步访谈调查，要和被访者约好下次访问的时间和地点。

第二节　教育观察研究

一、教育观察研究概述

教育观察研究就是在自然条件下，研究者通过感官或借助一定的辅助手段有目的有计划地对教育现象进行系统的感知、记录，从而获得科学事实的一种教育研究方法。

观察研究具有以下三个特点：

（1）是在自然条件下进行的。观察法往往也被称为自然观察法，强调的就是这种研究方法的自然性，即这种研究是在人们不控制、不加以干预的情境下进行的。

(2) 观察研究是有目的、有计划、有系统的研究，这是观察研究不同于那些自发的、偶然的日常观察的地方。

(3) 观察研究不仅仅是感官对外界刺激的接受，更是运用头脑进行理性的分析与思维的过程。"观"是观看、感知，是感官接受刺激的过程，"察"是觉察、分析、思维的过程。在观察中，思维起着重要的作用，所以观察往往被称为"思维的知觉"。

观察是科学研究中一种基本而重要的方法。前苏联著名生理学家巴甫洛夫就把"观察、观察、再观察"作为他科学研究中的座右铭，以此来强调观察的重要性。英国著名动物学家珍妮·古道尔通过在野外三十多年的观察，使得我们对黑猩猩这种与人类有着98%相似基因的物种有了清晰的认识。在教育科学研究中，观察研究也有着广泛的应用。我国著名的儿童心理学家陈鹤琴先生在20世纪20年代的时候，就对他的第一个孩子从出生之日起连续进行了长达800多天的观察，对孩子每天的身心变化进行了详细的记录，获得了大量的儿童心理发展资料，并于1925年出版了《儿童心理之研究》一书。前苏联教育家苏霍姆林斯基曾对3 700多名所谓的"差生"和"调皮的学生"进行了观察记录，并利用这些观察资料得出了关于儿童道德教育的丰硕成果。大量教育研究的经验表明，观察法是认识教育问题、收集第一手材料的重要而基本的方法。另外，从一定意义上讲，观察法还是一切研究方法的基础方法，像调查法、实验法、经验总结法等研究方法，或者是从观察法发展而来，或者是建立在观察法所提供的材料基础之上。离开了观察法，这些研究方法就难以开展。所以，观察研究在教育科研研究的方法体系中占有重要的位置。

二、教育观察研究的分类

观察法从不同的角度可以分为不同的类型。了解每种观察研究的特点，我们可以在实际研究中根据具体情况灵活选用合适的观察类型。

(一) 根据观察的实施是否有严格的观察计划、观察指标和观察结果的性质，可分为定量观察和定性观察

1. 定量观察

定量观察也称结构性观察，是指研究者事先根据研究目的，拟定了严密的观察计划，设计了明确、可计量的观察指标，并严格按照预定程序进行的观察。这种观察的结果往往是一种数量化的结果，便于进行定量分析和对比研究。如高潇怡、庞丽娟在《幼儿学习中教师教育行为的研究》中[①]，将教师的行为分为讲述、提问与询问、要求、指令和建议、教师的评价、教师的回馈、教师维持纪律

---

① 高潇怡，庞丽娟. 幼儿学习中教师教育行为的研究. 教育科学，2006，22 (10)：71～74，笔者有改动

等七个方面，对每种教师行为又细分为若干种，如教师提问就分为信息性问题、推理性问题、开放性或创造性问题、虚假性问题几类，在研究中对每种教师行为出现的数量进行记录，这就是一个典型的定量观察研究。

2. 定性观察

定性观察也称非结构性观察，这是一种较为灵活、有弹性的观察。在定性观察中往往没有预先拟定详细的观察计划，也没有明确的观察项目和指标，而只有一个大致的观察主题和方向。随着观察研究的进行，观察的内容、重点可能会随活动现场的变化而发生变化。这种观察所得到的结果往往是质化的，难以进行数量化的分析。定性观察多用于探索性的研究中。例如，一个研究者想了解中学生午餐时的活动状况，他在研究的开始并没有对中学生午餐的活动情况有足够的了解，这时，他所进行的观察往往只是具有一个大致的方向和主题。这样的观察就是定性观察。

（二）按照实施观察的情境，可分为自然情境中的观察和实验室中的观察

1. 自然情境中的观察

自然情境中的观察是在正常的工作、学习、生活情境中开展的观察。如一个教师在自己的日常教育工作中有目的地对学生的某些行为的观察记录就是一种自然情境中的观察。这种观察常能收集到正常学习、工作、生活中的真实材料。但自然情境中的观察研究者往往只能被动等待目标行为的自发出现，较为消极被动，要得出结论往往需要较长的研究历程。

2. 实验室中的观察

实验室中的观察是在一个人为设置的情境中对研究对象的行为进行的观察。这种研究方法借用了实验研究的一些特点，适当地控制了情境。例如在情绪实验中，研究者可以通过呈现各种刺激来观察研究对象在面对各种情绪刺激时的面部表情。实验室中的观察可以人为地促使目标行为出现，使研究进程更加主动。但在教育科研中，这种方法并不多见。

（三）按观察的方式分，可分为直接观察与间接观察

1. 直接观察

直接观察是研究者凭借自己的感官，在现场直接对目标行为获得认识。例如研究者来到学校的图书馆，通过观察图书馆中读者的人数来了解图书馆的使用情况，这就是直接观察。直接观察获得的资料直观、生动、真实、具体。

2. 间接观察

有些时候人会受到自身感官条件的限制或时空条件的限制，没有办法进行直接观察。这时可以通过某些中介来进行观察，从而获得所需的资料，这样的观察就是间接观察。所谓间接观察的“间接”，包括两层含义。第一层含义是指以某种设备（如摄像机）来代替观察者，以获得所需的资料。例如，在一些观察者无法到达或不方便出现的场合，我们就可以用一些仪器设备来获取资料，这是一种观察场合的间接性。第二层含义是指观察目标的间接性。有些行为由于各种原因，我们没办法对其进行完整的观察，这时，就可以用某些间接的指标来替代直接的观察目标，从而获得所需的材料。例如，我们可以通过观察图书馆中各种书籍破损的情况来推测认识学生的阅读兴趣。这也是一种间接观察。在这种间接观察中，思维分析有着尤其重要的作用。

（四）按观察者是否参与被观察者的活动分，可分为参与性观察与非参与性观察

1. 参与性观察

参与性观察是指观察者深入到被观察者中，把自己作为被观察者的一员，和被观察者一起活动，在这种近距离的密切交流中对被观察者的行为获得认识。在参与性观察中，为了获得真实的资料，观察者往往会隐藏自己的身份。参与性观察在社会科学研究中经常用到。例如我国山东作家贾鲁生，为了了解现代乞丐的生活，就曾装扮成乞丐，混入乞丐群中，和他们一起流浪、乞讨，写出了《丐帮漂流记》这样一部作品，这就是一种完全的参与性观察。在教育科研中，研究者以教师的身份进入学校，和教师、学生一起活动，了解教师日常的工作环境、教育行为、师生关系等，这也是一种参与性观察。参与性观察不破坏和不改变观察对象的正常活动，能深入了解观察对象的真实情况。在参与性观察中，因为观察者和观察对象相互密切接触、相互影响，要防止感情色彩等主观因素对观察资料获取、分析的影响。

2. 非参与性观察

非参与性观察则是指观察者不参与到观察对象的活动中，纯粹是作为一个旁观者来获取资料。例如，一个研究者以听课的形式进入课堂，对师生的课堂行为进行观察，这就是非参与性观察。非参与性观察研究者能从一个比较客观的角度去获取、分析资料。但是观察者的出现，可能会对观察对象的正常行为产生一定的影响，从而影响观察结果的真实性。例如，当一些陌生的面孔出现在教室中时，学生可能会产生紧张情绪，课堂上的表现也较平时拘谨了。所以在非参与性观察中，最好使被观察者处于不觉知的状态中（如利用闭路电视的观察，或在由单向透光玻璃隔开的观察室中进行观察），这样能较真实地得到观察资料。

三、教育观察研究的优点与局限性

（一）教育观察研究的优点

（1）教育观察研究保持了研究对象活动的自然性，能使我们最大限度地得到真实的行为资料。观察研究是在不加以干预、控制的情境中去了解研究对象的行为的，这保证了研究对象行为的自然性、真实性，研究者所得到的认识往往更符合实际情况。

（2）观察研究可避免自我数据报告的误差与偏见。当我们用问卷调查、访谈、心理测量等形式去了解研究对象的心理特质、行为特点时，实际上我们是在依赖研究对象的自我数据报告来进行认识的。但是研究对象可能有意或无意地会在自我数据报告中做出一些不真实的报告。例如，儿童都知道撒谎是不好的，即使是一个有撒谎习惯的儿童在自我报告中也会对自己的撒谎习惯进行否认。而运用得当的观察却可以更真实地了解到儿童的真实性。即使不是有意欺骗，观察往往也有可能比自我报告得到更准确的数据。例如，在课堂教学中教师是否讲得太多，满堂灌，而学生得到的发言机会太少呢？师生的自我报告对这个问题都不能给出准确的答案。而通过课堂观察我们可以准确地提供课堂中师生说话的比率。

（3）观察研究容易开展，不需要复杂的设备，不需要特殊的条件，对正常的工作学习活动基本没有影响和干扰，因此，尤其适合一线的教育工作者在教育教学活动中开展研究。

（4）对一些特殊人群，观察研究有着特别的适用性。例如，在对婴儿的身心发展进行研究时，婴儿不能进行自我报告，这时观察就成为主要使用的研究方法。

（二）教育观察研究的局限性

（1）利用观察往往是只知其然而不知其所以然。也就是说，通过观察往往只能得到一些“是什么”、“怎么样”的现象，但是没办法对现象背后的原因作解释，也就是不能解决“为什么”的问题。通过观察我们只能发现现象间的相关关系，却无法确定其因果关系，例如，我们通过观察发现，喜欢玩暴力电脑游戏的学生往往暴力性的行为也比较多，也就是这两种行为间有高相关。但是学生是因为喜欢玩暴力电脑游戏而有暴力行为，还是因为有暴力行为才喜欢玩暴力游戏呢？二者何为因，何为果？这仅通过观察是无法确定的。二者之间是否存在因果关系也未可知。科学研究中，我们往往不能满足于发现相关关系，更重要的是要确定因果关系，而仅通过观察是不能实现这一目标的。

（2）观察研究中会受偶然因素的影响。因为观察是在不控制情境的情况下进行的，可能一些观察的结果并不是一种本质的、规律性的现象，而仅仅是一种偶然现象。为了减少偶然因素的影响，观察必须反复多次进行，这使得用观察法收集数据比其他方法要更费时。

（3）在观察研究中观察者的主观因素会有较大的影响，而且这种影响往往是不容易觉察的。在观察中，观察者的价值观念、喜好偏向等都可能会影响对观察材料的解释、分类，从而影响观察结果的客观性。

（4）观察研究的取样一般较小，观察资料不容易系统化，因此，研究的外部效度不高，把研究的结论推广到其他群体上时要十分谨慎。

四、定量观察的步骤与方法

（一）确定观察内容，界定观察变量

观察内容就是研究者所要研究的内容，在开始观察研究时，研究者首先要根据自己的研究目的进行相关的理论分析和思考，明确所要观察的内容是什么，从而形成合理的内容体系。并结合具体的教育实际，对内容体系中每个成分的行为表现进行尽可能详细的规定，界定出尽可能详细的、可操作的观察变量（具体的行为或事件）。这些观察变量就是在定量观察中观察者要记录的行为。例如，在前述的高潇怡、庞丽娟的《幼儿学习中教师教育行为的研究》中，研究者将其研究内容——教师的教育行为界定为外显的教育行为，它是教师在实际教育中所表现的行为、教育方法、措施与手段的总和。对这一研究内容，研究者又对其进行了细化，如表 4－1 所示：①

表 4－1　教师的教育行为

教师讲述	
教师提问	信息性问题
	推理性问题
	开放性或创造性问题
	虚假性问题
教师询问	
教师的要求、指令、建议	要求
	指令
	建议
教师的评价	肯定性结果评价
	过程性具体评价
	否定性评价
教师的回馈	肯定性回馈
	建议性回馈
	否定性回馈
教师维持纪律	

这就构成了比较具体的内容体系。对内容体系中每一项规定一些操作性的定义，就可以成为具体的观察变量。我们在定量观察中，就是要对这样一些具体的观察变量进行记录，以获得数量化的资料。

① 高潇怡，庞丽娟．幼儿学习中教师教育行为的研究．教育科学，2006，22（10）：71～74，笔者有改动

（二）选择记录方法，设计记录表格

在清晰界定了观察变量后，研究者必须考虑用什么样的方法去计量所观察到的变量。一般来说，对观察变量的记录方法有三种：

（1）持续时间记录。这种记录方法是指观察者需要对每一目标行为的持续时间进行计量，例如，在课堂教学中教师讲述的时间。在这种记录方法中秒表是必不可少的工具。

（2）频数记录。这种记录方法是指观察者需要记录目标行为在一段时间内出现的次数。例如在一节课中，教师提问了多少次，对学生反馈了多少次，整顿课堂纪律多少次等。

（3）间隔记录。这种记录方法是以时间为维度，每间隔一定的时间（例如10秒）对观察对象的目前行为进行记录。这种记录方法不但可以使研究者获得对目标行为的总量认识，还可以认识到目标行为的时间分布特点。

根据选择的记录方法的不同，研究者要设计不同的记录表格，以便对目标行为做观察记录。在持续时间记录和频数记录的方法中，记录表格常是以目标行为为维度来编制的。在采用间隔记录时，记录表格则是以时间顺序为编制维度，如表4－2、表4－3所示：

表4－2　教师课堂行为的记录表格（适用于持续时间记录或频数记录）

编　号	教师的行为	持续时间或频数	总　计
1	引起学生注意		
2	讲解		
3	提问		
4	纠正学生错误		
5	批评学生		
6	给予学生提示		
7	……		

表4－3　教师课堂行为的记录表格（适用于间隔记录）

行为 时间	引起学生注意	讲解	提问	鼓励学生	给予学生反馈	纠正学生错误	批评学生	给予学生提示	回答学生问题	……
1										
2										
3										
4										
5										
6										
7										
8										
……										

（三）选择观察对象

观察对象的选择一般来说有两种方法。一是现场选择对象，即以在活动现场是否出现我们预定的观察目标行为作为确定观察对象的依据，凡出现了预定目标行为的，就成为我们的观察对象，二是预定观察对象，即预先根据研究目的的需要，将具有某些特征的人确定为观察对象。这种选择对象的过程，和其他研究方法一样，要注意所选择的研究对象的代表性问题。

（四）挑选和培训观察者

受过严格训练的观察者对取得客观而准确的观察资料有非常大的帮助，因此观察活动在开展之前，对观察者的培训是非常重要的。

对观察者的培训内容主要包括：

（1）使观察者明确研究的目的和所要观察的变量。对观察者详细解释所要观察的目标行为，最好能通过录像材料等方式给每种目标行为提供一些具体的例子，使观察者对目标行为获得较明确而一致的认识。

（2）明确观察的方式，熟悉记录的方法。

（3）进行观察实践练习。播放事先制作的录像材料，让所有受训者观察并进行记录。然后检查受训者是否正确记录了这些行为。如果受训者出现不正确的记录或意见不统一时，应将录像材料重放至有争议的行为处，让受训者进行讨论，直至受训者对所有的目标行为取得一致的认识。

（五）实施观察

观察者在按预定观察计划进行观察时，要注意以下一些问题：

（1）减少观察者对被观察者的影响。观察者的出现很可能会影响被观察者，使被观察者的一些行为发生改变，从而使观察者所获得的可能是一些不具有代表性的、不准确的数据。所以，应该尽量减少观察者对被观察者的影响。例如观察者隐藏起来，通过一些仪器设备进行间接观察。或者在观察之前观察者多在所观察的情境中出现几次，使得师生将观察者的出现视为正常，这时再观察到的行为就会比较自然真实。

（2）防止偏见和成见对观察数据的影响。当由于各种原因使得观察者对被观察者产生了一些偏见或成见时，总是会影响到观察数据的准确性。例如，在研究“成功教师与一般教师的师生关系技巧区别”时，如果观察者知道他的观察对象是成功教师，他对教师的师生关系技巧总是会给予更多积极的评价。所以，在观察中应使观察者远离那些会引起偏见或成见的信息。

（3）防止被观察者觉察观察者的意图。当被观察者觉察观察者的意图时，往往会自觉或不自觉地更多地表现出观察者所期望的行为。为了避免这种现象，研究者在研究开始时不能告诉教师研究的真正意图，以保证观察资料的真实性。

（4）防止观察中的信度衰减。所谓观察信度衰减，就是在观察中后期所收集的资料信度比前期资料的信度差。信度衰减是指随着时间的推移，观察者在观察技巧上的丢失和观察动机的减退。为了减少观察中的信度衰退，应该使观察者在受训到一个理想水平后立即进行观察，如果观察要持续较长的周期，应该每个星期让观察者复习掌握观察的标准与技巧，防止观察者用自己的标准而不是统一的标准来衡量被观察者的行为。另外，研究者要注意保持观察者的动机，使观察者确信研究的重要性，并对观察者的观察行为进行经常的随机检查。

（六）整理和分析观察资料

将来自不同观察者的观察资料汇总、分类，统计分析，得出研究结论。

五、定性观察的步骤与方法

定性观察与定量观察除了观察结果的量化程度不同外，主要还有三个方面的区别：一是观察者的主观因素影响更大，观察者在阐释观察内容时更可能会融入自身的情感和经验；二是定性观察过程更有灵活性，在研究过程中观察者可能会因新出现的问题而将注意力转移到新出现的现象上；三是定性观察更侧重于从整体上看待一个行为。

相较于定量观察，定性观察往往不具有那么具体而明确的观察计划，但定性观察也有其基本的工作程序，主要包括：

（一）确定观察的范围

研究者根据自己的研究目的，确定观察的范围，明确哪些行为是需要进行记录的。观察范围的确定主要可从人、事、时、地四个方面进行。

1. 人

要确定观察行为的主体。要确定哪些人的行为需要观察。教师？学生？抑或师生双方？还是具有某种特征、属性的个体、群体？

2. 事

要确定观察行为的内容特征。哪些方面的行为需要观察。学习活动？课外活动？教学活动？或课堂中的师生互动？

3. 时

要确定观察行为的时间特征。观察是对某个特定时段的（例如午休期间），还是不分时段的？是那些常见的（高频）的行为还是包括偶然的行为？持续多长时间的行为才需要记录？

4. 地

要确定观察行为的环境特征。观察是对在哪里发生的行为进行的？校内？校外？课堂内？课堂外？

在定性观察中，观察的范围往往是比较模糊而具有弹性的，随着观察活动的进行，观察的范围可能会发生一些变化。

（二）选择记录的方式

定性观察主要以非数字化的形式来记录观察的内容，主要的记录方式包括：

1. 分类描述

分类描述是指以一种开放性的分类方式对一个事件或行为从多个方面进行记录。例如，对一个大型活动的观察记录，就可以从时间、地点、环境、人物、活动内容、情绪反应等多方面进行记录。

2. 叙述

叙述是对发生的事件、行为进行较为详细的文字记录。这种记录方法在定性观察中是一种较常用而重要的记录方法。叙述具体又可分为以下几种形式：

（1）日记。按时间的发展，以记日记的形式对行为进行连续长期的记录。例如，前面介绍的陈鹤琴先生对自己孩子成长过程的观察记录，常用的就是日记的形式。这种记录形式较适用于个案研究和长期的跟踪研究。

（2）重要事件记录。将一些研究者认为有意义的、重要的事件记录下来。这种记录方式不注重时间上的连续性，而注重对有价值的典型行为的记录。如一个班主任对班级中学生的一些典型而重要的行为的记录。

（3）事件取样。事件取样是对某种行为发生后的记录，所记录的行为具有一个事先确定的标准。例如，对学生攻击行为的记录。这种记录方式可帮助研究者了解某些特定时间发生的频率、地点、环境背景等。

（4）时间取样。时间取样是对特定时间段内所发生的行为做详尽记录。例如，对每天12：00～14：00学生午休期间的行为做记录。这种记录方式可以帮助研究者对特定时间段内的行为特点获得认识。

（5）实地笔记。实地笔记是观察者在参与某事件的过程中，对所经验的活动的详细的文字记录。这是一种对事件进行“实况转播”式的记录方式，也是定性观察中最常用、最基本的记录方式之一。就广义而言，重要事件记录、事件取样、时间取样等记录方法都可以包括在实地笔记中。实地笔记不单要记录现场的人、言行、事件，还要求记录观察者的想法、感情、印象等。这种记录方式，可以为研究提供大量具体的第一手材料。

3. 图片或录音录像记录

这些记录方式可以提供直观而真实的素材，可以作为文字记录的重要补充。

（三）进入观察环境，实施观察

在观察过程中观察者要如实详尽地记录事件和行为，提供具体、详细的笔记。在定性观察中也会遇到一些在定量观察中产生的相似的问题，如观察者对观察对象的影响、观察者偏见的影响等。这些问题在定性观察中同样需要预防和减少。

（四）分析观察资料

定性观察结束后，研究者会得到大量的实地笔记等资料，研究者需要对这些资料进行定性的分析、解释和报告，形成自己的研究结果。

【案例4－2】 课堂观察示例

教师课堂角色类型研究①

一、研究目的

课堂教学是学校教育的主要活动，也是学生在学校中个体社会化的主要途径。由于教师与学生之间存在着社会身份与文化知识的“级差”（教师是成人与文化高位者，学生是未成年人与文化低位者）及由此而产生的社会地位“级差”（教师是社会代表者，学生是社会学习者），因此，学生在课堂中的社会化过程必然受到教师的极大影响。这种影响主要源自教师的课堂角色。而教师作为对学生施加教育影响的正式权威，其社会角色的一个主要范畴便是课堂角色。

正因为如此，西方国家长期以来一直比较重视对教师课堂角色的研究，并有不少成果。不过，总的来说，西方国家的文化背景、学术取向乃至学校课堂本身的社会结构都与我国存在较大差异，因而，这些成果大多很难且不应被直接用于对我国教师课堂角色的分析。真正具有借鉴作用的，主要并不是这些成果本身，而是这些成果所依据的一些研究方法。

显然，我们需要有我国自己的教师课堂角色研究。但遗憾的是，迄今为止除了少数有关西方国家教师课堂角色研究的述评性文章，以及名为研究成果、实为抄袭或编译国外学者论著的所谓论文之外（原谅我们这里不注出这些“成果”的名称与出处），很少见有我国学者对自己本国教师课堂角色的科学研究，尤其是实证研究。尽管这些年来我们经常谈论教师课堂角色问题，但我们对我国教师课堂角色的一些最基本的状况都缺乏脚踏实地的了解，比如，我们教师到底在扮演着一些什么样的课堂角色，教师课堂角色到底有哪些类型，等等。我们迫切需要在一定的理论探讨基础上，对我国教师的课堂角色进行一些基础性的实证研究。

二、研究方法

（一）研究途径

教师课堂角色是一个比较复杂的范畴。对于这一范畴，人们当然可以在理论上加以尽可能全面的界定与分析，但作为以课堂观察实际结果为依据的实证性研究来说，因受种种条件的限制，一般只选取教师的某一种主要的或某几种重要的课堂行为作为考察其课堂角色的“窗口”，这也是国外同类研究的普遍做法。问题是，选择教师的何种课堂行为作为考查其课堂角色的窗口？

由于教师的课堂角色实际上体现教师与学生的课堂关系，且由于我国中小学（尤其是小学）课堂中基本上不存在真正意义上的能动的学习群体，师生之间的课堂交往在很大程度上依赖于教师与学生个体之间的直接对话，同时也为观察与

① 吴康宁．教师课堂角色类型研究．教育研究与实验，1994（4）

记录方便起见，故本研究将“教师指向学生个体的言语行为”（以下简称“教师的言语行为”）作为考查教师课堂角色的窗口。由教师的言语行为来区分其课堂角色类型时，既可采用定性描述的方法，也可采用定量分析的方法。作为一种尝试，本研究主要采用后者。

（二）观察框架

本研究采用定量分析方法所必备的一个技术前提，是在课堂观察中将教师的所有言语行为逐一予以分门别类的量化“登记”。

我们认为，教师的言语行为可按其所涉“工作领域”分为五大类，即提问、要求、评价、答复及其他。这当中，除了“其他”之外，前四大类可按“性质”或“目的”而各自按逻辑分为三小类。据此，我们预先设计了“教师课堂言语行为登记表”（见下表）。

教师课堂言语行为（指向学生个体）登记表

类别 / 次数 / 序号	提问			要求			评价			答复			其他
	方法	结论	事实	建议	模糊	指令	肯定	两可	否定	开放	中间	封闭	
1													
2													
……													

容易看出，这个登记表实际上亦即教师言语行为的结构化观察框架。这一观察框架表面上看起来易于操作、比较简便，即观察者无须详细记录教师对学生的每句谈话，而只需将其言语行为逐一对号入座地登记入表即可，实际上却有一定难度，因为观察者必须参照表中所示类别对教师的每一言语行为都做出迅速、准确的归类判断，并立即在表中相应类别的空间里用符号登记下来，以示教师出现一次此类言语行为。这在师生个体对话节奏较快或教师的一段连续话语中同时含有两种以上不同类别言语行为时难度更大。为此，我们在本研究的课堂观察正式开始之前，对所有观察人员进行了培训，对上表所示类别的含义加以统一界定，并进行了预备性的观察与登记。

（三）观察对象

要研究的课堂观察以小学五年级教师为对象。我们之所以选择小学教师，是因为相对于其他教育阶段的教师来说，小学教师的课堂言语行为往往比较“丰富多彩”，涉及更多的教育范畴，从而有可能呈现出更多的课堂角色类型；选择五年级教师，则意在尽量减少无关因素对课堂观察的“干扰”，诸如低年级学生的课堂注意力易因观察者的存在而分散，六年级的课堂教学易因毕业任务的压力而“变形”，等等。

由于本研究的主要目的并非在于对教师课堂角色的各种类型做出数量上的比

较与推断，而是对类型本身做出区分，并借此展示一种研究方法，故对样本的数量规模并无太高要求。为此，我们选取了8所小学的32名教师作为课堂观察对象，每所小学各4名。观察对象的选取只依据三条原则：一是语文与数学教师比例各半；二是尽量避免同一学校的4名教师均为相同性别；三是尽量避免同一学校的4名教师均为该校同年级中素质最好的，尽可能兼选所谓的“好、中、差”3种教师。

限于研究人手，我们对每位教师只观察其1节课。为使被观察的每位教师的课堂言语行为达到一定数量，以便能据此对其所扮演的课堂角色做出界定，本研究将被观察课型一律限定为新授课，共观察了32节新授课。

三、观察时间（略）

四、结果与讨论（略）

五、说明与思考（略）

资料来源：吴康宁．教师课堂角色类型研究．教育研究与实验，1994（4）

第三节　教育实验研究

一、什么是教育实验研究

教育实验研究就是在控制情境的条件下，研究者主动地操纵一些变量，研究此种变量的变化对其他变量的影响，从而探索教育活动中因果关系的研究方法。

实验这种研究方法，最早运用于自然科学研究中。近代以后，在社会科学研究中人们也逐渐开始借用实验这种研究方法对问题进行实证性的研究。教育上的实验研究，一般认为其最早的尝试是1768年裴斯泰洛齐在他所设立的新庄实验学校，对教学制度、教育新方法等进行的研究。较为严格意义上的教育实验研究则产生于20世纪初。1901年德国心理学家梅依曼首次提出了“实验教育学”的名称，以自然科学的研究方法为典范，用实验、统计等方法对教育行为进行研究。20世纪初，美国著名教育哲学家杜威在其所创立的芝加哥实验学校中，针对传统教育的弊端，对课程、教材、教法等进行了改革，这也是一个立足于实际教育情境的实验。到了现在，教育实验已经成为教育研究中一种重要的实证方法。

一讲到实验，人们脑海中往往就会出现仪器、设备、实验室等景象。习惯将实验与精密的仪器、复杂的设备相联系，这是人们受自然科学实验（如中学的物理、化学、生物实验等）的经验影响的结果。实际上，一项研究所使用的方法是实验法，还是非实验法，与是否使用了一定的仪器设备没有联系。有些研究，尽管使用了非常精密的仪器，但是它并不是实验（例如用天文望远镜观测星星）；有些研究，尽管什么仪器设备也没有使用，却是一个典型的实验研究（例如美国著名教育心理学家罗森塔尔所做的“皮格马利翁效应”实验①)。实验研究的本质特征不在于是否使用了仪器设备，而在于是否严格控制情境，主动操作变量。

实验研究中主要有三种变量：一是自变量，即在研究中研究者（实验研究中称为主试）可以改变、操纵的变量；二是因变量，即因为自变量的变化、出现而引起的特定反应；三是无关变量，即不是研究者所要研究的，但对研究结果有影响的变量。所谓严格控制情境、主动操作变量，就是在实验研究中研究者要控制无关变量（消除无关变量的影响，或使无关变量对研究对象的影响是一致的），通过主动改变自变量，观察因自变量的改变引起了因变量怎样的变化，由此确定自变量与因变量之间的因果关系。凡符合这些特性的研究就是实验研究。例如，为了验证一新的教法的教学效果，研究者通过主动地操纵自变量（决定使用新的教法还是传统教法），而使其他会影响教学效果的因素恒定（例如，保证学生的基础一样，智力水平相当，学习时间相同等），然后通过一段时间的教学，研究者观测学生（分为实验班和对照班）的学习成绩（因变量），如果这时实验班和对照班的学习成绩不一样，我们就可以确定这种成绩的差异来源于教学方法的差异。这样的一个研究就是实验研究。

二、实验法的分类

（一）按实验的情境分，可分为自然实验和实验室实验

1. 自然实验

自然实验是在正常的工作、学习、生活条件下，通过适当地控制条件而开展的实验。例如，在前面所举的研究新教法的教学效果的实验例子，就是一种自然实验。在教学科学研究中所开展的实验往往是自然实验。

2. 实验室实验

实验室实验是在一个专门设置的人为情境（实验室）中开展的实验。如著名心理学家艾宾浩斯开展的学习中遗忘规律的研究就是一种实验室实验。

（二）按对实验变量的控制程度的不同分，可分为真实验、准实验和前实验

1. 真实验

真实验是对实验条件控制最严格的一种实验。在真实验中，研究者随机选取并分配实验对象（被试），完全控制了无关变量的干扰，主动操纵自变量并能精确地观察因变量的变化。在这种实验设计中，自变量是唯一被操纵并改变的变量，如果观测到因变量有变化，则这种变化一定是由自变量引起的。

---

① 1966年，美国心理学家罗森塔尔进行了一项著名的研究。他来到一所乡村小学，给各年级的学生做语言能力和推理能力的测验。测完之后，他没有看测验结果，而是随机地选出20%的学生，告诉他们的老师说这些孩子很有潜力，将来可能比其他学生更有出息。8个月后，罗森塔尔再次来到这所学校，发现他随机指定的那20%的学生的成绩有了显著提高。罗森塔尔认为是教师的积极期望导致了这一结果。后来，罗森塔尔借用古希腊神话中的一个故事，将教师期望的这种神奇效应命名为皮格马利翁效应。

2. 准实验

准实验是指不能对被试进行随机的选择和分配，但能够严格地操纵自变量和无关变量的实验。这种研究对实验条件的控制不如真实验那样严谨，但准实验往往是教育实验中最常见的一种形式。因为在教育研究中，很多时候人们是无法随机地选择和分配被试的（例如被试总是以整班的形式被选择）。

3. 前实验

前实验又称非实验，是指不能够随机选择和分配被试（通常只有单一实验组缺少控制组，或使用不对等的实验组），也不能有效地控制无关变量的设计。这种研究不能有效地推断出自变量和因变量之间的因果关系。

（三）根据实验目的不同分，可分为判断性实验、对比性实验、析因式实验

1. 判断性实验

判断性实验的目的是通过实验判断某一种现象是否存在，某一种关系是否成立，某个因素是否起作用等。这类实验往往解决“有没有”、“是不是”这一类问题，它往往肯定一种事实，引起产生一种新的观念。

2. 对比性实验

对比性实验的目的是为了对比、验证不同实验处理的差异。它往往通过设置实验组和对照组，对比两个组群在不同条件下的差异性，从而确定实验处理的效果。

3. 析因式实验

析因式实验的目的是探讨在某一现象、事件的发生和变化过程中起主要、决定性作用的因素是什么。这类实验的一个重要特点是，其结果是已知的，但造成这种结果的因素，特别是决定因素是什么却是未知的、待寻找的。

另外，按照实验研究的范围分，实验可分为专项式实验与综合性实验；从实验的内容上分可分为教育体制改革实验、课程内容与结构改革实验、教育模式与教法实验等。在此不一一赘述。

三、教育实验研究的优点与局限性

（一）教育实验研究的优点

（1）实验研究通过严格控制条件，可以排除偶然因素的影响，得出确定的因果关系。实验研究是确定变量及因果关系的最好方法。前面我们提到过，通过观察、调查等研究方法，我们往往只能发现事件、行为之间的相关关系，究竟何者为因，何者为果，或者事件之间是否存在因果关系，用观察、调查的方法是无法确定的。而在严格的实验设计条件下，我们可以明确变量间的因果关系。从相关关系的研究到因果关系的研究，在研究的科学性水平上显然是一种进步。

（2）实验研究可以深入准确地分析影响教育现象的因素以及各因素的具体作用。现实是非常复杂的，在自然情境中，仅通过观察等手段往往无法清晰准确地认识到影响教育活动的因素有哪些，以及这些因素各自起到了什么样的作用。实验研究通过对变量的逐一控制，可使研究者清晰地看到某种特定的因素到底在教育活动中起了什么样的作用，有多大的作用。

(3) 实验研究通过主动地操纵、改变自变量来引起因变量的变化，研究的过程较为主动，避免了像观察研究中可能会有的消极等待的现象。并且通过人为的主动设置情境，可以研究一些在自然条件下较少遇到的现象，更全面地认识教育问题。

(4) 实验研究的客观化程度较高，可以进行重复验证，结果容易进行量化分析。

(二) 教育实验研究的局限性

(1) 实验情境和现实条件常常有一定的差距，在实验情境下得到的结果推广运用到教育现实中去时，往往会遇到一定的限制，存在一定的问题。

(2) 教育研究的对象非常复杂，难以进行完全严格的控制。所以，教育中的一些问题不能用实验研究得到完全的解决，必须结合其他的研究方法来解决。

(3) 教育研究的对象是人，研究者和研究对象之间难免会产生相互影响，容易造成实验研究结果的假象。例如，心理学上著名的“霍桑实验”就是研究者和研究对象相互影响造成研究结果假象的一个典型事例。

(4) 教育研究中许多问题涉及研究者的主观价值判断，这会削弱实验研究结果的客观性。

(5) 现有的测量工具还无法对教育情境中的各种复杂行为进行十分准确的测量，这限制了实验的设计和结果的分析。

四、实验设计

实验研究的基本程序包括：确定研究课题，形成假说；进行实验设计；实施实验设计方案，获得资料（数据）；对数据的整理、统计、分析；将实验结果与假说相对照，验证假说，得出结论等步骤。其中实验设计是实验研究中的关键环节。下面我们对实验设计进行详细的介绍。

(一) 什么是实验设计

实验设计就是对实验研究进行的构想和规划。它是在研究课题确定后，对如何开展实验研究的一些细致考虑，并成为实验开展的指导和依据。实验设计的主要内容包括：自变量的选定、构造和出现方式的确定，因变量的确定及测量方法，需要控制的无关变量的确定及控制的方法，实验对象的选择及分配的方法，实验模式等。实验设计的目的就是要使实验的结果真实、准确、可靠，即要使实验具有较高的效度。实验效度也成为衡量实验设计优劣的主要指标。

(二) 实验效度

效度本是测量学中的一个概念，用以表示一个测验测量结果的准确程度。

1966 年社会心理学家坎贝尔（D. Campbell）在其著作《研究的实验和准实验设计》中借用了效度的概念，用以表示实验研究的有效性和真实程度。从那以后，研究效度成为评价各种实验研究质量的理论框架，也成为实验设计的关键。实验效度可分为两个方面：内部效度和外部效度。

1. 内部效度

实验的内部效度是指实验研究人员控制无关变量的程度，即一项实验的结果是否能全部归因于自变量的变化。在一项研究中，自变量与因变量之间越存在明确的关系，无关变量控制得越好，研究的内部效度就越高。内部效度反映了研究过程的可靠性和研究结果的真实性问题，因此，较高的内部效度对一项实验来说是十分重要的。

内部效度的高低和实验设计的周密与否有着密切联系。一项实验设计越是能采取有效措施控制无关变量，突出自变量与因变量之间的关系，就越容易得到较高的内部效度。

坎贝尔等人的研究认为，影响研究的内部效度的主要变量有：①

（1）历史。在实验过程中，除实验处理外所发生的其他事件。例如，在研究不同的英语教学方法对儿童英语学习兴趣的影响时，恰好学校举办英语歌唱比赛。这可能会提升学生学习英语的兴趣，从而混淆不同教学方法的实验效果。

（2）成熟。在实验过程中，被试发生了心理或生理上的成长变化，这可能会影响被试的行为表现。要确定被试的变化到底是成熟的结果，还是接受了实验处理的效果，最好的方法是设置对照组。

（3）测试。在前测——实验——后测的实验模式中，如果前测、后测很相似，被试可能仅仅因为接受前测后掌握了测验的形式、内容、方法，从而在后测中表现得更好。

（4）测试工具。如果前测、后测所使用的工具不一样（例如难度上的不同），就难以解释前、后测的差异是否是由实验处理导致的。在观察性的测量中，测量者往往会给接受实验处理后的被试打出更好的分数，因为他们主观上会倾向认为被试在接受实验后已经发生了变化。

（5）统计回归。统计回归是指在对被试进行第二次测试时，被试的得分会出现向团体平均分趋近的现象。统计回归的原因是随机误差对极端分数的影响会比对趋中分数的影响大。统计回归的现象很可能会让研究者认为是实验造成了被试分数的变化。

（6）差异性选择。当研究中存在实验组和对照组时，研究者要考虑两组被试的特质是否相同。如果两组被试本身就存在差异，我们将难以把实验结果的差异简单地归结为是实验处理导致的。要避免这个问题，可以随机分配被试，使实

① 梅雷迪斯·D. 高尔. 教育科学研究方法导论. 6 版. 南京：江苏教育出版社，2002

验组和对照组达到特质的相同。

(7) 实验者的流失。实验中某些被试可能因为各种因素不能再继续参加实验，这称为实验者的流失。实验者的流失可能会造成原有的组别特质发生改变（例如，流失的都是前测较低分的学生），这样，当进行后测时被试的成绩会发生变化，但这种变化未必是实验导致的。

(8) 选择—成熟的相互影响。例如，被试因为成熟程度的不同而导致组间的特质差异，这种差异可能导致了被试成绩的差异。

(9) 实验扩散处理。实验组中的某些实验处理可能会被扩散到控制组中去。例如，一个使用新教法的教师可能会被其他教师所羡慕，其他教师可能会追随、模仿使用新教法（尽管这是不允许的）。这种扩散会抵消实验处理在后测中的效果。

(10) 控制组的补偿性竞争。控制组可能会意识到他们在和实验组竞争时有超乎寻常的表现。这会使后测的差别难以完全归因于实验处理。

(11) 处理的补偿性均等。在实验组接受了具有吸引力的产品或服务后，实验的实施者可能会为了补偿控制组而提供给他们类似的产品和服务。这会使后测的结果变成一个实验处理与另一个实验处理的比较，而不是有处理和无处理的比较。

(12) 控制组的不满和士气低落。这会使控制组的后测成绩比正常低，从另一个角度看，实验处理的效果就会显得比实际情况更好。

上述这些因素，都会影响实验的内部效度。而要控制和减少这些变量对实验的内部效度的影响，随机分配被试和对实验的前、后测进行控制是很重要的。

2. 外部效度

实验的外部效度是指实验的结果能被推广应用到实验以外的其他个体、其他情境中去的程度，即实验结果的一般性、普遍性和可应用性。如果一个实验研究的结果仅适用于实验的特定样本、情境和范围，不能推广到总体的范围中，则这项研究的外部效度是不高的。实验的外部效度是检验实验研究价值的重要指标。一般认为，实验的内部效度是外部效度的必要条件，一项研究没有内部效度就无所谓外部效度，但高的内部效度不是外部效度的充分条件。对一项研究来讲，外部效度比内部效度更重要。没有较高的外部效度，一项研究即使有内部效度，也无法体现其应用价值。

一些研究者认为，影响实验的外部效度的因素主要包括：①

(1) 总体效度。总体效度是指一个来自于研究样本的结果对研究者感兴趣的目标总体的普遍意义。我们的实验总是在一定的样本中进行的，但我们总是希望能把实验的结果推广到更大的人群（目标总体）中。这种推广是有风险的，

① 梅雷迪斯·D. 高尔. 教育科学研究方法导论. 6版. 南京：江苏教育出版社，2002

如果我们发现样本来自的总体和目标总体存在较大的差异，或者样本具有独特的个性因素（如能力、性别、人格特点等），这种研究结果的推广可能就是无效的。

（2）实验处理的详细描述。研究人员如果对实验处理没有给予足够详细的描述，其他的研究人员就无法对研究进行仿制和验证，这样实验的结果将无法运用到其他情境中去。

（3）多实验处理干预。有些实验研究中研究者让被试同时接受多个实验处理，这时我们将无法单独确定某个实验处理的效果而将其概括推广。

（4）霍桑效应。霍桑效应是指被试由于意识到他们在参加一项研究或正在受到特别的关注而使成绩有所提高的现象。例如，在一个教学实验中，研究者经常出现在实验班中，会使学生意识到他们正在受到关注，这样可能就会引起学生行为的变化。霍桑效应的存在会使实验的结果无法推广到研究人员不出现的情境中，从而威胁到实验的外部效度。

（5）新鲜和分裂效应。被试可能会因为接触到一些新鲜的处理，对实验感到好奇而使行为发生改变，但这种改变会随着新鲜感的减弱而消失。这种效应会使得初次尝试的结论并不适用于继续应用实验处理的情况。

（6）实验者效应。实验者本身的特征、行为等（例如，实验者对实验结果的预计无意识地传递给被试的实验者偏见现象）可能会限制实验的外部效度，使得实验结果不能推广概括至另一个实验者主持实验的情境中。

（7）前测敏感。在有前测的实验中，前测可能会使被试对实验处理更敏感，从而影响实验的结果。所以，在有前测的情况下得到的实验结果未必能推广到没有前测的情境中。

（8）后测敏感。这与前测敏感相类似。后测也可以被看做是一种学习过程，被试可以在后测中学到一些在实验处理中没有学到的东西。所以，在没有后测的情境下，实验的结果不一定还适用。

（9）历史和处理效果的相互作用。对超出历史期限的实验进行结果的概括推广可能是不恰当的。例如，一种创新性的教学方法在实验中被证明是有效的，但是在经过一段时间后，人们再重复实验，可能会发现这种教学方法的效果消失了，这是因为这种方法不再被教师们认为是有创新性的。

（10）因变量的测量。实验中因变量的测量方式会限制实验结果的推广概括。例如，在一个实验中以选择题的形式对被试进行前测和后测，发现经过实验处理后被试的成绩提高了。但这种成绩的提高可能只是因为实验处理使被试更擅长回答选择题了，当以其他形式（例如论文）来对被试进行测量时，被试的成绩可能是没有改变的。

（11）测量时间和处理效果之间的相互作用。在实验处理后不同的时间点进行后测时会发现，实验处理的效果通常是不一样的。因此，实验后测的时间通常也会限制实验结果的推广范围。

上述因素对实验的外部效度都会产生影响，当我们希望把实验结果推广到某个特定的条件或情境时，应该根据上述这些因素对实验设计进行检查，及时纠正可能存在的问题。为了提高研究的外部效度，要保证研究取样的代表性，保证实验过程的可靠性，尽量使实验的情境和实际情境一致，在不同条件下进行重复实验以及加强无关变量的控制。

（三）自变量的选择和操纵

自变量是指在实验研究中研究者要主动操纵、改变的变量，在实验设计中要选择、确定自变量的内容和操纵的方法。

自变量的选择首先要从研究的目的和假设出发，从逻辑上分析、寻找与因变量可能存在因果关系的变量作为可能的自变量；然后根据研究的主客观条件确定研究的自变量。在确定自变量时要注意：

（1）自变量的定义要清晰且具有可操作性，具有实际操纵的可能性。

（2）自变量的数目不能太多。

（3）自变量的选取必须符合社会伦理道德，不会对被试产生伤害。

在实验中，自变量的操纵方式主要有说明式操纵（instructional manipulation）和展示操纵（staged manipulation）两种。说明式操纵是指自变量是以口头或文字的方式告知被试。这种操纵方式较为容易、经济。但这种操作变量的方式效果往往较差。实验中更多的是采用展示操纵的方式。所谓展示操纵是指自变量是以一个特定事件的方式告知被试的，即通过真实事物展示实验处理，对被试进行影响。在操纵自变量时要注意：

（1）自变量的操纵至少要有两个水平，这样才能构成实验。

（2）对自变量的操纵必须是有系统的变化。

（3）自变量的强度要大，尽量扩大实验处理的差异，最好包括一些极端值，这样才能更好地发现自变量与因变量的关系。

（四）因变量的选择与测量

因变量是被试接受试验处理后所产生的特定反应。实验处理的效果要通过对因变量的测量来体现，因此，在实验设计中必须考虑因变量的选择与测量方法。

在选择因变量时要考虑几个问题：

（1）所选定的行为变量要能够提供所研究问题的信息，即我们所选定的因变量和所确定的自变量之间要有逻辑关系。例如，我们在研究新教法的效果时，以学生学习成绩作为因变量也许是合理的，但没有人期望新教法的运用会使学生的身高变高。

（2）一个好的因变量应该是稳定的，即当一个实验被准确地重复时，因变量应该是一样的。

（3）因变量的反应应是灵敏的。如果我们所选择的因变量对实验处理的反应极不灵敏，那么我们将无法准确地观察到实验处理的效果。例如，在高尔夫球的练习中，如果你把一杆进洞作为衡量练习效果的指标，你可能会得出结论：练习 100 次和练习 1 次的效果是一样的。但事实真的如此吗？

（4）对因变量的测量应是客观而容易的。在测量因变量时，测量工具应具有较高的信度和效度。一个能较精细地测量因变量的工具往往比一个粗略的测量工具更能显示实验处理产生的效果。

（五）无关变量的控制

无关变量是并非实验者所要研究的，但对实验结果会产生影响的变量。例如，在研究新的教法对学生学习成绩的影响时，除教法（自变量）以外，学生的智力水平、知识基础、学习动机、教师的检验等都可能对学生的学习成绩（因变量）产生影响。要确定学生的成绩进步是来自于教法的改变，我们就必须控制这些无关变量，使得它们不会对实验的效果产生影响。对无关变量的控制是实验研究中的重要一环，也是决定实验结果可靠性的重要因素。

在实验设计中，我们首先要确定需要控制哪些无关变量。事实上，在任何一个实验中，需要控制的变量都是很多的。例如，在我们上面所举的教法实验的例子中，除了已经列出的一些因素外，还有很多因素可能会影响学生的成绩，比如气温（也许更高的气温会使学生上课时昏昏欲睡），学生早餐吃的是什么（饥饱的状态会影响听课时的专注程度），等等。而从实验的实际情况来看，实验者只可能对部分变量进行控制，而不可能控制全部。当一个变量对因变量有较大的影响时，特别是对相对自变量有较大影响时，这样的变量就必须加以控制。其他变量的影响则可能被忽略。

在实验研究中，比较常见的需要加以控制的无关变量包括：

（1）研究者的因素。例如，研究中的实验者偏差、研究者的成见导致的观察偏差、实验者的经验导致的误差等。

（2）被试的因素。例如，被试在实验中产生的霍桑效应、补偿性竞争现象、消极性怠工现象、对测量的焦虑等。

（3）研究程序的因素。例如，样本分配的程序、测量的先后次序、前测后测的影响、测量的标准化程度等。

（4）研究情境的因素。例如，研究现场的温度、湿度、采光、隔音、拥挤程度等。

研究中对无关变量的控制，通常采用以下策略：

（1）排除法。如果某些无关变量是可以被消除的，则可以采用排除的办法进行控制，不让无关因素参与到实验过程中来。例如，对实验中的噪音干扰，就可以采取排除法。再如在某音乐教学实验中，如果认为有乐器演奏基础的学生会对实验的效果产生影响，就可以只挑选那些学习、接触过乐器演奏的同学参加实验，这也是一种排除法。排除法能有效地控制无关变量。但是在教育实验中，大量的无关变量是难以排除的；而且采取排除法往往限制了实验结果的普遍推论性。

（2）恒定法。当某些变量无法被排除时，研究者可以设法使其保持恒定不变，成为常量，以此来控制其对实验效果的影响。例如，对实验中一些物理条件（温度、湿度、采光等）就可以用恒定法进行控制。再如在教学实验中，将教学的时间固定（都在第二节），这也是一种恒定法。

（3）平衡法。所谓平衡法就是把无关变量的影响平均地分配到实验组和控制组中，使无关变量在实验组和控制组基本保持平衡一致，以此来控制无关变量的影响。例如在新教法实验中，学生的智力水平是一个无关变量。研究者就可以通过智力测验来分配被试，使实验组和对照组的被试智力水平相当，这就是一种平衡的方法。在实现平衡的过程中，可以采用配对的形式，也可以采用随机化的办法。

（4）纳入法。当某些无关变量无法被消除、恒定，也无法被平衡时，可以把这种无关变量纳入实验研究中，作为一种自变量来处理，这就是纳入法。例如在学校的教学实验中，往往是以已有的固定班级作为实验对象，不能进行配对或随机分配。但实验班和对照班的学生确实在知识基础上存在差异（通过科学的测验证明），这种知识基础的差异难以被消除或平衡。研究者可以干脆把知识基础的差异作为一种自变量加以考虑，考察教学方法的影响、知识基础的影响和教法与知识基础的交互作用效果。这种方法往往会使实验研究变得较为复杂。

（5）循环法。循环法就是让同一组被试接受几种不同的实验处理，每个受试者都重复接受几种不同的实验条件。这样，在各种实验条件之下，被试的个人条件因素基本不变，从而可以认为被试个人条件因素对各种实验处理结果的影响是均等的，以此来排除被试个人因素这种无关变量的影响。

（六）实验设计的模式

实验设计的模式是对实验中如何对被试分组，如何施加实验处理，如何前测、后测等一系列工作所做的一种总结和概括。实验设计的模式不同，决定了实验的具体进行方式的不同。不同的实验设计模式，也决定了实验研究的不同类型和质量。在实验设计中，研究者必须明确自己到底要如何去进行这个实验，就是要确定实验设计的模式。下面，我们从前实验设计、准实验设计、真实验设计的角度，对常见的实验设计模式做一些介绍。

1. 前实验设计

前实验设计通常是一种描述性或相关性的研究策略。在前实验设计中，研究者可以对因变量进行观察和比较，但由于对无关变量缺乏控制，难以验证自变量与因变量的因果关系。前实验设计主要有以下三种模式：

（1）单组后测设计。

其模式为：

随机分配被试	组　别	前　测	实验处理	后　测
×	G_1	×	√	√（O_1）

注："×"表示不具有，"√"表示具有，G_1，G_2，…表示不同的组别，O_1，O_2，…表示不同的观测结果。以下同。

单组后测设计只有一组被试且不是随机选择的，没有控制对照组，实验中只给予一次实验处理，实验后进行了一次测试，将后测的结果（O_1）作为实验处理的效应。这种设计缺乏最基本的实验控制，由于缺乏前测和对照组，后测的结果无法与任何资料进行比较，因此，这种设计的内部、外部效度都很低，其结果几乎没有任何意义。

（2）单组前测—后测设计。

其模式为：

随机分配被试	组　别	前　测	实验处理	后　测
×	G_1	√（O_1）	√	√（O_2）

单组前测—后测设计也是只有一组不是随机选择的被试组，没有控制对照组，实验中对被试组给予一次实验处理，有前测和后测，用前测与后测的差异作为实验处理的效应。这种设计比单组后测设计有所改进，通过前后测，可以得到每一个被试在实验处理前后两次测试产生变化的直接数据，这个数据在一定程度上可以说明实验处理产生的效应。但是由于缺乏控制组，研究者无法确定除实验处理外，是否还有其他因素会对实验结果产生影响，无法排除历史、成熟、测试等因素对研究的内部效度的威胁。

（3）固定组比较设计。

其模式为：

随机分配被试	组　别	前　测	实验处理	后　测
×	G_1	×	√	√（O_1）
×	G_2	×	×	√（O_2）

固定组比较设计具有两组被试，一为实验组（G_1），一为对照组（G_2），但两组被试都不是随机分配的。对实验组进行实验处理，两组都进行后测，以两组后测的差异来说明实验的效果。

在固定组比较设计中使用了实验组和控制组，可控制历史、成熟、测试等因素的影响，在一定程度上提高了实验的内部效度。但是由于被试不是随机选择和分配的，无法排除差异选择、选择—成熟的相互影响等因素对研究的内部效度的影响。

2. 准实验设计

准实验设计是没有随机地选择和分配被试，往往使用原始的群体（如固定的班级）对实验过程进行了较严格的控制的实验模式。这种实验设计模式较符合教育研究的特点和实际，因此使用很广。但是在推广这类研究结果时要谨慎。准实验设计主要有以下一些模式：

（1）单组时间序列设计。

其模式为：

随机分配被试	组 别	前 测	实验处理	后 测
×	G_1	√（O_1，O_2，O_3，O_4）	√	√（O_5，O_6，O_7，O_8）

单组时间序列设计只有一个被试组，对实验组在进行实验处理的前后进行一系列的观测，通过对比前测和后测的差异来推断实验处理的效果。前、后测的次数可以是不一样的，总的来说，观测的次数越多越好。这种设计模式可以较好地控制成熟因素对实验效果的影响。但因为没有设置控制组，不能控制历史因素的作用。而且在实验中因为要进行反复的观测，容易使被试产生疲劳、厌烦。

（2）不等组前测—后测设计。

其模式为：

随机分配被试	组 别	前 测	实验处理	后 测
×	G_1	√（O_1）	√	√（O_3）
×	G_2	√（O_2）	×	√（O_4）

不等组前测—后测设计中被试被分为两组，一组为实验组（G_1），一组为控制组（G_2），但在实验中研究者不能随机地选择和分配被试，所以实验组和控制组间会存在某些差异，故称为不等组。对两组都施以前测，研究者以此来确定两组是否等价或存在什么样的差异。然后对实验组进行实验处理，再对两组进行后测。以两组被试前测、后测差异分数的差别［对（O_3-O_1）和（O_4-O_2）的结果进行比较］来推测实验处理的效应。

（3）平衡对抗设计。

在实验研究中，前一个实验处理的效果可能会影响后一个实验处理的效果，或者由于首因效应、近因效应的作用，不同时间顺序出现的实验处理效果会不同。平衡对抗设计就是为了抵消实验处理的顺序对实验效果所产生影响的一种实验设计模式。这种设计可以包含两个或更多的实验组，接受两个或更多的实验处理，但实验的组别和实验处理的数目必须是一致的。下面以四组被试（G_1，G_2，G_3，G_4）、四种实验处理（A、B、C、D）为例，列出其实验模式如下：

组　别	接受实验处理的时间			
	1	2	3	4
G_1	D	C	B	A
G_2	B	A	D	C
G_3	C	B	A	D
G_4	D	C	B	A

在实验中第一次进行实验处理时，让每个被试组接受不同的实验处理，然后观测每组被试的因变量。按上表所列的顺序，共进行四次实验处理，让每组被试都轮流接受四种不同的实验处理，在每次进行实验处理的时段都有四种不同的处理（在上表中，实验处理在每行和每列都出现了一次且仅出现一次，因为这种排列像拉丁方，所以平衡对抗设计也叫拉丁方设计）。

平衡对抗设计采用实验条件顺序轮换的方法，给每个实验组以均等的机会，可以控制历史、成熟、测试等因素对实验效果的影响。但是在平衡对抗设计中被试不是随机选择和分配的，会存在差异性选择的影响。

3. 真实验设计

真实验设计是严格意义上的实验设计。真实验设计是在随机化原则的基础上选择和分配被试，控制与实验目的无关的变量对实验结果的影响，使实验结果能客观地反映实验处理的作用。真实验设计主要有以下几种模式：

（1）等组后测设计。

其模式如下：

随机分配被试	组　别	前　测	实验处理	后　测
√	G_1	×	√	√（O_1）
√	G_2	×	×	√（O_2）

等组后测设计通过随机化的方式，将被试分为实验组与对照组，对实验组施以实验处理后，对两组被试进行后测，并以后测结果的差异来推论实验处理的效果。这种设计模式通过随机化的方式所设置的实验组和控制组可以认为是等价的，因此，这种设计基本上可以控制历史、成熟、差异性选择、测试工具、实验者流失、选择—成熟的相互作用等因素的影响，具有较好的内部效度。但这种设计无法控制霍桑效应等影响研究外部效度的因素。

（2）等组前测—后测设计。

其模式如下：

随机分配被试	组　别	前　测	实验处理	后　测
√	G_1	√（O_1）	√	√（O_2）
√	G_2	√（O_3）	×	√（O_4）

等组前测—后测设计是对等组后测设计的扩展，其区别在于在等组前测—后测设计中对实验组和控制组都进行了前测，这样研究者可以确定实验处理对不同层次的被试的效果是否一样。这种设计也具有较好的内部效度，但无法控制霍桑效应、前测敏感等影响外部效度的因素。用这种设计得出的结果，不能推广到没有进行前测的情境中。

（3）所罗门四组设计。

所罗门四组设计是对等组后测设计与等组前测—后测设计的综合，堪称是最完美的实验设计模式，其模式表示如下：

随机分配被试	组　别	前　测	实验处理	后　测
√	G_1	√（O_1）	√	√（O_2）
√	G_2	√（O_3）	×	√（O_4）
√	G_3	×	√	√（O_5）
√	G_4	×	×	√（O_6）

所罗门四组设计通过随机化的方式将被试分为四组，对1、2组进行前测，对1、3组进行实验处理（作为实验组），2、4组作为控制组不接受实验处理，对四组被试都进行后测。这种设计将“有无前测”作为一个变量纳入实验设计中，可以排除前测对实验效果所产生的影响。所罗门四组设计在实验的内部效度和外部效度上均有很好的控制，但这种设计需要大样本的同质被试，这在实际研究中是比较困难的。

（4）多因素随机设计。

在教育研究中，研究者往往需要同时操纵两个或两个以上的自变量，每个自变量又有两个或两个以上的层次（取值）。研究者要随机地把被试分配到各种不同的实验处理组合中，以研究各自变量以及自变量之间交互作用的效果。这种研究就是多因素随机研究。多因素研究能比单因素研究获得更多的信息。

在多因素随机设计中，2×2 设计是最简单、最基本的一种设计。所谓 2×2 设计就是有两种自变量（A，B），每种自变量有两种取值（A 有 a_1、a_2 两种水平，B 有 b_1、b_2 两种水平）。于是产生了四种不同的实验处理组合，如下表所示：

		A	
		a_1	a_2
B	b_1	a_1b_1	a_2b_1
	b_2	a_1b_2	a_2b_2

实验中将被试随机地分配到四种不同的组合中并观测其因变量，可以分别考察 A 因素和 B 因素的主效应以及 A、B 因素之间的相互作用。

多因素随机设计可以同时考察多个自变量对因变量的影响，还可以探讨多个自变量之间的交互作用关系。但这种设计在实验处理的组合、被试分配、统计分析、结果解释上都较为复杂。

【案例 4－3】

实验研究示例①

上海的金蕴玉、冯健两位教师曾做过“一年级小学生学习生字遍数与学习生字成绩关系的研究”的教育实验。现以其为例，说明轮组实验研究的一般步骤。

1. 提出假设方案

“减轻学生负担，提高教学质量”是教师、家长普遍关心和迫切需要解决的问题。学生的学习负担往往表现为作业过量。有些刚入学的一年级小学生每天就要完成大量的作业——每个新学的生字要抄写十几遍甚至几十遍，给他们带来了沉重的学习负担。如果在一年级的生字教学中，努力改进教法，帮助学生掌握学习的规律，能不能适量减少学生抄写生字的遍数而不影响学习生字的成绩呢？

2. 选择被试

金蕴玉、冯健两位教师选择上海市高安路第一小学一年级（1）班的学生作为被试。该班有 50 名小学生，在做实验前他们已经学会了汉语拼音。

3. 确定自变量水平

自变量有两个水平：一是每个生字抄写 4 遍，二是每个生字抄写 8 遍（该实验设计美中不足的地方是没有考虑三个以上的自变量水平，这样还看不出实验效果的发展趋势）。

4. 确定因变量指标

本实验以学生默写生字的成绩和字迹是否端正为因变量的观测指标。

5. 划分实验小组

自变量有几个水平，就把被试分成几个实验小组。本实验的自变量如果确定为 4 遍、8 遍两个水平，就把学生分为甲、乙两个小组；如果自变量为 4 遍、8

① 徐建敏，管锡基. 教育科研有问必答. 北京：教育科学出版社，2005：78～81

遍、12遍这样三个水平，就需要把学生分为甲、乙、丙三个小组。各被试组的人数及基本情况应该相同或相似。

6. 分阶段实验并后测

自变量有几个水平，就要安排几个实验阶段。各个实验组在每一个实验阶段的实验项目（自变量水平）在轮换。本例因为自变量有两个水平，所以实验就分两个阶段进行。在第一阶段，甲组学生抄写生字4遍，乙组学生抄写生字8遍，两周后同时进行默写测验。在第二阶段，甲组学生抄写生字8遍，乙组学生抄写生字4遍，两周后同时进行默写测验。甲、乙两组学生两个阶段的两次默写测验的平均成绩如下表所示：

组　别	第一阶段	第二阶段
甲组（25）人	抄4遍：99.0分	抄8遍：97.0分
乙组（25）人	抄8遍：98.0分	抄4遍：96.5分

如果把上述实验的自变量水平扩展为三个，即抄写4遍、8遍、12遍，那就把被试分成三个均等的小组，安排三个实验阶段，分别完成三种不同的实验项目（三个自变量水平）。

在轮组实验时，如果自变量有两个水平（A：表示抄写4遍；B：表示抄写8遍），则轮换的方式如下表所示：

组　别	第一阶段	第二阶段
实验小组甲	自变量A	自变量B
实验小组乙	自变量B	自变量A

如果自变量有三个水平（A：表示抄写4遍；B：表示抄写8遍；C：表示抄写12遍），则轮换的方式如下表所示：

组　别	第一阶段	第二阶段	第三阶段
实验小组甲	自变量A	自变量B	自变量C
实验小组乙	自变量B	自变量C	自变量A
实验小组丙	自变量C	自变量A	自变量B

如果自变量有四个水平（A：表示抄写4遍；B：表示抄写8遍；C：表示抄写12遍；D：表示抄写16遍），则轮换的方式如下表所示：

组　别	第一阶段	第二阶段	第三阶段	第四阶段
实验小组甲	自变量 A	自变量 B	自变量 C	自变量 D
实验小组乙	自变量 B	自变量 C	自变量 D	自变量 A
实验小组丙	自变量 C	自变量 D	自变量 A	自变量 B
实验小组丁	自变量 D	自变量 A	自变量 B	自变量 C

轮换的规则是：乙组从甲组的第二个自变量水平 B 开始依次排列，丙组从乙组的第二个自变量水平 C 开始依次排列，丁组从丙组的第二个自变量水平 D 开始依次排列。更多的轮换方式可以依次类推。

实验过程中需要注意以下两个问题：

（1）每一实验项目（自变量水平）里实验材料的难度要接近。本例中，第一阶段要求抄写、默写的生字与第二阶段要求抄写、默写的生字的字数和难度要差不多。

（2）在各个实验阶段要有相同的时间间隔。如果在第一阶段的实验和后测以后，间隔一周再进行第二阶段的实验和后测，那么，要进行第三阶段的实验和后测，也要在第二阶段的实验和后测以后，间隔一周时间再进行。这样，能够消除疲劳等无关因素的干扰，减少实验误差，使实验结果更准确。

7. 求出各阶段后测的平均数和标准差

将各组中相同项目的实验数据合并，求出各项目的平均数和标准差。本例中合并两组抄写 4 遍和抄写 8 遍的平均成绩如下表所示：

组　别	抄写 4 遍	抄写 8 遍
甲组	99.0 分	97.0 分
乙组	96.5 分	98.0 分
平均分	97.8 分	97.4 分

知道了两组抄写 4 遍和抄写 8 遍的平均成绩，也就可以计算出它们各自的标准差了。

8. 做平均数差异的显著性检验

检验后得知，抄写 4 遍和抄写 8 遍的默写成绩无显著差异。通过检查作业，看到抄写 4 遍的字迹普遍比抄写 8 遍的字迹要端正。这说明，抄写生字的遍数并不是多多益善。只要指导得法，完全可以适量减少抄写遍数，以收到“减轻学生负担，提高教学质量”的效果。

资料来源：徐建敏，管锡基．教育科研有问必答．北京：教育科学出版社，2005：78～81

思考与练习

1. 设计一个问卷调查研究方案，并设计相应的调查问卷。

2. 设计一个定量观察的研究方案。

3. 设计一个实验研究方案。要明确：①研究中的自变量和因变量是什么。②要控制的无关变量及控制方法。③被试是如何选择和分配的。④你的实验设计模式是什么。

第五章　教育科研课题的申报、实施与完成

内容提要

本章主要阐述课题的设计、申报、实施以及结题等过程中的一般原则和具体工作，以帮助科研工作者全面了解我国教育科研管理的基本环节和要求，指导具体的教学科研课题工作，增强教育科研的实效。本章的主要内容包括：

1. 教育科研课题的类别、申报条件和程序
2. 教育科研课题设计的基本要求
3. 教育科研课题申报、实施、结题的基本规范

申报立项课题、设计研究方案并组织课题实施、进行课题结题构成了科研课题的完整过程，也是课题研究正确决策的几个关键环节。本章将介绍教育科研课题的申报、实施与完成环节的基本要求和一般原则，并提出每个环节应该注意的问题，避免可能的失误，强化课题研究的针对性、科学性、规范性，提高课题成果的影响力和效益。

第一节　教育科研课题的设计与申报

课题设计是教育科研的重要环节，它的主要任务是从整体上对研究问题、目标、依据、内容、方法、过程、成果、人员和费用等因素进行具体的论证、分析和预测，从而确定一个合理可行的研究方案。它是教育科研计划形式化、规范化的表现。课题申报主要是申请把研究项目纳入官方科研规划系列立项或获取某些民间研究基金资助，获得法律上、行政管理上以及经济上的保障，使课题研究合法化、制度化，也就是给课题申请一个“准生证”。它的主要任务是按照课题规划或管理部门（如全国、省、市、县的教育科学规划办公室、科研处等）或基金要求，对课题进行价值论证和可行性论证，并展示课题的研究方案，从而争取课题能通过立项审批。课题设计是申报工作的核心部分，课题设计往往也是在课题申报过程中完成的，从某种意义上说，二者是一个过程的两个方面，是合二为一的。为在教育科研中正确决策，我们必须了解选题的一般原则，了解课题的来源，按照方案设计的步骤和要求制订行动方案。

当然，如果只是根据个人兴趣研究问题而不希望因正式立了项或申请了基金

资助而受到压力，那就不存在课题申报环节。从科研管理角度讲，这样的课题是自选课题。自选课题有设计无申报。根据《宪法》、《教育法》、《教师法》等相关法规，国家在法律和政策上都明确鼓励教育科研活动，保护教师和科研人员以及公民的研究自由。不去申报的自选课题一样在受保护之列。

一、科研课题的类别、申报条件和程序

新中国成立以来，特别是改革开放以来，党和国家日益重视教育科研事业，在制度上鼓励和保障教育科研的开展，建设了教育科研管理机构，建立了教育科学规划体制，大力发展学科建设，促进学术研究，推动教育科学事业在改革中发展。目前，从国家到地方、从学会到学校，都在大力提倡开展教育科学研究，通过课题申报、评审、立项、支持、中期检查、验收、推广等形式，对教育科学研究进行引导、管理。对于中小学教育工作者来说，应该了解各级各类科研课题申报渠道、课题类别、申报条件和程序，有的放矢地主动申报各级各类科研课题立项，在政策或资金上获得更多的支持和帮助，有助于教育科研的顺利完成。

（一）科研课题的类别

根据科研课题申报渠道的管理级别，我国一般把科研课题分为国家级课题，省部级课题，市、厅级课题，专业学会课题，本单位科研课题，横向课题，自选课题等。课题类别一般分为重大课题、重点课题、一般课题和青年专项基金课题等。不同申报渠道的课题类别会有差异。

1. 国家级课题

这是国内级别最高的科研课题，由国家相关管理部门组织申报和管理。与教育领域有关的国家级课题申报渠道主要包括：

（1）国家自然科学基金。1986 年建立，由国务院直属事业单位自然科学基金委员会管理。它主要有重大课题、重点课题、一般课题和青年基金课题、国家杰出人才科学基金、地区科学基金项目、重大研究计划项目、国家杰出青年科学基金、海外青年学者合作研究基金、香港澳门青年学者合作研究基金、联合资助基金或项目、科学仪器基础研究专款等类别。重大研究计划项目如国家级理工科项目“863”计划（新“863”）、国家科技攻关计划、“973”基础研究计划等。

（2）国家哲学社会科学基金。1991 年建立，由国家设立的全国哲学社会科学规划领导小组领导，下设全国哲学社会科学规划办公室具体管理。全国哲学社会科学规划办公室委托教育部社政司、中国社会科学院科研局、中央党校科研部分别管理在京高等院校、中国社会科学院和中央国家机关的课题申报、项目和经费管理以及成果鉴定工作。教育学、艺术学、军事学三个学科的规划、申报、评审、管理、鉴定结项等工作，分别由全国教育规划办公室（设在教育部教育科学研究所）、全国艺术规划办公室（设在文化部教育科技司）、全军哲学社会科学规划办公室（设在中国人民解放军军事科学院）办理。教育学、艺术学、军事

学三个学科的经费由国家社会科学基金单独切块下达。

国家哲学社会科学规划的课题类别分国家重点课题、国家一般课题、国家青年基金课题，在全国哲学社会科学规划领导小组（下称全国社科规划领导小组）的领导下，国家社科基金项目实行三级管理体制。全国哲学社会科学规划办公室（下称全国社科规划办）全面负责国家社科基金项目的管理；各省（自治区、直辖市）社会科学规划办公室（下称省社科规划办）和在京委托管理机构，受全国社科规划办的委托，管理本地区和本系统的国家社科基金项目；项目负责人所在单位在上级管理机构的指导下，具体负责管理本单位的国家社科基金项目。另外，国家社科基金设立自筹经费项目，其选题、申报和评审办法与资助项目的要求相同，立项数量视当年申报的实际情况确定。

（3）全国教育科学规划课题项目。全国教育科学规划办公室受全国哲学社会科学规划办公室委托，委托教育部单独管理教育专项哲学社会科学规划课题项目。资金来源仍属国家哲学社会科学基金。在教育领域，教育科学规划课题是最重要的教育科学研究的专门渠道。教育科学规划课题分全国教育科学规划课题和省教育科学规划课题及市州级教育科学规划课题。全国教育科学规划课题设立国家重点课题、一般课题、国家青年基金课题（以上为在国家哲学社会科学规划中立项的课题）、教育部重点课题、教育青年专项课题、其他部委重点课题和解放军系统课题、教育部规划课题，以及国家教育行政部门急需研究的少数重要委托课题和教育部特级教师专设课题等，同时设立同类别自筹经费课题，其选题、申报和评审，与资助课题的要求相同，但特别委托课题和国家重点课题不设自筹经费课题。目前，全国和省教育科学规划课题按 14 个学科分类组织评审，这 14 个学科是教育基本理论与教育史、教育发展战略、教育经济与管理、基础教育、高等教育、职业技术教育、成人教育、体育卫生美育、民族教育、国防军事教育等。

（4）部级管理国家课题。它是由国家部委办代表国家直接组织和管理的课题项目。如教育部人文社科系列项目、科学技术部软科学计划项目、司法部法治建设与法学理论研究系列科研项目、国家民族委员会社会科学研究项目、教育部高校优秀青年教师奖、博士点基金项目、霍英东教育基金项目等。

2. 省部级课题

这是由省级人民政府或国家各部委办自行组织管理的课题项目。其主要包括：

（1）各部委专项基金。如教育部回国人员启动基金、司法部法治建设与法学理论研究部级科研项目等。

（2）省自然科学基金、社会发展基金、优秀青年基金、重点科研基金等。一般由省科技厅负责组织与管理。

（3）省社会科学规划课题。1991 年 6 月以后，各省（自治区、直辖市）相继成立社会科学规划领导小组和社会科学规划办公室，受全国哲学社会科学规划办公室委托管理各省（自治区、直辖市）的全国社会科学规划课题，并组织和管理本省（自治区、直辖市）的社会科学规划课题。一般分为省重点资助课题、一般资助课题、自筹经费课题以及专项委托课题等。

（4）省教育科学规划课题。按照国家哲学社会科学规划工作的运作模式，大部分的省（自治区、直辖市）哲学社会科学基金项目的教育学、心理学被设为单列学科，其评审、立项和管理工作由省教育科学规划办公室（大多数挂靠在地方教育科研院所，上海、广东、四川挂靠在教育厅，但海南、西藏、贵州还没有独立设置教育科学规划机构）负责。从资助力度上分为省重点资助课题、一般资助课题、自筹经费课题及由省教育厅急需研究的重要委托课题等类别；而从学科分类上又分为重点研究课题、学科研究课题和分类研究课题三大类别；另外有高校“马列主义两课”立项课题。

3. 市、厅级课题

这是由所在城市或省市的教育厅（局）、科技厅（局）、环保局、法制局等相关主管部门组织、管理的课题。如广东省教育厅“广东省中小学教学研究“十一五”规划课题”、“广州市哲学社会科学“十一五”规划课题”、广州市教育局科技（社科）项目等。根据广东省教育科研管理办法，各地级市应设立教育科学规划领导小组，下设办公室具体负责本地教育科学规划的实施和管理工作。有条件的县（市、区）可建立教育科研机构，也可在教研室的基础上扩大职能，或采取其他方式统筹组织开展教育教学科研工作。

4. 专业学会课题

如全国教育学会、广东省教育学会、广东省教育学会教育管理分会、广州市教育学会、广州市中学语文教研会等专业学会的课题。根据学会的等级分为国家级学会、省级学会、市级学会等。学会为专业自主团体，视为民间组织，但大多获得各级政府经费的支持。各级各类研究会、协会的研究课题原则上不纳入政府教育科研管理的范围。

5. 本单位科研课题

各单位为了鼓励科研活动的开展，都会设立科研基金支持本单位教职员工，甚至学生开展科研课题工作。按照广东省教育科研管理办法，明确要求各级各类学校要落实教育科研的领导责任，由领导分管。国家级和省级重点中等职业学校、省重点中学、省一级学校要建立教育教学研究室或专兼职相结合的科研室，组织和管理本单位的科研课题。随着校本研究的发展，各中小学校的校本课题管理日益完善。

以上课题一般统称为纵向课题，即其课题经费均由国家或省市教育、科技主管部门拨款的课题。

6. 横向课题

横向课题就是受企事业等具体机构委托，主要用于解决实际问题的课题。横向课题与纵向课题的主要区别是经费的来源，一个是具体企事业单位，一个是国家各级财政。

7. 自选课题

由研究者自行选择的课题，不需要经过上述课题申报来获取研究经费，研究方向和内容也无须经过外人评审，完全依据研究者的个人兴趣选择，研究经费也要研究者自行解决。

（二）科研课题的申报条件和程序

各级科研课题管理机构会制定规划、指南和管理办法，明确课题的申报条件和申报程序，方便申请人根据自己的实际情况分类申报，也便于评审专家统一评审标准。全国社科基金是每年制定一次指南，而规划课题一般以五年为时限进行，如全国教育科学规划和课题指南每五年发布一次，通常在每个五年计划实施的第一年第一季度向全国公布；规划执行期间，每1～2年组织进行一次申报和评审。每次组织申报前还会发布当次课题指南或申报条件、程序的说明。其他各级各类课题也基本参照这个模式进行，大多1～2年进行一次申报和评审，每次申报前一般都会发布课题指南和申报要求。

1. 各级课题的申报条件

各级各类课题均有申报条件的要求，一般在课题管理办法或申报说明中会有专门的申报条件条款，对申请人的基本情况（如国籍、年龄等）、学术背景（如职称、过往承担课题情况等）、研究工作时间和能力等提出基本条件。

2. 各级课题申报和评审的程序

各级课题的申报和评审都有严格的程序。一般包括以下几个步骤：

（1）主管机构编制和下发课题申报通知与指南；

（2）各学校等基层组织申报；

（3）受理申报材料，并进行资格审查；

（4）学科专家组采取会议或通信评审的方式进行评审，确定初评和复评入围课题；

（5）评审委员会审议后报相关领导小组审批；

（6）下达课题。

下面介绍的申请全国教育科学规划课题的申报条件和程序就是一个很好的例子。

【案例5－1】

全国教育科学规划课题管理办法中对课题申报条件及程序的说明

第四章　申　报

第十三条　申请全国教育科学规划课题的负责人应符合以下条件：

1. 享有中华人民共和国公民权，遵守中华人民共和国宪法，拥护社会主义制度和中国共产党的领导。

2. 具有副高级以上专业技术职称。不具备副高级以上专业技术职称的，须有两名正高级专业技术职称的同行专家书面推荐。

3. 必须真正承担和负责组织、指导课题的实施。不能从事实质性研究工作的，不得申请。

4. 申请人只能同时申报一个课题。以往承担的全国教育科学规划课题必须已按规定结题，未结题者不能申报。

5. 国家重点课题的申请人必须承担并完成过部、省级以上研究课题。

6. 青年课题的申请人和课题组成员年龄均不得超过40周岁（以申报截止日期为准）。

第十四条　每次自申报公告发布之日起开始受理课题申报，期限一般为两个月。

申请人可向规划办公室索购“全国教育科学规划课题申请书”（以下简称“申请书”）及有关材料（或从相关网站下载）。

第十五条　申请人应根据课题指南和申请书的要求，认真如实填写申请书，并送所在单位审核。

申请人所在单位按本办法第十三条的规定进行审查，签署意见，并承诺提供研究条件和承担课题管理职能及信誉保证。在规定日期内，教育部各司局、部直属单位、部属高校将本单位审查合格的申请书集中报送全国教育科学规划办公室。其他单位的申请书送交各省、自治区、直辖市教育科学规划办公室或相应主管机构，由其签署意见后集中报送全国教育科学规划办公室。

全国教育科学规划办公室不受理个人和除教育部司局、直属单位、直属高校外其他单位直接报送的申请书。

第十六条　申请资助课题或自筹经费课题，申报时应予明确，申报自筹经费课题须出具能够充分证明课题所需经费有保障的材料。

第十七条　全国教育科学规划办公室在受理申报的同时，收取课题评审补偿费。

资料来源：全国教育科学规划办公室网站 http：//onsgep. moe. edu. cn/manage. htm

二、科研课题的设计

课题研究方案的设计，主要包括课题范畴和名称的确定、课题的研究目的和价值、课题研究的指导思想和原则、课题研究的范围、课题研究的实施、研究成果及其表现形式、课题研究的组织与管理等几个方面。而各级各类课题申报渠道都会制定自己的课题申报、评审书，列明课题研究方案设计的内容和框架。关于如何进行课题设计，在此分如何确定课题和如何填写课题申报、评审书两个部分加以论述。

（一）了解各类课题的指南和自己的研究条件，确定课题

各申报渠道在接受课题申报之前都会根据形势和需要发布课题申报指南，明确当前需要研究的基础理论问题和现实中的重要问题，特别是国家或地方急需研究的问题。在评审过程中会优先支持符合课题指南要求的项目，以引导课题研究的方向，实现各课题主管机构对教育科学研究的宏观指导功能。申报者在申报课题之前，必须事先了解各申报渠道发布的课题指南，再根据自己的研究兴趣和研究条件确定自己的研究课题和申报渠道。在确定申报课题时，必须考虑以下因素。

1. 申报的课题要尽量符合“课题指南”的要求

这不是指申报的课题必须用“课题指南”作为课题，而是指申报的课题要符合“课题指南”的方向和范围，围绕指南导向来选题。各级各类课题申报渠道的课题指南都会有所差异，所以必须了解各申报渠道的课题指南，从中选择符合条件且自己感兴趣的渠道和课题。一般来讲，课题指南多由主办单位事先组织教育研究和实践的专家讨论确定，基本涵盖了教育改革与发展中出现的热点和难点问题，往往代表教育理论研究的方向和潮流，也符合各级教育行政部门宏观指导的要求。围绕课题指南要求选题，更有针对性和目标性，更易于获得立项和支持。

2. 申报的课题要有前期成果

研究者确定申报课题时，要选择自己感兴趣并已经有相关研究经验和成果的课题。评委在课题评审时一般会先看申报者是否有前期成果，以及研究者对国内外在这个领域的研究情况的分析。所以，研究者必须在自己感兴趣的研究范围中，提前认真学习和掌握已有同类课题的研究成果、研究方法、存在问题和发展方向，并积极参与相关范畴的研究和实践工作，一则可以避免没有价值的重复劳动，二则可以积累相关的经验，三则可以显示自己前期研究的基础和能力。

3. 申报的课题要有特点和独创性

科研的竞争愈演愈烈，争夺优先权达到了白热化的地步；科研成果只承认第一，不承认第二，第二就是重复，失去创新意义；科研的本质和灵魂是创新，因此要有强烈的创新意识、前沿意识和超前意识。当然，创新是有层次的，有大的

创新，也有小的创新；有整体性的创新，也有局部性的创新；有突破性的创新，也有渐进性的创新；有理论性的创新，有技术性的创新，也有方法上的创新。只要定位正确，不懈追求，总是可以选择适合于我们自己的具有一定创新意义的科研课题。只有充分显示课题的创新或特色，做到“人无我有，人有我新，人新我优”，才更有机会获得关注和支持。除了有创见性的理论研究外，对大多数教育一线工作者来说，有地域性特点或研究领域特点的实证研究受到重视，这种课题针对性强、实用性大，自己开展研究也具有得天独厚的优势。研究者对教育教学实践中的典型经验进行升华，其申报的课题以实地调查的资料为依据，突出所申报课题的特点，解决有代表性的、实际的教育问题，这样的课题不易与他人雷同，容易脱颖而出，也容易在评审过程中打动评委。

4. 申报的课题要明确研究的中心问题

不少教育一线工作者在申报课题时，提出的研究问题往往过大，如有些中小学教师提出“对素质教育的研究”、“农村教育的发展与改革研究”，其实只是他们的研究属于素质教育或农村教育改革的范围。这是因为他们以为课题越大会显得越有分量，或因为不善于区分研究范围和研究内容，抓不住中心问题。其实，好的课题多是以小见大、以实见深的[①]。课题名称必须高度概括，用最简洁的语言表述所要研究的中心问题，恰当地揭示出课题名称与课题中心论点的关系，表述用语准确、具体、规范。如“视觉空间认知技能与小学生算术问题解决及其障碍的实证研究”、“‘班级为本学校辅导模式’的综合研究”、“智能技术在中学生学科知识学习中的应用研究”等课题名称都明确了研究的中心问题。

（二）把握课题设计与申报书的基本结构，做好课题设计方案

课题设计主要体现在课题申请、评审书的填写上。课题申请、评审书是课题设计的总蓝图，是课题立项评审的主要依据，集中反映了课题主持人的研究水平和能力，是课题批准立项后开展研究的重要基础，必须认真做好课题的设计论证与可行性分析，才能有机会获得课题立项，也才能有目的、按计划地开展课题研究工作。

设计一个课题研究方案，一般要回答教育科研的几个基本问题：第一，解决什么问题；第二，这项研究有何价值；第三，有没有能力解决问题；第四，得到哪些成果；第五，如何解决问题。构成这些问题的基本要素决定了课题设计的基本结构，也是课题申报、评审书的基本内容。做好课题设计，必须做好以下几项具体的课题设计工作。

1. 课题名称的界定

清楚、准确地界定研究课题名称，明确研究对象的内涵和外延，是一个好课题设计的基本要求，也是课题申报成功的基本前提。一般课题名称包括三个部

① 冉乃彦. 中小学教师如何做研究. 北京：人民教育出版社，2006：51～55

分：研究对象、研究中心内容和研究方法。如教育科学“十五”规划2005年度国家重点课题中，陈中永的“边境农牧区民族基础教育现状调查与对策研究”、杨晓宏的“西部地区农村中小学现代远程教育可持续发展中的成本效益问题研究”、裴娣娜的“主体教育视野下课堂教学改革的深化研究”的题目界定都较好地体现了课题界定的基本规范。

但有些课题却没能很好地体现上述要素。例如，有一个“关于中学生学习能力研究”的课题，从题目看，要研究的问题是中学生的学习能力。其中，学习能力和中学生是两个核心概念，学习能力是要研究的具体事物，而中学生是研究的具体人群。仔细分析一下可以发现，这个课题有些不明确的因素。一是中学生的具体外延尚不清楚：是指当前的中学生，还是某个年代的中学生？是初中学生，还是高中学生或是包含二者？是指全世界各国的中学生，还是中国的中学生，或者是某个地方、某所学校的中学生？在课题名称界定中，应该把中学生人群的外延确定下来，即在地域与时间两个维度上明确研究范围。二是究竟研究学习能力的什么方面不够明确：是研究学习能力的发展水平，还是研究学习能力的发展机制？是研究学习能力的构成，还是学习能力的培养？在课题名称中，应把具体研究的领域、内涵规定清楚，这样课题才有操作性。另外，研究方法包括理论研究和实证研究，而实证研究分为调查研究、实验研究和行动研究等具体方法。本课题到底用什么研究方法没有明确。

另外，课题研究按性质还可分为理论研究、战略研究和应用研究，已有成果的课题还可以进行深化研究，最好也能在题目界定时予以明确。

2. 研究背景和价值论证

研究背景主要是分析问题的来源和演化进程，即根据什么、受什么启发而选择该项课题；了解相关的理论认识和实践探索，把准问题研究的前沿和方向，即在充分查阅与本课题相关的国内外文献资料和了解其他同类课题的研究成果过程中，发现以往研究有何不足，或从中受到什么启发而提出新的问题或运用新的研究方法，甚或运用其研究成果进行应用研究。然后分析本课题研究解决什么问题，在学术创新和推进实践、在历史和现实等方面有何意义。每个课题研究者都会说自己的课题是有价值的，但是，怎样让别人也相信这个课题是有价值的呢？这是课题申报中要解决的一个关键问题。在课题申报书中就要科学、合理、合情地去论证一个课题的价值，从而说服别人来支持这个课题立项。论证课题的价值，一般包括以下两个方面：

（1）课题研究的文献综述。

认真做好课题研究背景的分析，详尽全面地把握好国内国外有关本课题研究的现状，阐述课题研究的意义和课题选题的价值，课题提出的理论根据。简言之，就是要把握这个领域的研究前沿在哪里，别人做了哪些工作，还有哪些问题没有解决好并需要进一步研究。一个有价值的课题，必定是一个具有学术前沿性的课题。通过文献综述，别人可以判断你是否了解学术前沿，你的选题是否有前沿性。因此，在文献综述上，关键是要正确判断选题的方向性，确定能够把握前沿的问题，这是一个课题有无价值的关键之处。所以，在选题之时要正确把握科学研究的综合性、交叉性、渗透性、融合性、竞争性、创新性、协作性，突出你的选题与众不同的价值。

做好文献综述，要尽量做到：①做好有关资料的检索。②充分挖掘课题选题的意义，使专家了解课题选题重要还是不重要，有没有新意，有没有价值。③看前人是否研究过，或者研究了，但还有哪些需要进一步研究。④提出课题选题的理论根据。一般的理论根据有教育学、心理学、经济学、系统学和社会学；还有马克思主义认识论、现代哲学理论、教育人本理论、教育公平理论、终身教育理论、可持续发展理论、建构主义理论、人力资本理论和多元智力理论等。要注意的是一些政策文件是不能做理论根据的。

（2）课题研究的价值。

课题研究既有理论价值，也有实践价值。

科学研究可以帮助人们认识世界，更好地把握事物的内在联系，这是科学研究的认识价值。中小学教育科研也有认识价值，即它有助于深化人们对教育活动、教育要素的具体认识。比如，重新认识学生的学习潜力、重新认识师生之间的交往方式、重新认识评价的效能，或者树立新的教育理念，形成新的教育思想等。课题研究的认识价值，是通过对事物本质与规律探究的深化来获得的。因此，论证课题的理论价值，关键是要说明课题研究在对事物本质与规律的把握上能够获得新进展。

通过科学研究，可以找到解决问题的新思路、新方法、新技术和新模式，从而促进问题解决，这是科学研究的实践价值所在。中小学教育科研的主要价值应该说就在于改进教育实践。中小学教育科研和中小学教育实践常常是合二为一的，即课题研究是在教育实践探索中进行的，教育过程就是实验过程，这是中小学教育科研的突出特点。这一特点决定了中小学教育科研内在的实践价值。当然，一个课题，终究只是研究教育实践的一个局部、一个方面，选题方向不同，它具有的实践价值也是有区别的。那些具有全局性、基础性、时代性和紧迫性的大问题，无疑更有教育实践价值。

在文献分析和价值论证这个环节，要注意：①主要解决什么问题，提出一个什么样的重要学术观点。②准确界定研究目标和内容的外延与内涵。选题不宜太大，提倡“小题大做”，注重教学改革发展中实际问题的研究；在明确总的研究目标和内容的前提下，将研究目标的内容做适当的分解和细化，使之更加具体明了。③要充分挖掘和提出本课题拟解决的关键问题或本课题的创新与特色之处。

3. 课题立论的依据

课题立论的依据主要是阐明本课题要解决问题的理论和实践基础，即支撑本项研究的一般方法论、具体学术领域及其学术成果。在陈述课题方案的理论依据时，不能简单罗列一些理论，而应结合课题的研究方向，从理论上论述课题立论研究的重要性、必要性、有效性。陈述实践依据时，要充分分析课题是否真实体现了本地区教育教学实践和教育改革中迫切需要解决的问题和现象，是否对本地区教育教学发展具有现实而长远的指导意义。

4. 课题研究的目的

课题研究的目的主要是确定解决问题的程度、可能产生的效益，将有代表性的成果提交科研管理部门。教育科研的总体目的是为了探索未知的教育规律，在获得了对教育规律的正确认识以后，通过指导日常的教育教学工作，间接地为提高教育质量服务。课题研究成功的标志是达到了预定的具体研究目标，获得了对某些特定教育现象的规律性认识。因此，要明确研究的具体目标，把本课题研究要解决的问题经过分析归纳，形成系统的、具体的研究目标和预期的成果。

5. 课题研究的内容

课题研究的内容主要是指对问题进行具体分解，形成各种子课题。其包括从静态或动态的角度研究人、事、物及其相关关系，根据课题依据所收集到的资料和事实与自己的经验和知识，对要研究、探索和需要解决的具体问题进行综合性思考，说明研究对象的选取和研究工作的具体开展范围，形成研究内容的体系结构，同时明确每个具体研究问题期望达到的结果。研究内容的多少与课题的大小直接相关。研究内容陈述要简明扼要，观点要明确，表述时力争有一个表现自己课题特色的理论框架，并努力设计出与理论框架相匹配的相应措施。

6. 课题研究的思路和方法

研究思路和方法是完成研究任务达到研究目的的程序、途径、技术、手段或操作规则。一般研究思路是：文献调研→阶段分析→（实证研究）→结论与政策建议。研究方法即解决问题拟采用的方法，常常是多种方法的组合。确定研究方法时需要考虑：本课题采用哪些研究方法；用什么方法和技术手段收集研究材料，整理和分析材料；如何安排具体的研究程序。研究方法的选择要科学恰当。研究方法分理论研究方法和应用研究方法、实证分析方法与规范分析方法、定性研究方法和定量研究方法等。常用的方法有文献法与历史研究法、观察法与调查法、实验法、比较法、个案分析法、行动研究法、测量与统计法、抽样调查法等。思路要清晰，有所为有所不为，有所先为有所后为，有所急为有所缓为。措施要具体，要有计划有步骤地开展研究和推进研究。

7. 课题研究的实施过程

这是在时间维度上确定研究周期，划分研究阶段，明确不同阶段的研究重点。研究者必须对研究的时间及各研究阶段的时间分配有充分的估计，确定实施步骤，明确每一个步骤、每一个研究阶段的研究任务、具体要求、所需时间，保证工作按时保质完成。课题研究的实施过程的设计既保证每个研究参与人员对研究工作、任务和时间心中有数，也促使各研究者严格按照方案设计的步骤和时间开展具体工作，成为自我督促、自我检查和自我管理的依据，也是课题管理者对课题研究过程进行指导、检查、督促和管理的依据。一般把课题研究的实施过程分为准备、实施和结题三个阶段。准备阶段的主要内容是：选择和陈述假设，设计研究方案，收集有关研究资料。实施阶段的主要内容有：对课题的目标和内容进行分解，由近及远、由浅入深地实施研究的具体步骤，每一步骤都要有研究的内容，要达到目标和研究的方式方法的具体化，具有可操作性。结题阶段的主要内容有整理和分析研究资料、撰写结题报告、申请结题①。

8. 课题研究的条件

课题研究的条件包括物质条件、人力资源和前期成果等，涉及图书资料、研究设备、主持人的研究经历和学术成果、课题组人员的组成、学术优势和内部分工以及所在单位的支持等多项主客观条件，这是课题立项的重要依据。

9. 课题研究的经费预算

课题研究的经费预算是指计划申请或自筹经费的数额以及经费支出的具体科目预算和年度预算。经费开支项目一般包括购买资料、订阅报刊、邮寄论文稿件、购买打印纸、墨盒等。一个好的课题设计，应该对上述各方面都有充分、合理和明确的论证或设想。

10. 课题研究的成果形式

课题在完成预定的研究任务后，必然会有最后的研究结论和研究成果，这些研究结论和成果用什么形式表现出来，需要在研究方案中进行设计。研究成果的形式包括研究报告（调查报告、实验报告）、科研论文、专著、教材、手册和音像资料等。确定研究成果形式时还要明确参与者的责任和分工。研究者在设计研究成果形式时，应该实事求是，不要贪大；不要不切实际地、盲目地去刻意追求“大而全”、“高精尖”的成果。自身条件达不到或很难达到的成果不要去盲目追求，以免课题难以完成；而且预期研究成果形式也是结题评审时的验收指标，达不到就不能通过验收，影响今后的课题申报。

11. 课题研究的组织与管理

课题研究的组织与管理是课题顺利完成的人员和组织保障。它包括合理地组建和管理课题研究队伍。教育科学研究的协作性日益要求研究人员的合作，跨年龄、跨领域、跨地区、跨学科的研究可以整合更多研究资源，进行更广泛、更深入、更有适用性的研究，这种团体研究也越来越受到重视与支持。所以，课题组人员的结构要根据课题研究需要，尽可能考虑研究专长、领导或学术权威与第一线教师和科研人员、年长者与中青年相互搭配，形成梯队。在申报课题时，要充分说明已有研究的基础和技术条件，突出研究小组的优势和实力以及研究小组人

---

① 徐建敏，管锡基．教师科研有问必答．北京：教育科学出版社，2005：37～38

员在结构上合理、在时间上保证、符合规定等要求，明确人员分工和责任。综合性强、涉及面广的课题还可建立课题领导小组，下设子课题研究小组并明确子课题负责人，必要时聘请课题研究顾问，以加强对课题的协调和指导。

（三）填写课题申报书

不同申报渠道、不同类别的课题申请，评审书是有差别的。在填写时要注意以下两点。

1. 按照申报表格格式规范填写

研究者必须严格按照不同申报渠道规定的格式认真填写好课题申请评审书。以全国教育科学规划课题为例，课题申请和评审书的基本格式如下，其他渠道的课题申报表基本包含这些要素：

（1）数据表；

（2）负责人和课题组成员近三年来取得的与本课题有关的研究成果；

（3）负责人和课题组成员近期已完成或待完成的课题情况；

（4）课题设计论证；

（5）完成课题的可行性分析；

（6）预期研究成果；

（7）经费；

（8）推荐人意见；

（9）课题负责人所在单位意见；

（10）省教育科学规划办意见；

（11）学科评审组意见；

（12）全国或省教育科学规划领导小组审批意见；

（13）全国或省教育科学规划办批准经费意见。

2. 填写课题申报表格要点

（1）要弄清课题来源和类别；

（2）要正确把握学科分类；

（3）课题名称表述要准确、简单明了，标题不宜过长，字数不宜过多，一般不用副标题；

（4）数据要真实准确，内容要清晰，填写要规范；

（5）课题设计论证要充分、科学；重点和拟解决的关键性问题要突出；

（6）研究的具体方案要详尽；

（7）参考文献引证要规范；

（8）申报审批程序要到位。

第二节　教育科研课题的实施
——开题论证、课题实施与中期检查

课题获得立项后，就要进行课题实施，这是教育科研的主体部分，是落实教育科研计划的中心环节。教育科研课题的实施就是在教育科研课题确立的基础上，有组织、有计划、有步骤地按照课题实施设计方案开展研究工作，进行研究实验，搜集、分析研究资料，概括研究成果。在教育科研课题的实施阶段，在课题管理上需要进行开题论证与中期检查。

一、开题论证

课题的开题和中期检查是从课题管理的角度由课题管理机构对课题实施进行的检查评估的环节。开题可在立项前，也可在立项后。现在开题多在立项后进行。中期检查顾名思义，是指在课题实施中间对课题实施情况的检查。

课题被批准之后，不能立即投入具体研究工作，而要在开始实际研究工作之前进行一个重要步骤——开题论证。开题论证的方式一般是先由课题组写出反映课题研究的全面设计和构思的开题论证报告，召开课题组成员会议，由课题负责人报告课题研究方案，课题组成员进行讨论，统一认识，确定任务，明确分工。同时，可请专家评审组来进行评审、指导、提出意见。专家评审组通过之后，课题组根据专家评审组的意见，将开题论证报告各项内容进一步完善，然后才能正式开始课题的实际研究。开题报告有时也会邀请专家作相关内容的学术报告。

（一）开题论证的意义

开题论证是课题研究中的一个重要环节，能否在开题论证中制订切实可行的研究计划，决定着能否顺利进行和完成课题研究工作。其意义为：

（1）有利于研究者进一步明确课题方向、完善课题计划。

（2）有利于课题组有目的、有步骤地安排和开展研究。

（3）有助于研究者按期获得阶段性成果和按时完成科研任务。

（4）有利于科研部门对课题进行管理和评价。

（二）开题论证与立项论证的区别

1. 目的不同

立项论证的重点是研究的意义、价值，目的在于立项。

开题论证的重点是如何完成此项研究，目的在于怎样完成。

2. 内容不同

开题论证与立项论证的区别

内　容	开题论证	立项论证
文献研究	在对以往研究进行分析时，特别要说明本课题组已有研究基础和突破口	研究背景、研究角度、突破口
研究内容	具体说明研究问题	概述准备研究的问题
研究假设	具体假设、预期结论	基本的设想
研究方法	说明具体方法和如何采取这些方法	大致采取什么方法
研究队伍	人员的具体分工及建立子课题组	确定课题组成员
研究成果	具体的成果形式	成果形式
研究时间	研究日程安排	研究各阶段的大致安排
研究经费	每年度各项支出情况及自筹经费情况	投入经费总额及大致支出项目

资料来源：http：//pgjw. bjedu. gov. cn/jiaokeyan/pgjky/ketiguanli－kaitifudao. htm

（三）开题论证报告的撰写

1. 开题论证的一般要求

（1）明确表述课题名称。

在课题名称上要把研究什么问题说清楚，既明确、具体，又能准确地反映出研究的内容，涉及的变量、研究范围与准备完成的内容相一致。开题论证时如发现立项论证的课题名称有欠准确的地方，可以修改，但要在开题论证中加以说明。如果研究的课题名称与内容有较大的改动，一般应该写出申请报告，提交给本课题管理的上级部门，等待审批。

（2）课题研究的目的和意义。

课题研究的目的和意义即解决什么问题，以及在理论或实践上有何价值。论述时不能太虚，必须就课题本身来谈。可先从现实需要方面去论述，指出现实当中存在这个问题，需要去研究、去解决，本课题的研究有什么实际作用，然后，再写课题的理论和学术价值。这些都要写得具体、有针对性，不能泛泛而谈、空喊口号。

（3）课题研究的范围及内容。

它主要阐明课题研究的基本内容、重点和难点。研究内容的多少与课题范围的大小有直接关系。不少研究范围比较大的综合性研究课题往往还包括一些子课题，这就需要在阐明课题的具体内容之外，还应列出各子课题的研究内容。研究内容的陈述要简明扼要，同时要对研究内容所涉及的一些核心概念加以界定，以防止概念的混淆或研究范围的扩大或缩小。如有一个课题“班集体心理相容的研究”①，确定的研究内容是探索心理相容对班集体形成的影响，并探讨班集体心理相容的途径、方法和步骤。在这里，“心理相容”和“班集体”便构成这个课题的核心概念，必须加以界定。“心理相容”是指群体成员在心理上产生共鸣，产生一定的情感和相当的依赖关系，建立共同的心理意识。“班集体”这个群体包括教师—学生、学生—学生、教师—教师之间的关系。如果研究者研究的内容仅仅是教师和学生之间的信任感培养及其对班集体形成的影响，对照所界定的概念，就很容易发现研究者将研究范围缩小了，因为教师—学生仅是班集体人员系统中的一个子系统，师生之间的信任问题只是心理相容概念的一部分。

（4）课题的研究方法。

明确解决问题的主要方式和途径。教育研究的方法很多，包括历史研究法、调查研究法、实验研究法、比较研究法、理论研究法等。一个大的课题往往需要多种方法，小的课题可能主要是一种方法，但也要利用其他方法。如果是实验研究法，应写明实验的样本情况，实验的自变量、因变量以及实验过程中还会采取的其他方法。如果是调查研究法，应说明调查的对象、样本的选择、调查的具体方式（问卷、访谈、观察等）、调查设计的要素、调查实施的条件以及数据的收集、统计、处理的具体方法等。

（5）课题研究成果的形式。

明确表述课题将有哪些研究成果，成果形式、成果名称各是什么？由谁负责？课题研究的成果形式包括报告（调查报告、研究报告）、论文、专著、软件、课件等多种形式。课题不同，研究成果的内容、形式也不一样，但不管形式是什么，课题研究必须有成果；否则，就是这个课题没有完成。

（6）课题组成员及分工。

把每阶段、每项工作都具体落实到每一个人身上。在方案中，要写出课题组组长、副组长、课题组成员以及分工。课题组组长就是本课题的负责人。课题组的分工必须明确合理，让每个人了解自己的具体工作和责任、时限，不能吃大锅饭。在分工的基础上，也要注意全体人员的合作，大家共同研究、共同商讨，克服研究过程中的各种困难和问题。

（7）经费预算。

经费预算是指在获得经费支持的前提下，要估算出课题研究每年在哪些具体项目方面需要花多少钱、怎么管理等，为的是让上级领导心里有数，以按时按需给予你经费上的支持。

2. 不同类型课题开题论证（方案设计）应注意的问题

针对中小学课题研究的特点，主要讨论撰写调查类和实验类课题的开题报告时需注意的问题。

---

① 参见张民生，金宝成．现代教师：走进教育科研．北京：教育科学出版社，2005：46

（1）调查类课题的开题论证中的课题设计要注意：调查的对象与样本的选择、调查实施的条件、调查过程的组织、调查的具体内容、调查结果的假设、调查的方法与工具、课题组人员的组织与分工、调查过程的时间安排、对调查结果的统计及分析、写出调查报告（总报告、分报告）。

（2）实验类课题的开题论证中的课题设计要注意：实验研究的目的、实验研究的具体内容、实验对象（样本）的选择、实验研究假设、实验内容与变量、实验的前测与后测、资料的收集、实验的实施、对实验结果的分析与研讨、写出实验研究报告（或其他研究成果）。

3. 开题论证报告要注意的问题

开题论证是在课题申报的基础上进行的。因此，表面上看起来与申报时的内容差不多，但是它实际上需要在深化、清晰化、具体化方面作艰苦的准备。一般来说，申报的时候，着重在该课题的重要意义、价值和自己能够完成的条件上进行论述；而开题论证时，则着重在如何扎扎实实完成课题的基础上进行构思和设计。

（1）在课题申报的基础上，进一步明确自己要研究的对象、范围等内容，把研究任务定得更加具体、准确，有时课题名称也可能要修改。例如，申报时课题笼统定为“学生学习策略的研究”，开题时确定只在小学高年级进行研究，而且着重研究学习策略中的认知策略，就可以把课题修改为“小学高年级学生认知策略的研究”。

（2）继续搜集最新资料，进一步提高对课题研究目的和意义的认识，力争该课题能站在研究的最前沿，根据原有的理论进一步提出理论创见，作为自己的理论假设。一个课题的理论假设的深度关系到课题成果达到的层次，在准备开题论证时应该特别重视。

（3）确定具体的课题研究方法。例如，开题论证时就不应该再笼统地说采取实验法，而是要说清楚在哪些教学班采取什么实验措施。

（4）规划出课题的研究程序。开题论证时应该根据学校的整体计划和课题进展需要，将两者结合起来规划出在本学校可行的研究程序。

（5）提出更加具体的课题成果设计。

4. 课题的修改

课题一经立项后，原则上不得更换项目名称、项目承担单位和主持人。凡有下列情形之一者，应当报课题上级主管部门审批：

（1）因不可抗力变更项目主持人；

（2）研究内容有重大调整；

（3）改变成果形式；

（4）推迟完成时间；

（5）其他重要事项的变更。

(四) 召开开题论证会

开题论证会的主持人及出席人员由本单位负责人或上级教科研部门负责人担任。如中小学课题可请市、区的教科研部门领导主持，也可由本单位领导主持。

1. 开题论证会的参加人员和议程

(1) 参加人员。

一般有单位有关领导、有关专家2～4位、课题组成员、上级教科研管理部门人员。

(2) 主要议程。

①主持人宣布开题论证会开始，介绍参加人员和议程；

②课题主持人宣读开题报告；

③专家提出建议；

④课题组成员向专家请教并进行讨论；

⑤专家组代表或主持人总结归纳，对课题提出完整意见。

2. 开题论证的管理要求

(1) 开题论证报告一定要在可行性上下工夫，找准突破口，尽可能全面地分析问题。

(2) 开题论证会上要认真听取专家的意见，做好记录，整理备案，并根据专家意见修改开题论证报告。

(3) 开题论证会后，尽快召开课题组会议，认真讨论，修改完善开题报告。

(4) 在规定时间向课题的上级主管部门提交开题报告，开题论证会的会议记录和专家意见附在报告后，一并上交存档。课题组和学校也应该把材料存档保留好。

二、教育科研课题的实施

不同的课题有不同的研究方法，研究方法不同，研究的具体过程就不同。不论用哪种研究方法，实施课题研究，不外乎搜集资料、整理资料、分析资料和概括结果几个环节。资料是研究者思想、科学文化知识和科研实践活动赖以记录、保存、交流和传播的文字材料、音像制品等的总称。资料在课题研究中占有重要地位，它是课题研究工作的基础，是课题研究成果概括的依据。

(一) 搜集资料

搜集资料是科研工作的重要环节。搜集资料是指在课题研究中，围绕课题研究目的，运用既定研究方法进行研究，取得有关研究对象的资料。搜集资料的途径有二：一是通过检索、记录而得到文献资料；二是通过问卷、调查、实验、观察等获得实际数据资料。在此，我们重点讨论搜集资料的注意要点和常用搜集资料的实证方法，如调查、问卷设计等的注意要点。

搜集资料时，需注意以下几点：

(1) 坚持围绕研究主题的指导思想，根据课题研究需要来设计资料收集、数据采集的计划。

(2) 设计科学、明确的搜集资料的工具。

(3) 采用适当的科学的方法，主要通过查阅文献档案、调查访问、发放问卷、实验观察、实验测试、学生作业等多条渠道、多种手段（传统手段、现代手段），广泛搜集能够反映研究对象实际的包括文字、实物、声像等的各种资料。

(4) 按计划进行收集和采集，力求收集基础材料，采集原始数据。

(5) 注重资料、数据的客观性。

另外，在搜集资料时，还应注意避免以下问题：

(1) 文献资料不注明出处。

(2) 事实性材料没有时间、地点，没有背景。

(3) 资料的可靠性缺乏考证。

(4) 对有代表性的事实性材料没能科学选择，或使用的数据前后自相矛盾，经常采用举例法，但不知道该典型在所属群体中的位置。

(5) 搜集资料的方法、使用的工具或调查问卷欠科学。

（二）整理资料

整理资料是指把收集到的文献资料和采集到的数据资料进行一定的加工整理，使获得的资料整齐、有序，便于下一步的研究工作顺利进行。整理资料一般需要经过核对、分类、挑选等步骤。核对的任务是对获得的资料，从资料来源、资料的完整和准确等角度进行核实、查对，以保证基本事实资料的可靠。分类的主要任务是根据研究需要，把获得的事实资料分门别类地加以整理。材料的加工整理是科学研究重要的辅助工作，通常采用核对资料、选择论据、汇总统计、综合加工的办法进行加工整理。

1. 核对资料

核对资料就是把搜集起来的材料核实、鉴定，了解它的真实性、科学性、整体性和可比性等，从而对材料的准确性与可靠性做出全面评价。核对资料也要讲究方法。

2. 选择论据

选择论据就是对搜集来的材料经过处理，把所需要的论据材料，特别是支持论点的材料挑选出来。挑选的主要任务是确定事实资料对研究的有用程度，在分类的基础上，挑选富有代表性或典型性的资料，淘汰错误的、用途不大的资料。要注意四个原则：材料的真实性与客观性、材料的有效性、材料的代表性、抽样选取的正确性。

3. 汇总统计

注意按照课题设计的要求，进行不同序列和专题的汇总统计，以利于分析和揭示规律。

4. 综合加工

注意综合分析，进行必要（纵向、横向）的比较，要通过理性思维，以敏锐的目光发现科研资料中的闪光点，从理论与实践的结合上进行整合加工，谋求新发现，形成新认识，以利于研究结果的概括。

（三）分析资料

资料经过整理后，就要进行分析研究，以去粗取精、去伪存真，揭示研究问题的本质和规律，完成课题研究的任务。任何事物都有其质和量两个方面，都是一定的质和量的统一体。所以，对教育科研结果进行分析处理，既要从质的角度进行定性分析，也要从量的角度进行定量分析。定性分析是定量分析的基本前提，没有定性的定量是一种盲目的、毫无价值的定量；定量分析又能使定性分析更加科学、准确，它可以促使定性分析得出广泛而深入的结论。

1. 定性分析

定性分析就是对研究对象进行“质”的方面的分析。具体地说，它是运用归纳与演绎、分析与综合、抽象与概括等方法，对获得的各种材料进行思维和加工，从而去粗取精、去伪存真、由此及彼、由表及里，对事物认识产生飞跃，进一步认识事物本质，揭示内在规律，乃至有所发现、有所创新。定性分析是一种最基本、最重要的分析研究过程。其特点主要有：

（1）资料的直接源泉是自然情境，因而研究者起关键作用。

（2）定性分析是描述性的，通常采用文字或图片的形式，也有音像制品。

（3）定性研究者既重视研究结果，更关心研究过程，从发展中认识其属性。

（4）定性研究倾向于对资料进行归纳分析，对材料综合后做出抽象概括。

（5）定性研究通过了解参与者的看法，阐明各种情境的内部动力。

2. 定量分析

定量分析可以使人们对研究对象的认识进一步深化和精确化，以便更加科学地理清关系，把握本质，揭示规律，预测事物的发展趋势。在教育科研中的定量分析，主要有统计分析方法和测量方法。统计分析方法又分描述统计方法和推断统计方法。

（1）描述统计方法。它是通过对由实验或观察、调查所得到的数据进行整理并计算其特征数，以描述数据的分布特征，把握数据全貌的方法。数据特征数的计算，是通过求数据的平均数、标准差、相关系数等以求了解数据的集中趋势、离散程度以及相关情况等。

（2）推断统计方法。它是借助“样本”提供的信息，剖析“样本”的状态，进而推论总体情况的方法。在实际中，许多问题需要对总体情况加以把握，而在操作中很难做到总体把握，所以要通过“样本”推断统计的方法加以分析，从而使研究的结论更能反映客观实际，更有科学价值，更有推广意义。

3. 综合分析

这是比较重要的方法，一般有：定性分析与定量分析相结合，理论分析与事实分析相结合，纵向比较与横向比较相结合，结果分析与过程分析相结合等。要注意运用多种方法综合分析、相互验证，然后经过比较做出选择。

存在的主要问题是：有的只阐述结果，没有分析，或分析不充分；有的判断不准确，论点不鲜明，论据不充足；有的对立项时提出的“假设”不加分析、不作论证；有的没有对研究过程中的一些重要问题加以梳理、分析讨论，等等。

分析资料常用的处理方法有：文献资料，主要用逻辑方法进行分析研究；数据资料，主要用统计方法进行分析研究。

（四）概括结果

教育科研同其他任何科研一样，都不能停留在经验事实和间接材料的搜集与获取上，而应该以此为基础，运用科学的思维方法，对其进行加工整理、分析综合、提炼概括、科学表述，以揭示其蕴涵的本质和规律。这是科研结题的重要基础，是结题的重要组成部分，是撰写科研论文的准备。因此，必须重视科研资料的整理和分析、科研成果的概括。

1. 概括规律的方法

在分析资料的基础上寻找、概括规律，要从事物变化与发展的过程中去找，从实际的历史中去找。寻找规律的方法主要有：

（1）从事物发展的各个阶段的特点中去找出它的发展道路，找出贯穿在事物发展中的内部联系。也就是要研究事物是如何变化的。

（2）从各个不同的事物、经验中找出共同的因果关系，研究这些事物和经验是怎样变化发展的。

（3）从许多不同的现象、事例、典型中找出共同的特点、共同的发展道路，研究特殊事例、现象、典型的差异点，找出其所以不同的真正原因。

2. 概括规律的途径

概括规律的途径主要有：

（1）从事物的变化过程中，从事物变化的联系和影响中，研究事物运动、发展的规律性，研究事物的内部联系和相互关系。

（2）从每一个事物的全过程中，仔细考察周围环境的变化对事物的影响及作用，以及事物的发展、变化对研究对象产生的影响，从而可以看出事物和外部的关系怎样，联系的程度如何。

（3）根据事物在各个时期的具体情况，研究它在各个时期的不同规律。根据同一事物在不同地区的表现形态，研究事物的普遍性和特殊性，这种纵横比较研究，可以更深入地把握事物的发展规律。

（4）研究与总结事物的某一环节、某一关键过程中变化的原因和经验，找出该环节、该过程的内在规律。

（5）对事物的某一侧面、某一问题作深入考察，可以找出与其有关的规律。

3. 概括规律的注意事项

概括规律的注意事项主要有：

（1）注意立论、推论和表述的科学性。在写作中，提出论点，运用概念，进行推理时都应该充分注意是否科学、严谨，任何夸大其词的表述都会降低论文的质量。

（2）注意论点、论据和论述的逻辑性。好论文必须论点明确、论据确凿、论述严密，形成三者间的逻辑统一。因此，只有观点，没有材料，固然会使人觉得空洞无物，缺乏说服力；但不加取舍，大量堆砌材料，同样也会使一篇论文不得要领，缺乏深度；而有了论点、论据，却缺乏合理的、严谨的论述，仍然会使人感到杂乱无章，理不出头绪来。因此，在写作过程中，研究者应该对搜集到的大量材料进行提炼、取舍，精选出最有价值的论据来支撑论点。同时，层层论述，以使论点、论据、论述三者形成逻辑关系。

（3）注意数据和文字表述的有机统一。为了科学、准确地表述研究成果，在一篇论文中必须提供数据，尤其是观察报告、调查报告、实验报告以及测量报告等以直接研究、获取第一手资料为主撰写的论文，更要十分重视数据。缺乏数据固然会削弱说服力，只有数据则会等同于统计报表。因此，在论文写作中，应该有选择地提供具有代表性的数据，同时应重视对数据的分析，展开充分论述，以使论文具有较高的可信度和理论深度。

（4）注意典型分析和一般分析的结合。许多作者都比较重视典型分析，通过对典型事例的解剖分析来论证某个观点；也有不少作者从典型事例分析转向重视总体、一般分析。其实，两者各有所长，典型分析较为生动、丰富，但往往缺乏普遍意义，而一般分析更具有说服力。关键是要典型，要有一定的数量，一般分析要有一定的事实依据。

三、课题中期检查

各级课题通常按学期或年度分阶段连续进行，每个阶段各有重点和切入点，随着重点或切入点的转移而层层递进，实现阶段性与连续性的统一。对课题研究者来讲，要在每一个阶段进行阶段性的总结；而对于课题管理者而言，一般也要实行中期检查制度，检查课题实施到一定阶段时的进度、质量、经费使用情况以及能否按时结题等问题。所以，在此我们把课题的阶段性总结与课题中期检查整合起来论述。课题中期检查的目的是指导和督促各课题组的研究工作，保证课题研究工作实现课题设置的预期目标。检查的时间一般根据课题主管部门的工作时间统一进行，而不一定按照课题的实际进展时间进行。检查形式分书面报告和当面汇报两种形式。课题进展中期阶段，由课题负责人填写课题中期检查报告表，按时上报课题管理部门，课题管理部门确定是否需要组织中期检查汇报会。中期检查结束后，课题管理部门按照规定采取相关处理措施，并将结果通知课题负责人。跨年度课题一般还要求填写年度检查报告表上报课题管理部门，这也可看做是中期检查的一种形式。课题研究组还可以借中期检查之机进行课题研究的阶段性总结。当然，课题研究的阶段性总结可以按照课题研究实施的实际阶段或子课题完成阶段自行组织课题研究的阶段性总结。

1. 中期检查报告

中期检查报告的内容一般包括：

（1）课题组织实施及总体进展情况，关注研究时间进度是否与任务书相符合；

（2）课题取得的主要阶段性研究成果或结论；

（3）课题阶段性成果的应用情况；

（4）目前存在的问题及对策；

（5）经费使用情况；

（6）下一步工作安排。

2. 课题中期检查汇报会

课题中期检查汇报会旨在把握研究方向，深入了解课题进展情况，总结阶段性研究成果，听取专家意见，讨论并解决研究过程中存在的重点问题，以确保研究内容和研究方向的准确性。具体内容与上述中期检查报告基本一致。

汇报会成员除课题组成员外，还有本单位或上级课题主管部门负责人员、专家等，提倡邀请与课题研究成果应用相关的职能部门人员参加。参会专家选择标准为：

（1）专家人数为 3 ~5 位；

（2）熟悉研究课题所属领域，在该领域的研究方面具有一定的权威或影响；

（3）具有较高的理论水平、政策水平和丰富的实践经验；

（4）身体健康，精力充沛，时间充足。

3. 课题督导

对于一些招标课题和重点课题，有的课题管理部门还会聘请督导专家对课题研究过程进行全程跟踪指导，定期或不定期地了解、检查、督促、指导课题进展情况。督导专家的职责是：

（1）关注课题研究所选取的切入点是否恰当，研究方法和技术路线是否可行；

（2）关注研究质量是否符合任务书的要求，研究成果能否达到预定目标；

（3）研究时间进度是否与任务书相符合；

（4）督促课题组完成阶段成果、季度工作报告的上报工作，并协助课题组或课题管理部门开展课题研讨；

（5）对课题组各项工作提出督导意见和建议。

4. 课题调整或撤销

在课题中期管理过程中，课题管理部门会对中期检查不合格或出现特殊情况的课题进行调整，中止课题经费或撤销。课题中期检查和评估结果作为该课题是否应该调整或撤销的依据。一般年度检查或中期检查出现以下情况时，课题管理部门会作出调整、中止或撤销课题经费的处理。

（1）中期检查时，无论何种原因，一直未开展研究；

（2）负责人长期出国或因工作变动、健康等原因不能正常进行研究工作；

（3）擅自变更负责人、研究课题或研究内容；

（4）逾期不提交延期申请，或延期到期仍不能完成者；

（5）与批准的课题设计严重不符；

（6）研究成果有严重政治问题；

（7）研究成果的学术质量低劣；

（8）剽窃他人成果；

（9）鉴定未获通过者；

（10）严重违反财务制度；

（11）课题承担单位组织实施不力或者其他原因使课题无法按照计划正常进行；

（12）不服从课题管理部门管理的。

对于被撤销项目的项目负责人，一般三年内不得申报新项目。对于因为课题承担方组织不力或不服从管理等主观原因造成课题无法正常进行的课题，其承担单位还会被列入不良信用登记名单，影响今后在该渠道的课题申报工作。

5. 课题经费的使用、变更和年度拨转

（1）课题经费的使用。

一般要求项目负责人在接到立项通知后，按批准的经费资助金额（如果是配套资助，需包括配套经费）编制开支计划，在规定时限（多为一个月）内寄回课题管理部门。无特殊情况，逾期视为自动放弃，取消立项资格。课题管理部门在接到列有开支计划的回执后，将资助经费拨到项目负责人所在单位的银行账户，由所在单位统一管理。

如广东省教育科学规划办提供的资助经费，省级项目属财政专项经费开支，均由省教育厅基财处或办公室下拨，实行“一次核定、分期下拨、包干使用、超支不补”的原则。广东省教育科学规划立项项目一般分三次拨款。第一次拨款与项目同时下达，额度为批准经费的50%；第二次拨款在项目中期检查合格后，拨付批准经费的30%；其余20%为预留保证金，待项目结项验收后拨付。项目经费实行专款专用，经费使用权归项目负责人，由本单位科研管理部门（或当地教育科研规划办）和财务部门监督检查。具体开支项目包括：

①资料费。指开展项目研究所需的资料搜集、复印、誊录、翻印、翻译等费

用，以及必要的图书购置费等。

②国内调研差旅费。指为完成项目研究工作而进行的国内调研活动所开支的差旅费，其标准参照国家和省的有关规定执行。涉及港、澳、台的调研差旅费，须经省教育科学规划办审批。

③小型会议费。指为完成项目必须举行的专题研讨、成果评审、鉴定验收等小型会议的费用。

④课题研究实验费。

⑤计算机及其辅助材料费和使用费。项目研究工作确需计算机，而所在单位没有配置或无法提供，经所在单位批准可以购买，但所有权归所在单位。计算机使用费是指上机费、录入费以及用于项目研究的资料查询、信息交流等上网费和软件费用等。

⑥印刷费。指项目研究成果的打印费、印刷费、誊写费等。

⑦咨询费。指为开展项目研究而进行的问卷、专家咨询等支出的费用，提取额一般不超过项目资助经费的15%。

⑧管理费。指项目负责人所在单位提取的管理费，一般不超过项目资助经费的5%。

资助经费不得用于发放工资、奖金、出国考察、购置大型设备等以及其他与项目研究无直接关系的开支。项目研究成果通过验收后，其资助经费结余（包括预留保证金）可用于项目研究成果的出版资助。预留保证金也可用于课题组成员和有关管理人员的奖励。自筹经费项目的经费筹集、使用和管理必须符合国家和省的有关规定。自筹经费由项目负责人所在单位管理。项目经费的使用情况由所在单位财务部门按年度编制决算报告，报省教育科学规划办、教育厅基财处和办公室。

对于广东省教育科学规划项目的配套资助项目，各地和各单位要确保配套经费按时全部到位。其他项目，在条件允许的情况下，各地和各单位可对配套资金予以支持。

（2）课题经费的变更。

如在研究过程中遇到特殊情况需要进行经费变更时，课题组必须提前向课题管理部门递交书面变更申请，经批准方可执行。

（3）课题经费的年度拨转。

跨年度拨转的课题在年度末一般要填写“项目（课题）执行情况年度报告书”和“项目（课题）经费年度使用总结报告书”上报课题管理部门，内容与中期检查相似。检查合格者方可依据课题批准的研究计划继续开展研究，课题管理部门也据此继续划拨研究经费；否则将不能进行课题经费延续拨款。

第三节　教育科研课题的完成

教育科研是一个从开始到实施、到总结的系统完整过程，课题的结题、鉴定验收与总结推广是对整个课题研究工作的最后总结、评估、深化阶段，也是课题价值实现的标志。从课题管理看，课题完成时，也需要按规定进行课题结题和成果验收工作。课题的研究期限从书面通知立项之日起算。各类课题的研究期限不一，一般课题完成期限为1~2年。特殊情况下课题不能依时完成，要提前填写课题延期申请，可以延长半年至一年。

一、课题结题的作用

课题结题是对整个课题研究工作的总结。课题结题具有重要的作用①，其作用主要体现在：

（1）进一步完善课题研究成果。对课题的检测、评审和鉴定，不仅是教育科研管理的重要环节，更通过对研究成果进行价值判断，促进教育科研的健康发展，提高教育科研的质量，使教育科研得到社会的认可，产生积极的社会效应，促进教育事业的可持续发展。

（2）进一步提高课题研究成果的水平。中小学研究成果实践性比较强，但往往不能很好地归纳总结，缺乏理论深度和系统性。通过结题工作，可以有意识地进一步提炼出成果的精华，提升成果的研究水平，提高研究成果的质量。

（3）进一步提高研究者的水平。通过对教育科研的结题，促使研究者对课题研究过程的各个环节和内容进行自评、反思和整改，还可以得到有关专家对该课题进行评审、鉴定的意见反馈，进一步促使研究者对课题研究过程进行反思，在以后的课题研究中不断进行改进。

（4）进一步发挥课题研究成果的示范作用。通过对课题研究成果进行价值判断，可以将其价值外化，扩大课题研究成果的影响。同时，通过课题管理部门组织的推广辐射，更大范围地将研究成果应用于教育教学实践，充分发挥教育研究成果对提高教育教学质量和制定教育教学决策的价值效益，提高其对教育教学实践的指导作用。

二、课题结题的程序

课题结题一般包括结题申请、课题验收和成果鉴定三个环节。

---

① 徐建敏，管锡基．教师科研有问必答．北京：教育科学出版社，2005：121~122

（一）结题申请

课题研究工作完成时，各课题组应于预定完成期限以前向课题管理部门提交结题报告，填写报送课题成果鉴定申请书，同时提交研究报告和必要的附件。本单位课题管理部门也会督促课题组按期结题，汇总结题材料，报送上级课题管理部门。

（二）课题验收或成果鉴定

课题管理部门组织专家对各课题组的结题鉴定申请表和结题报告进行初审，根据结题报告的具体情况，提出修改意见或者进行通讯鉴定或会议鉴定。

如采取通讯鉴定方式，一般要将最终成果和通讯鉴定表寄送 5 位同行专家。通讯鉴定专家依据通讯鉴定表的要求进行定性评价和定量打分。鉴定的时间，专著类成果一般不超过两个月，研究（咨询）报告、论文类成果一般不超过一个半月。鉴定组织者根据鉴定专家的意见，按少数服从多数的原则，确定是否通过鉴定。

如采取会议鉴定方式，鉴定组织者召开课题汇报会，由课题负责人汇报总体情况、基本结论及其他相关问题；由专家按鉴定要求对项目成果做出客观、科学、公正的评价。根据少数服从多数的原则，当场确定是否通过鉴定，并由专家组组长形成书面鉴定意见。通过鉴定者予以验收。

（三）结题验收结果

课题研究成果达到结题要求的，课题管理部门给课题组发结题通知书。鉴定未能通过的，或不能按照修改意见完成修改工作的，根据具体情况，课题管理部门可分别做出延长一年结题或者结题报告不能通过验收的决定。课题组在一年内对成果进行补充、修改、完善，并重新申请鉴定。重新鉴定仍不能通过者，按撤项处理。

三、课题验收和鉴定的基本标准

课题验收和鉴定都有一定的评价标准。其基本标准是：理论上有创新，实践中有指导意义。具体标准如下：

（一）合法性

符合中国基本政治制度和宪法原则，符合中共中央关于教育体制改革的原则要求，有利于教育事业的发展。

（二）理论性

理论上具有创新性和前瞻性，对教育改革具有指导意义，或者有利于加强和改进教育工作，所提建议具有一定的可操作性和应用价值。

（三）规范性和创新性

数据和资料翔实系统，论证充分有力，能够回答不同学术观点的争论，行文符合学术规范，观点或研究方法等具有创新。

（四）匹配性

不同类别课题的结题要求有差异，提交结题的材料必须与课题类别要求相匹配。一般来讲，重大课题的结题要求是，课题研究报告通过验收，并有专著出版，或者有研究成果在权威报刊上发表；重点课题的结题要求是，课题研究报告通过验收，并有研究成果在知名期刊上发表。一般课题的结题要求是，课题的研究报告通过验收，并有研究成果在核心期刊上发表；自筹经费课题的结题要求是，课题研究报告通过验收，并有研究成果在公开发行的正式刊物上发表。

另外，一般具备下列条件之一者可免于鉴定：

（1）获得厅级或省部级以上奖励的；

（2）提出的理论观点、政策建议等被地市级以上行政机关完整采纳吸收的。

四、成果总结、公报、推广、出版和评奖

课题组在项目完成通过鉴定后，一是应根据专家评审意见对成果进行必要的修改完善；二是要将课题结题材料、成果和鉴定书等进行汇总归纳，写出成果总结与公报，报送主管部门或主管领导，交有关课题管理部门存档；三是要做好成果推广等项工作；四是要思考后续研究工作。在此，重点讨论一下中小学教育研究者比较忽视的成果总结与公报、成果推广等问题。

（一）成果总结与公报

课题成果总结与公报是课题研究完成后对课题研究成果的归纳总结。课题管理部门一般要求在课题结题申请时一并报送，也有的在课题结题通过后报送，作为参加项目成果汇总、推广和评奖申请的材料。

成果总结与公报的基本要素包括论述对象、论述内容和论述范围等内容。

具体进行成果总结概括时，要注意围绕主题、对照目标、阐明方法、展示成果、概括特色、成果评价。

（二）成果推广、出版和评奖

课题管理部门会汇总、呈报课题研究报告摘要，并编辑出版当年结题的课题研究报告。课题管理部门还会积极组织和协调各课题研究成果的推广和应用。项目成果对于我国特别是本地区的教育改革和发展，对于提高各级各类教育教学质量和办学效益都具有重要作用和意义，而且效果明显，有关单位和部门应积极采取措施加以宣传推广。各级课题管理部门还会与有关部门或厅业务处室一起，不定期召开项目成果报告会、学术交流会和信息发布会，以促进优秀教育科研成果的推广应用。另外，有关单位和部门应积极采取各种措施，资助或协助项目优秀成果的出版。

为了扩大课题研究成果的效益，研究者应该积极参与成果的推广工作，首先按照各级各类课题管理部门的要求提交成果总结与公报；其次在最终成果经鉴定验收合格后争取公开发表或出版，或向有关领导、决策部门报送；最后积极申报

各级教育研究的评奖，在有关材料的醒目位置注明项目渠道，作为参加各级别的教育科学研究项目成果评奖的条件之一。此外，研究者还应积极参加课题管理部门组织的项目成果报告会、学术交流会和信息发布会，有条件的话，争取所在单位自行组织的课题成果报告会或发布会，充分利用报纸杂志、网络、广播电视等大众媒体向社会广泛宣传。

思考与练习

1. 请结合实际说明申报教育科研课题的作用。
2. 确定申报课题要考虑哪些因素?
3. 课题实施过程包括哪些环节? 每个环节要注意什么?
4. 课题结题有什么意义? 有哪些方式?

附录　开题报告

附件：开题报告示例

编号：DBB010523

类别：教育部重点课题

全国教育科学“十五”规划重点课题

学校科学教育与学生科学素质及创造性培养的心理学研究

开题报告

课 题 负 责 人　蔡笑岳

负责人所在单位　广州大学

日　　　　期　2002 年 11 月 3 日

一、课题的提出

（一）国外学校科学教育的理论与实践

西方科学教育的发展，其内容与目标的变化，大体经历了自然事实教育、科学百科知识教育、科学方法教育以及科学基本结构与探究方法相结合的教育几个基本阶段。进入20世纪80年代，随着科学技术的迅速发展，科学与技术的双重作用日益显著，一种重在“科学、技术、社会”的综合性的新型科学教育（STS教育）逐渐成为西方科学教育的主要内容与特征。

STS教育源于人们对科学技术发展的反思，其目的是教会学生理解科学、善待科学，保持科学、技术与社会的协调发展，是人们从教育的角度对付当前因为科学技术带来的全球性灾害的一种尝试。1982年美国理科教师协会发表《科学·技术·社会：80年来的科学教育》的报告，正式从理论上对新型的科学教育的原则与目标做出论述，提出了“理解科学”的命题；1985年英国皇家学会也组织专门委员会对英国公民进行大规模的科学素养调查，并发表《公民理解的科学》的报告，该报告尤其重点阐明了学校科学教育在新型科学教育中的“基础和中心地位”及其科学教育的基本途径。在1984、1988年的第三、第四届国际科学教育研究会上，“理解科学”得到广泛认可。1992年世界环境与发展大会后，以强调对科学理解的STS教育逐渐成为一种国际性科学教育思潮。

以理解科学作为基本理念，新型的科学教育相对于传统的科学教育而言，在教育的目标、教育的基本内容与课程设置上都发生了较大的变化。首先就科学教育的目标而言，新型的科学教育强调对科学的理解，不仅要求学生掌握科学，具备一定的科学知识与科学方法，而且要求学生学会如何对待科学，如何形成科学的态度与价值观。

在科学教育的内容与任务方面，美国先后孕育并产生了三个国家级的科学教育改革方案，即美国科学促进会的“2061计划”（1990）、全国科学教师协会的“中学科学的范围、程序和协调方案”（1992）以及国家研究院的“国家科学教育标准”（1994），其他的西方国家如英国也先后提出了学校科学教育要缩短一般公民与科学的距离，使他们不仅能有效地应用科学与技术，也能对科学活动本身做出有效的判断，提高对社会问题的个人与公共决策能力。

在具体的课程设置与学校教育的措施方面，目前就整个世界而言，出现了一系列的改革：

（1）开设专门的科学教育课程。这些课程中，比较有影响的有美国的“社会中的化学”，英国的“社会中的科学”，澳大利亚的“普通科学”、“自然界中的人”以及一系列以STS命名的课程。这些课程虽然存在较大差异，但是仍有许多共同点。第一，它们不是以学科，而是以问题为中心综合建构某些学科（或多种学科）的内容。第二，这些课程的重点内容主要集中于物理学、化学和生物学三大学科。第三，数学学科的内容重在体现数与形的意义及其应用，以显示数学是生活的有机组成部分。第四，这些课程都重视科学史和科学社会效应的内容。第五，重视环境问题，教科书和学生作业都尽可能地与环保发生联系。第六，在伦理学和经济学的基础上编排技术学科的内容。第七，重视吸收日常生活和当地乡土的实际内容。第八，在教学方法上，提倡学生通过对科学活动及社会生活的参与，获得对科学的“理解”。

(2) 进行科学方法论的教育。科学教育的目的，除了让学生掌握科学知识以外，更重要的是让学生站在科学发现者的立场，运用科学的方法，通过自身的实践去发现事物的规律，因此，科学教育必须加强科学方法论的教育。当然，这种教育不仅仅是为了教学生一些科学方法，还要培养学生对自然的正确态度，培养学生的创造力。

(3) 加强实验教学。实验不仅为学生提供了充分的感性材料，而且培养了学生的实验技能，因此，学生可以独立地通过自己的实验活动获取知识，加深对自然和社会现象的理解。

(4) 参与科研活动。将科研作为教育的一种特殊形式，让学生通过科研与教学、科研与社会现象的结合，学会运用科学，提高科研能力，充分认识科学的社会意义，调动科学研究的积极性，树立正确的科学观。

(5) 建立和改革一些学校，突出科学教育的目的。目前，在整个世界范围内，各国为了快出人才，纷纷建立和改革了一些学校，使之与科学教育的目的统一起来。

(二) 我国科学教育的现状

我国科学教育总体发展缓慢，公民的科学素养水平不高。中国科协2001年对中国公民科学素养的调查表明：

(1) 总体上我国公民每千人只有14人具备基本的科学素养，这个比例比1996年的同类调查提高了1.2%，但与西方同类调查相比，我国的最新水平与90年代初欧共体的4.5%、美国的6.9%相差甚远。

(2) 就科学本质的内容而言，以美国为例，同类调查中发现，70%的美国国民表示对科学新发现感兴趣，并有近20%的人自认为对科学新发现非常了解；而中国近40%的国民表示对科学新发现感兴趣，非常了解的不到5%。对科学方式的了解，中国不到1%，有一些了解的约3%；而美国国民有27%表示对此基本了解。

(3) 不同群体的科学素养方面，10~19岁为3.0%，20~29岁为2.6%，30~39岁为1.0%，40~49岁为0.8%，50~59岁为0.8%，60~69岁为0.4%。这种结果表明，我国10~29岁公民的科学素养水平较高，由于这一阶段一般正处于学校教育阶段，因此，可以说，学校教育对公民的科学教育作用显著。

就学校的科学教育而言，美国教育测试中心于1989年组织了第二次国际教育成就评价研究，该项研究的目的在于比较不同国家的学生学习数学和科学的成绩，以及获得优秀成绩的社会文化背景和教育环境。测试学生分两个年龄组：9岁和13岁。其中9岁的学生测试数学和科学；13岁的学生测试4个项目：数学、科学、操作和地理。我国主要参加了13岁组的数学与科学测试。测试结果表明，我国13岁学生的数学测试（内容包括五个部分：数和运算，测量，几何，数据分析、统计、概率，代数）除第四部分外，成绩都是最好的，但第四部分在全部21个样本中居第十位。

我国大陆学生科学测试（内容包括四个部分：生活科学、物理科学、地球科学和科学本质）平均正确率为67%，低于总体平均水平，在20个样本中居第十五位。我国大陆学生数学和科学两科成绩的差异在其他样本中较为少见。国外其他样本，一方面这两科成绩基本平均；另一方面，科学成绩普遍高于数学成绩，这说明科学测试并不复杂，其难度低于数学测试，而我国大陆学生为什么会出现反常结果呢？进一步的分析表明，在我国中小学，数学课占总课时的20.9%；而科学课（包括小学的常识、初中的物理、化学、生物和地理等）的课时只占课时的8.6%。这一点与科学课涉及内容广泛，对个体生活意义重大极不相称。我国国民科学素质水平低下，中小学科学教育对此意义重大，但受重视程度不够。我们有必要增加科学课的比重，在中小学加强科学课的教育。

二、本课题的目的与意义

从上面的分析可以发现，目前国外的科学教育以及我国日益受到重视的科学课显示：当代科学教育比较注重开设特定的专门课程培养学生的科学素质，这无疑是培养学生科学素质的重要途径。但是从教育的本质分析，教育本身就是一种品质教育，而且是包括科学课程与其他学科教育的统一系统。在学生良好科学素质的培养过程中，其他各门学科也起着重要作用，而学生的科学素质不仅取决于学生的科学文化知识，更与学生的科学探究精神与能力、学生的创造性等品质密切相关，这些品质在一定意义上可以说是学生科学素质的主要方面。因此，本课题作为一项心理学研究，将从心理学的角度考察学生科学素质的内在含义及影响其发展的一般因素；在对科学教育做一般分析后，将重点考察其他的教育活动与学科对学生的科学素质的影响，同时，从科学探究活动的角度对学生的科学素质进行界定，从而对如何在中小学有效开展科学教育，如何提高学生的科学素质，如何培养学生的创造性等基本问题做出回答。具体说来，本研究的目的与意义在于：

（1）加强学校科学教育的本质研究，明确学校科学教育的目的，引起人们对科学教育的重视。

（2）对学生的科学素质进行界定，并对此进行测定。

（3）探讨学生科学素质培养的途径与科学教育的基本策略。

(4) 探讨科学素质与创造性的关系，为学生创造性的培养探索了一条与学科教学相结合的途径，为素质教育和创造性的培养提供了某些借鉴。

(5) 探讨探究性学习、合作学习、自主学习等新型的学习方式有效开展的条件及其对学生科学素质的影响。

三、课题研究的基本内容

就正规的学校教育而言，科学教育培养学生的科学素质，科学素质推动学生的科学研究，科学研究在于创造，创造性是科学素质的核心成分，根据这条基本线索，本研究主要就以下几个方面进行研究。

1. 学校科学教育的本质研究

一般说来，学校科学教育根据其目标可以分为三种形式：第一，科学教育是一种知识教育，它要求向学生传授科学知识，使学生了解客观事物发生发展变化的基本规律；第二，科学教育是一种科学方法、科学态度与科学观念的教育，它要求通过科学教育使学生了解与掌握科学研究的方法，使学生能主动发现新的规律，创造新的事物；第三，科学教育是一种创造品质的教育，它要求培育学生不墨守成规、敢于发现与创新的意识。

2. 学校科学教育的具体操作结构研究

学校科学教育总体上是从两个方面展开的：其一是科学知识体系结构的教育；其二是科学思想体系结构的教育。科学知识体系结构教育属于科学教育的内容体系，在不同的教育阶段具体内容大不相同。在幼儿园、小学，这种教育表现为自然、社会、常识课的教学；中学阶段，体现在物理、化学、生物、地理课的教学之中。科学思想体系结构的教育属于科学教育的形式体系，在不同的教育阶段，其具体形式也有一定的差异。在幼儿园、小学阶段，这种教育表现为数字、算术的教学；在中学则体现在数学，以及各科的基本原理的教学之中。

3. 不同教育阶段学校科学教育的特点及其对学生科学素质的影响研究

将科学教育的目标与具体操作结构结合起来可以发现，在不同的教育阶段，学校科学教育呈现出了各自不同的特征。在幼儿园，科学教育需要的是科学启蒙，通过讲故事、理现象认识数量关系，培养学生爱科学的品质；小学阶段，科学教育要给学生以科学启迪，通过自然、常识等教学，使学生掌握一些科学规律，形成某些科学观念、科学技能，培养学生讲科学的品质；进入中学，科学教育要给学生以科学启动，通过分科学习，学生不仅获得了大量的科学知识，掌握了一定的科学研究方法，而且提高了能力，出现了与创造相适宜的人格特点，培养出学生用科学的品质。

4. 学生科学素质结构的心理分析

科学教育的种种特点及其对学生所产生的各种影响表明，学生科学素质并不是固定不变的，在不同阶段，科学素质的表现与内在特征存在差异。本研究将主要分析这些差异具体有哪些表现，导致这些差异的原因，以及科学教育应如何在这些差异的基础上有效地展开。

5. 科学素质教育对学生创造性培养影响的研究

科学研究贵在创新，因而，个体的科学素质作为一种内在心理结构，其核心可以归结为个体的创造性，科学素质与创造性的培养在本质上是一致的，这样，我们便可能开拓一种与学科教育相结合的培育学生创造性的具体途径，从而使创造性的培养成为学生日常教学的具体内容。与科学研究相适应，学生的创造性培养的具体内容至少应包括三个方面：其一，科学知识的学习与掌握要使学生具有"真知"；其二，科学创新能力训练要使学生能发现问题、分析问题，提出解决问题的新方法，具备解决问题的能力；其三，科学创新态度的培养要使学生面对问题产生创新解决的意识，进而形成创新人格。

四、课题研究的基本方法与技术路线

（一）基本方法

本课题以马克思主义认识论和现代系统论思想为理论指导，以科学心理学与现代教学论为基础，强调理论与实践相结合、理论工作者与教育实践工作者相结合、定性研究与定量研究相结合的原则，以理论与文献分析及教育行动研究为主要方法，调查、心理测量、实验研究为辅助方法，对课题涉及的内容分层次、分阶段进行深入研究。

（二）研究的技术路线与基本阶段

本研究计划在理论分析与实践调查的基础上，开展教育实验研究，具体研究分为三个阶段：

1. 准备阶段（2002 年 5 月至 12 月）

（1）基础研究：理论分析，文献检索，确定研究目标、研究内容、研究方法，制定研究计划等。

（2）实践调查：选择实验学校，考察学校实际情况，制订实验研究方案。

（3）确定实验学校课题，指导小组和子课题组。

（4）召开课题开题会，举行课题研讨。

（5）培训实验学校教师，指导实验学校制订子课题研究计划，开展课题研究等。

2. 教育实验阶段（2003 年 1 月至 2005 年 8 月）

（1）实施研究计划，对实验学校进行指导；坚持、调控研究进程。

（2）进行必要的心理测量。

（3）组织实验学校教师进行研讨，交流研究成果。

（4）收集整理实验材料，发表研究论文。

（5）对实验结果进行测评。

3. 总结阶段（2005年8月至12月）

（1）整理分析研究结果。

（2）组织各子课题结题，撰写结题报告。

（3）总课题结题，撰写总课题结题报告。

（4）召开结题会。

（三）教育实验阶段主要干预措施

1. 总体目的与个别目标、长远目的与阶段目标相结合

学生科学心理素质的培养通常是采用专门的科学课、其他学科的教学渗透、第二课堂等途径进行的。由于各种途径涉及的内容差别较大，因而在实际的教育过程中，常常让人难以掌握与操作。具体教育过程中，在制定总体目的的同时，应注意各门学科在培养学生科学心理素质中的特殊作用，尽可能发挥学科的优势。同时，在长期的教育过程中，应将长远目的与各阶段目标统一起来。例如，在小学的不同年级，应根据学生心理发展的特点与知识准备制定不同的科学教育目标。

2. 创设以科学教育为主题的校园环境

学校环境作为一种隐性课堂，对学生有着潜移默化的影响，在科学教育中，学校环境的作用一般体现在校园的自然环境与人文环境两个方面。

学校的自然环境主要包括学校空间位置的大小以及学校内部的各种设置，在科学教育中，学校的自然环境应该为学生科学心理素质的培养提供一定的自然条件，为学生的科学探究活动提供充分的实践场所。当然，学校自然环境的创建，实际上往往是学校人文环境的体现。学校的人文环境也就是学校的人文空间，是由学校的文化传统与当前学校领导、教师、学生的意识形态以及心理现象组合而成的。人文环境为学生的科学探究提供了精神动力与心理氛围，在一定意义上维持与推动了学生的科学活动。

3. 开设专门的、内容广泛的科学教育课程

4. 加强实验教学

根据教学目标与实际条件，选择恰当的实验方式进行教学，例如，在科学课、科技活动以及学科教学中，为学生创造更多的动手操作的机会，让学生在发现问题、解决问题的过程中勇于实践与证实，培养自己探究、创新的科学品质。

5. 建构探究式学习的课堂教学模式

课堂教学是科学教育最主要的形式。如何使课堂教学有效地培养学生的科学心理素质？在我们看来，探究式学习首先应选择恰当的学习内容。内容的选择既可以来源于学生的实际生活，也可以出自学科的知识体系，但必须是学生感兴趣的并能激发学生的探究热情。其次要建立高效的学习形式。通常以小组的方式进行，通过小组内部的分工、合作解决问题，获得知识。再次，教师对探究学习进行有效的监控、指导与评价，引导学生不仅关注探究过程，同时重视探究的结

果。最后，为探究学习的结果提供有效的巩固、转化以及迁移、应用的条件。总之，开展探究式学习要引导学生课内与课外结合、校内与校外结合、学习与生活结合、现在与未来结合、实践与理论结合。在恰当的氛围中，和同伴进行知识的探讨、辩论及总结，引导学生发现知识、获得知识，并掌握一些基本的方法，在此基础上重视实践活动，精心设计练习，让学生学以致用，提高发现问题与解决问题的能力。

6. 进行科学方法论的教育

科学方法是学生发现问题、分析问题，通过观察、实验等手段收集信息、建立假设、验证与评价，从而解决问题的方法。常用的科学方法包括发现问题、预测、观察、实验、测量、记录、分类、图表化、推论、建模、设立假设以及验证假设等。进行科学方法论教育就是要将这些方法传授给学生，使学生不仅能掌握现成的、固有的知识，也能利用一定的方法主动地获取知识。

7. 利用现代科学技术引导学生对科学进行探究

现代科学技术对学生科学心理素质的形成与发展的作用是多方面的。一方面科学技术具有极大的促进作用，例如，传统的书本学习往往是一种单向的知识传递过程；而互联网络的知识学习过程却是一种主动的信息追求，是一种双向，甚至是多向的知识探讨、辩论及总结的过程。学习和创新是同步进行的，知识的传授和更新能够一起发生，这为科学教育提供了广阔的前景。另一方面科学技术提供的大量信息与掌握科学技术需要的高级能力极大地增加了学习的复杂性，从而使学习变得非常艰难。当然，科学技术作为第一生产力，它不仅能为科学教育提供新的、有效的手段，而且它本身就是科学学习的内容，对科学教育的影响总体是有利的。

五、课题研究的基础条件

（一）课题组成员

本课题建立了一个由课题负责人为主，高校教育研究者与中小学实践工作者共同参与的课题研究组，能对课题从理论与实践两个方面进行研究。

（二）经费

课题研究经费主要依靠有关科研部门的经费资助与实验学校的研究经费投入。

（三）实验基地（略）

六、课题研究的预期成果及成果形式（略）

七、参考资料（略）

第六章　教育科研报告的撰写与展示

内容提要

撰写与展示教育科研报告是教育科研的重要环节之一。本章的主要内容包括：

1. 教育科研报告的类型
2. 教育科研报告的基本格式
3. 撰写教育科研报告的基本过程
4. 教育科研报告交流与展示的基本途径

对一项具体的研究来说，按照研究方案经过一系列具体的研究，增进了对研究问题的认识，也促进了相关实践活动的改进，但这并不意味着研究活动的结束。为了使研究得到进一步提炼，有必要通过各种形式将研究的成果表述出来，这就要求撰写教育科研报告。撰写教育科研报告是研究的最后一个环节，也是十分重要的一个环节。如同商品生产有投入就应该有产出一样，教师的教育科研也应该有投入与收获。撰写教育科研报告是体现教师教育科研收效的重要形式，因此，有必要对教育科研报告有一定的认识。

第一节　教育科研报告概述

一、撰写教育科研报告的意义

教育科研报告是研究者就某一教育问题进行系统探讨后，将探讨的过程与结果用书面文字的形式写出的文章。

教育科研报告是教育科研人员研究成果的主要载体和传播工具。在科技发展日新月异的今天，大众传媒迅速发展，但就科研成果的载体和传播工具而言，主要仍然是科研报告。世界上有一种比较流行的说法："工业的语言是蓝图，科学的语言是文章。"① 这句话是说，工程技术人员通过蓝图来展示和规划工业的发展，科研人员则是通过写作科研报告来把自己的研究成果公之于世。所以，认真了解和掌握教育科研报告的撰写与展示，是教育科研人员不可忽视的重要问题。

---

① 转引自吉昌福，龚如义．教育写作教程．伊犁：伊犁人民出版社，2000：2

撰写与展示教育科研报告，是教育研究过程的终结环节，是整个研究过程的缩影，是研究者出成果、得结论的阶段，是研究过程不可或缺的一环。

撰写教育科研报告体现了多方面的需要。

首先，撰写教育研究报告是记录、总结和表达教育科研过程及成果的需要。教育研究是一种十分复杂的思维活动，在研究过程中，研究人员仅凭脑子想是不够的，他还需要用文字把自己思考的问题、研究的成果，进行加工、整理、提炼、总结，再记录下来，使自己的思维跃然纸上，以便对问题的思考更确切、更缜密。写作既是思维的过程，也是教育研究的手段。

其次，撰写与展示教育科研报告是推广交流和应用教育科研成果的需要。教育科研的目的之一是丰富和发展教育理论及提高教育实际工作的效率。如果科研报告写不好，科研结果就不能全面、正确地反映出来，就会严重影响科研成果的价值，影响科研成果的推广和应用。这样，就难以向教育界和社会提供教育科研信息，难以达到交流和为教育实践提供翔实的材料和科学依据的目的。

再次，撰写与展示教育科研报告有利于提高教育科研人员的素质和能力。撰写与展示教育科研报告是一项较为复杂的创造性劳动。通过写作，可树立研究者正确的教育观念，培养其超前的教育意识，锻炼其观察能力、分析综合能力、归纳概括能力、判断推理能力和创造性思维能力，并优化其知识结构，提高其思想水平、教育理论修养和科研能力。因此，撰写与展示教育科研报告对于提高教育科研人员的素质和能力有着重大意义。正如有的学者所指出的那样："发表科学论文是衡量科学家创造才能的一个极其重要的指标。""科学家发表论文的数量和质量，在很大程度上反映了他们创造才能的高低。"[①] 因此，教育科研人员对教育科研报告的撰写与展示也是检验其认识能力、知识水平和业务素养的尺度。

基于以上原因，作为一名教育科研工作者，必须掌握撰写与展示科研报告的基本知识，并学习如何撰写与展示科研报告，通过在实践中的不断摸索训练，逐步提高自己的写作水平。

二、教育科研报告的类型

教育科研报告可以从不同的角度来划分。比如，从研究方法来划分，可以分为观察研究报告、实验研究报告和调查研究报告等；而根据研究范围来划分，可以分为宏观研究报告、中观研究报告和微观研究报告。有研究者根据是否用事实来说明问题作为标准来划分，将教育科研报告划分为以下三类[②]。一般而言，教育科研报告的类型主要包括：

---

① 陶富源．学术论文写作通鉴．合肥：安徽大学出版社，2005：8

② 裴娣娜．教育研究方法导论．合肥：安徽教育出版社，2005：357

（一）事实型研究报告

用事实来说明问题的研究报告称为事实型研究报告。事实型报告以对事实的直接研究所得的第一手材料为基础，强调事实确凿与翔实，研究过程与方法科学规范，并能合理地解释结果。事实型报告因研究方法的不同，又可进一步分为教育观察研究报告、教育测量研究报告、教育经验总结报告、教育调查研究报告、教育文献研究报告和教育实验研究报告等。

（二）理论性研究报告

理论性研究报告用深刻的理论分析和严密的逻辑论证来说明问题，这类成果要求论点明确，论据确凿，论述严密，清楚展示理论观点和体系的形成过程。这类报告包括专题学术论文、部分学位论文和学术专著等。其中，专题学术论文是理论性研究报告的重要形式。

（三）综合型研究报告

综合型研究报告是指将事实型和理论型综合起来，但有所侧重的研究报告。

不过，教育科研成果的表达形式是多样的，上述分类只是大致的，还有一些特殊的研究报告形式，如某地区或学校的教育发展规划、作为研究工具的标准化量表等很难归到上述几个类型中去。

三、教育科研成果表述的基本要求

（一）高质量教育科研成果的特点

出高质量的教育科研成果是研究者的共同心愿。教育科研成果的质量高低受到多种因素的影响，具体说来，教育科研成果的质量高低首先取决于研究工作本身的质量，取决于研究课题的价值效益、理论基础的科学性、研究过程的规范性以及结果解释的合理性，同时取决于研究者的分析综合能力、专业知识基础以及写作能力。研究成果的表述过程不是一个简单的事实材料的堆砌过程，也不是对研究过程的照相机般的反映实录，而是一个复杂的思维过程，“是一个从复杂的事实材料中提炼出科学观点，以论点、论据形式形成有内在逻辑的研究报告体系，并以抽象的文字符号表达出来，需要正确处理形成研究报告过程中的一系列内在关系，遵循若干基本要求”①。

概括起来，高质量的教育科研成果具有的基本特点为②：

（1）理论构建的完备；

（2）对实践的指导作用；

（3）鲜明的创新性；

（4）切合实际，针对性强；

---

① 裴娣娜．教育研究方法导论．合肥：安徽教育出版社，2005：370

② 裴娣娜．教育研究方法导论．合肥：安徽教育出版社，2005：370

（5）研究方法科学规范；

（6）对研究结果的解释合理；

（7）结构严谨、完整，论证深刻；

（8）文字精练，简洁流畅，具有可读性。

（二）表述教育科研成果的基本要求

论点新颖、论据充分、逻辑严密是表述教育科研成果的基本要求。无论教育科研成果如何复杂、丰富，都需满足这些方面。具体说来，表述教育科研成果的基本要求①为：

1. 在科学性基础上的创新

科学性是教育科研成果的基本要求。实事求是、尊重事实是科学性的根本要求。具体而言，教育科研成果的科学性主要表现在：

（1）要用充分的、确凿的论据和严密的论证，或精确可靠的试验观察数据资料来证明科研成果。比如，用一个班或一个年级获得的一次数据就不能得出一个具有普遍性的结论。

（2）论文内容要实事求是，从实际出发，无论是立论，还是分析、论断，都要言之有理、持之有据，不能主观臆断。

（3）理论观点表述要准确、系统和完整。尤其是学术论文，应区别于新闻报道、小说、散文等，应该严谨，用语要恰如其分，应尽量少用文学性的语言，特别忌讳夸张。虽然也可以生动，但必须是在科学性基础上的生动。另外，要以科学的态度来处理自己的研究与别人研究成果的关系。既注意充分吸收他人的研究成果，也要有自己的独立思考。如果吸收了他人的研究成果，则需要加以清楚说明，不掠人之美也是一种科学的态度。

创新是教育科研成果的灵魂。成果价值的有无、大小与成果的创新性相关联。虽不能说，创新性的成果一定有价值，但可以说，有价值的成果一定具有创新性。强调创新并不是要求一份研究报告从头到尾都要新，而是强调在内容、观点、方法和角度诸方面，有一点或几点自己独到的地方。

2. 观点与材料的一致性

如何处理观点和材料之间的关系，是表述教育科研成果时必须处理的关键问题。观点和材料应一致是教育科研成果的基本要求。这一基本要求强调结论或观点应该从客观存在的事实中引出，这就需要对研究中所获得的大量的材料进行提炼、取舍，精选出最有价值、最典型的事实材料，然后对材料进行分析、归纳和综合，提取论点，选择论据，概括出结论。在这个过程中，如何选材成为一个影响观点和材料能否统一的重要问题。选材的过程不是研究者凭借主观愿望任意“剪裁”的过程，而是一个研究的过程。具体来说，选材应符合以下要求：

---

① 裴娣娜．教育研究方法导论．合肥：安徽教育出版社，2005：370

（1）材料要与研究的主题紧密相关，分清主次；

（2）材料要具有典型性、针对性、代表性和说服力，材料的量与质需得当；

（3）材料要真实准确，符合客观实际；

（4）材料在满足上述条件的情况下，要尽可能新颖生动，并富有时代感。

3. 要有严密的逻辑，并符合严格的语言规范

具有逻辑性是教育科研成果的基本要求。教育科研成果的逻辑性一方面体现为确定性，即科研成果的观点、概念要准确、明确，概念之间的关系要清楚；另一方面体现为一致性，上面已论观点和材料需要一致。除此之外，观点和观点之间、材料与材料之间也需要一致，正如毛泽东同志所说："写文章要讲逻辑，就是要注意整篇文章、整篇说话的结构，开头、中间、尾巴要有一种关系，要有一种联系，不要互相冲突。"① 无论成果的篇幅大小，都需要前后一致，不能自相矛盾。

另外，表述教育科研成果要注意语言文字的准确性、规范性、简明性，要有朴实的文风。要使语言符合约定俗成的语言规范要求，遵循语法规则，使用规范的汉字，准确表达概念，不能模棱两可，慎用模糊词语和比较词，不宜使用文学色彩过浓的语言，用语切忌浮华夸张，既避免用日常生活用语代替科学用语，也不可生造词语，以避免理解上的歧义。另外，措辞需要简洁明了。

第二节　教育科研报告的基本格式

论文的写作和构成，不可能也不应该千篇一律。因此，我们不能规定教育科研报告只能这样写，不能那样写。但是，人们从大量的成功实例中，总结和归纳出研究报告表达方式的共同特点，形成了今天大家常用的论文结构形式。一般而言，论文的正文由总提（或称导言、前言、绪论）、本论和结论三部分构成。正文前有题目、署名和内容提要；正文后有引文注释、参考文献和致谢。教育科研报告的基本格式应符合国家标准的论文编写格式，但又因类型的不同而有所差异。

一、国家标准的论文编写格式

为了统一学位论文和学术论文的撰写和编写格式，便于信息系统的收集、存储、处理、加工、检索、利用、交流和传播，中华人民共和国于 1987 年制定了国家标准《科学技术报告、学位论文和学术论文的编写格式》②。这个编写格式，对制定本标准的目的、学位和学术论文的定义、编写要求、编写格式，以及该格式规定的四大部分，即前置部分、主体部分、附录部分和结尾部分，每部分的每

---

① 毛泽东．毛泽东选集（第五卷）．北京：人民教育出版社，1977：217

② 国家标准局．中华人民共和国 GB 7713—87. 科学技术报告、学位论文和学术论文的编写格式

项内容均做了具体而明确的规定。

现将其中的“编写格式”引录如下：

- 前置部分
  - 封面、封二（学术论文不必要）
  - 题名页
  - 序或前言
  - 摘要
  - 关键词
  - 插图和附表清单（必要时）
  - 符号、标志、缩略语、首字母编写
  - 单位、术语、名词、注释（必要时）
- 主体部分
  - 引言—1
  - 正文—2
    - 2.1
    - 2.2
    - 2.3
      - 2.3.1
      - 2.3.2
        - 2.3.2.1
        - 2.3.2.2
    - ……
  - 图1（或图2.1）
  - 图2
  - 表1（或表2.1）
  - 表2
  - 结论
  - 致谢
  - 参考文献
- 附录部分（必要时）
  - 附录A
  - 附录B
    - B.1
      - B.1.1
      - B.1.2 —B.1.2.1
    - B.2
    - ……
    - 图B1
    - 表B1
- 结尾部分（必要时）
  - 可供参考的文献题录
  - 索引
  - 封三、封底

二、不同类型教育科研报告的基本格式

教育科研报告的格式与国家标准的论文格式基本相同，不过，教育科研报告

的类型不同，其格式也会有些差异。下面就常见的主要教育科研报告进行简要讨论①。

（一）学术论文

学术论文是一种常见的教育科研报告类型。虽然学术论文也有理论探讨性论文、综合论述性论文和预测性论文之分，但无论哪一类学术论文，格式基本上都遵循“绪论—本论—结论”的逻辑顺序。规范性学术论文的框架结构主要包括以下几个方面。

1. 题目

题目是学术论文的“眼睛”，是论文内容的窗口，是论文精要的集中表现，是论文中心论点的具体反映。因此，对题目一定要细加斟酌。确定题目时要力求做到确切（题目与内容相吻合）、鲜明（能表明作者的观点，反映论文的主旨）、新颖（立意新、角度新、风格独特、不落俗套）、简练（题目不能过长，要字字精练，对可有可无的字、词应尽量删掉，过长的题目可用副标题加以调整。一般题目不超过20个字）。

【案例6-1】

从“主体教育研究”到“对一年级学生主动提问的分析”

——标题的特色凝练

有的教师以为标题写得越“高级”、越大，就可以使自己的论文越有分量。例如，不少教师的论文题目都是“主体教育研究”，这好像很概括，其实不准确。因为教师研究的往往只是主体教育中的一个方面，甚至是一个具体问题。例如，有的教师对一年级主动提问的各种现象进行了调查并做了分析研究，写出文章。这篇文章内容虽然属于主体教育范围，但是它的题目叫做《对一年级学生主动提问的分析》才更贴切。

资料来源：冉乃彦．中小学教师如何做研究．北京：人民教育出版社，2006：196

2. 署名

在论文题目下方署明作者姓名及单位。如果是集体创作，可按贡献大小列名。姓名前写上单位。单位与姓名之间空两格。

3. 摘要

学术论文在标题和署名之下、正文之前都应有摘要（Abstract），或内容提要。摘要是对论文内容不加注释和评论的简短陈述。摘要是学术论文的重要组成

① 裴娣娜．教育科学研究方法导论．合肥：安徽教育出版社，2005：359~368

部分。它的主要作用是让读者迅速而准确地了解论文的内容和结果，以补充文题的不足。它既担负着吸引读者的任务，又可供文摘索引杂志选用。

那么，怎样写摘要呢？请先看下面的案例：

【案例 6 – 2】

实现学与教的统一　提高课堂教学的质量

上海静安区第一中心小学　顾惠粱

内容提要：本文就如何实现轻负担、高质量的教学改革，以学与教的统一为主攻方向优化课堂教学，切实提高课堂教学的有效性进行了论述。文章认为，在教学实践的操作中，要做到“教学材料和学习材料的统一”、“完成教学任务与实施心理调适的统一”、“讲授与训练的统一”、“教法与学法的统一”、“教学与活动的统一”。

（《上海教育》1997 年第 2 期）

【案例 6 – 3】

知识经济、创新体系与基础教育

北京教育科学研究院　文喆

内容提要：本文论述了发展知识经济、建立发展民族创新体系需要基础教育的进一步改善与发展。要大力加强基础知识、基本能力、基本态度与价值观念的培养，让创新精神建立在实实在在的人格与能力的根基之上。只要是真正基础扎实的全面发展的人，他就一定会迸发出创造的火花。当前应该特别强调基础教育的多样性与发展性，应努力创造不同儿童、少年的不同发展机会，永远不要追求为某些人奠定一辈子不用变化、一辈子都够用的基础。

（《人民教育》1999 年第 4 期）

【案例 6 – 4】

中小学教师胜任力模型：一项行为事件访谈研究

徐建平　张厚粲

摘要：运用行为事件访谈（BEI）技术访谈 31 名中小学教师，并通过对叙述的 180 个关键事件的主题分析和行为编码以及对不同绩效教师胜任特征的差异比较，构建了中小学教师胜任力模型。模型包括 11 项鉴别性胜任特征和 11 项基准性胜任特征：前者具有区分能力，可用于制定评优和奖惩标准；后者为教师共有，是教师入职必备品质，可用于教师任职资格标准的制定。经聚类分析，这些特征可分为服务特征、自我特征、成就特征、认知特征、管理特征、个人特征六大胜任特征群。

（《教育研究》，2006年第1期）

摘要应具有独立性和自含性。从内容来看，摘要是全文的高度浓缩，提供的信息包括成果的研究目的、研究问题、研究对象、研究方法、研究结论等。从形式来看，摘要撰写应正确、精练、具体、完整。

摘要长短各有不同，比如，期刊论文的摘要一般在200～300个字；而一些学位论文的摘要可长一些，往往在500～1 000个字。但无论长短，摘要都应具有同样的功能，就是读者通过摘要可以了解全文的主题及主要内容。

"简"且"明"是摘要的基本要求。有的摘要虽然"简"，却不"明"，便发挥不了摘要的作用。比如，有的教师写的内容摘要是"本文探讨了四个正确对待学生的观点"，就不如写成"本文提出了尊重学生、理解学生、要求学生和帮助学生四个正确对待学生的观点"，让读者可以获得文章的具体信息。

4. 关键词

关键词也称主题词，是研究成果的文献检索标志，是表达研究成果主题概念的词或词组。关键词是成果信息最高度的概括。关键词必须规范、准确，切忌生造关键词。一般以3～8个词为宜，在排列上，按照概念外延大小或论述先后顺序排列。

关键词要反映研究成果的主旨。例如，上面"中小学教师胜任力模型：一项行为事件访谈研究"一文给出的关键词"中小学教师、胜任力、鉴别性胜任特征、基准性胜任特征、行为事件访谈"，就准确地表达了研究成果的研究对象、研究方法和中心内容。

5. 引言

引言是研究报告的重要组成部分，在行文时可以用"问题的提出"、"前言"、"绪言"等标题。

【案例6－5】

《中小学教师胜任力模型：一项行为事件访谈研究》的引言

一、问题的提出

教师胜任力包括教师能力、知识、自我意象、动机以及人格的特点等，在学校教育教学中，它能将绩效优秀的教师与一般教师区分开来。教师胜任力模型是指这一特定角色需要具备的胜任特征的总和，它是针对教师职业表现和任务要求形成的一组特征。

关于教师胜任力模型的研究，可上溯到20世纪能力本位教师教育（CBTE）和人本教师教育（HBTE）运动……这些模型由于高度强调胜任力的工具性和功能性，结果导致胜任力被分解为多个技能和微技能。与此不同，1966年，澳大利亚国家教学委员会（NPQTL）为教师入职开发设计的胜任力框架则属于一种折中的模型。它……强调模型的整体性和普遍性，所包含的胜任特征彼此独立又相互联系，但在高胜任力和普通胜任力之间未做出区分。

其他有关优秀教师、理想教师心理品质的研究，从不同角度采用多种方法研究了教师职业品质与成功之间的关系。它们虽然关注影响教师工作的教师个人特征，但对教师胜任行为研究较少，数量也有限，所做工作还远不如对儿童特征的研究。在国内，教师胜任力问题已引起关注。本研究选取高绩效中小学优秀教师为效本样本，运用经典胜任力建模方法，分析教师在以往教学工作中发生的关键行为事件，考查绩效行为，探询辨别教师胜任力特征并使其概念化，建构教师胜任力模型。

资料来源：徐建平，张厚粲．中小学教师胜任力模型：一项行为事件访谈研究．教育研究，2006（1）：57

上述案例中的“问题的提出”相当于前言，它包含了以下几个部分：

（1）研究的意义。

研究的问题是教师胜任力模型，其意义是能够将学校教育教学中绩效优秀的教师与一般教师区别开来。

（2）文献回顾。

文献回顾是对以往研究的述评，对相关理论和研究的说明与总结。上述案例主要简要介绍了教师胜任力研究的一般理论、主要模型及不足，其他相关的研究特点与不足。通过如此述评，特别是对相关研究的评价，进一步论证了自己研究的重要性和必要性。

（3）研究的问题、研究目的与研究方法。

在文献回顾后，一般应明确地提出研究的问题，说明研究的目的，有必要的话还需简要说明研究的方法。如上述案例中的“本研究选取高绩效中小学优秀教师为效本样本，运用经典胜任力建模方法来分析教师在以往教学工作中发生的关键行为事件，考查绩效行为，探询辨别教师胜任力特征并使其概念化，建构教师胜任力模型”这段话对研究的目的、研究的问题和研究的方法都进行了简洁的说明。

不过，前言（或总提、导言、绪论）的写作方式是多种多样的，作者可以根据自己的情况而定。试看下面案例：

【案例 6-6】

素质教育应重视培养学生的质疑品质

知识经济逐步向我们走来，教育面临 21 世纪激烈的国际竞争。在基础教育逐步从应试教育转向素质教育的过程中，我们都注意到了一个重要问题：教育一定要培养创造型人才。也就是说要培养具有创造精神和创造能力的人才，这是我国教育面向现代化、面向世界、面向未来的需要，是素质教育的核心。如何培养？从哪里入手？我认为注重培养学生的质疑品质非常重要。

（《基础教育研究》1999 年第 3 期）

【案例 6－7】

关于创新教育的思考

1998 年 11 有 24 日，江泽民主席在俄罗斯西伯利亚科学家城会见科技界人士时指出："要迎接科学技术突飞猛进和知识经济迅速兴起的挑战，最重要的是坚持创新。创新是一个民族的灵魂，是一个国家兴旺发达的不竭动力。创新的关键在人才，人才的成长靠教育。"创新是知识经济的核心和发展动力。而"教育具有开发创造精神和窒息创造精神双重的力量"（联合国教科文组织《学会生存》的报告）。当前，把培养学生的创造意识和创造能力作为学校教育改革的主要目标，大力开展以创新精神为核心的素质教育，在我国已显得至关重要。本文就如何进行中小学的创新教育作些探讨。

（《基础教育研究》1999 年第 3 期）

【案例 6－8】

小语"四结合"教学改革的理论与实践

当前，心理学家对人类学习过程认知规律的研究不断深入，建构主义作为国外认知学习理论的一个重要分支被引入我国小学语文"四结合"教改的实验中，并受到我国广大教育工作者的广泛关注。以多媒体计算机和网络信息技术为代表的现代教育技术作为建构主义学习环境下的理想认知工具，在促进学生认知结构及能力发展方面成效显著。随着现代教育技术日新月异的进步，建构主义理论愈发显示出其强大的生命力。与此同时，小学语文"四结合"教改实验的影响也日益壮大。因此，我们要积极开展对小学语文"识字、阅读、作文与电脑应用""四结合"教改实验理论的研究与实践。

（《小学语文教学》1998 年第 1 期）

【案例 6－9】

物理教学现代化与素质教育

教育现代化与素质教育，是一个非常紧迫的极富现实主义的课题。笔者认为，物理教学绝不仅是使学生掌握物理知识，还应在教学中渗透当代科学技术发展的活力，培养学生对科学的兴趣，使之养成科学的行为、品格，真正成为适应现代科技发展的优秀人才。因此，物理教学要向现代化迈进，真正向素质教育转变，应在拓展“六个视角”、实施“六化”等几个方面做出努力。

（《上海教育》1999 年第 4 期）

以上四个案例分别是四篇不同教育论文的前言。如果仔细分析，不难看出，四个案例前言的写作风格和形式是各不相同的。第一个案例采用的是“单刀直入”、“开门见山”式的直接提出论题的写作手法；第二个案例则是通过引用材料的手法而导出论题的；第三个案例是以介绍情况、交代背景为切入口进入论题的；第四个案例采用的是揭示要点、概括全文的写作形式。四个案例前言的写作形式、角度虽然不同，但它们都达到了各自的目的。因此，教育论文前言部分的撰写没有也不应该是千篇一律的写法，作者可根据自己的写作风格及论文的类型，采用自己喜欢的方法来撰写，但不管采用何种写作方法和形式，有些要求还是要共同遵守的。

前言是论文的开头，文字要简练，不能过于冗长。它阐述论文是为解决什么问题而写的，与这个问题相关的背景怎样。这一方面可以作为读者选读的依据；另一方面也可以衬托问题的重要性。要说明研究课题的价值和意义，以帮助读者理解论文的学术观点；交代清楚论文的研究范围、特点及其精髓，以利于读者在读正文之前就对论文的精华有所了解。当然，一篇论文的前言并非都要满足这几方面的要求，但应以上述精神为其特点。

6. 本论

本论是学术论文的核心和主体，它体现了学术论文质量和水平的高低，因而，必须十分重视这部分的撰写。写好本论部分，首先要掌握充分的材料，在此基础上对材料进行分析、综合和整理，经过概括、判断、推理的逻辑组织和逻辑证明，最后得出正确的观点。以观点为轴心，贯穿全文，用材料说明观点，做到材料与观点统一；用观点去表现主题，使观点与主题相一致。在论文中，如何使自己的论点得到有力的论证，是撰写论文时应关注的核心问题。

不过，由于学术论文涉及的选题、研究方法等存在很大的差异，结果表达方式也存在一定的差异，因此没有统一的本论格式要求。但是，实事求是、准确完备、合乎逻辑、层次分明则是不同格式的正文的共同要求。

7. 结论或讨论

学术论文的结论部分是作者经过反复研究后形成的总体论点，是研究报告的归宿，是分析问题和解决问题的必然结果，是在本论部分立论和论证的基础上，水到渠成般引出的。这部分写好了，会收到锦上添花、画龙点睛的功效。这部分的写作应与前言、本论部分的立论相一致，做到前后呼应；同时应指出哪些问题已经解决了，还有哪些问题尚待进一步探讨。另外，必须对主要观点进行科学概括和总结，达到深入主题、揭示规律的目的；不应是本论部分内容的简单重复，更不能只谈几点体会或喊几句口号。因此，结论的写作必须措辞严谨，逻辑严密，文字具体。

【案例 6－10】

《中小学教师胜任力模型：一项行为事件访谈研究》的结论

建构的中小学教师胜任力模型包括 11 项鉴别性胜任特征和 11 项基准性胜任特征。其中，鉴别性胜任特征有……，基准性胜任特征有……。统计分析高度支持了该研究预设的方向。以后研究应针对不同类别的教师，探测出他们的特殊胜任力和核心胜任力，以及不同岗位需要的胜任特征组合及其胜任特征预测等。

资料来源：徐建平，张厚粲．中小学教师胜任力模型：一项行为事件访谈研究．教育研究，2006（1）：61

上面案例中的“结论”是对研究的总体概括，并指出了今后进一步研究的问题。

8. 引文注释、参考文献与附录[①]

教育研究的成果是前人研究的继续和发展，在撰写教育科研报告的过程中常常需要引用别人的材料、数据、观点等。为了尊重别人的劳动，体现作者严肃的科学态度和严谨的学术规范，教育科研报告需用引文注释和参考文献的方式，列出直接提到的或利用的资料的出处。

（1）引文。

教育科研报告经常用引文来代替、说明、辅助思想的表达。引文包括引用原文和引用原意等种类。引用原文必须在引文前后都加上引号，以区别于正文。不过，如果所引用的原文字数较多，或者综合多人相同的意见，则可采用引用原意的方式。

对一份研究报告而言，引文只是论证的辅助手段，故引文要恰当，同时要注意引文的完整、贯通。

（2）注释。

①引文注。引文需要注明出处。引文注释分为页末注（脚注）、文末注（段落后或篇后注）、文内注（行内夹注）和书后注四种。

页末注是在本页文章的下端，与正文之间画一条横注线，在横注线下方注释；段落后注是在段落的后边，一般使用“注”字，或“注 1”、“注 2”等；篇后注是在每一篇文章后面编制一个顺序，依次加以注释；文内注一般用小号字

---

① 张建．研究报告撰写指导．北京：教育科学出版社，2004：32～38

体，穿插在引文后面；书后注则是把注释安排在全书最后。

引文注释应按引文出现的先后顺序标明数码，其方法是在引用材料的右上角用小圆圈和阿拉伯数字标注，如：

……教育观念的更新与转变是一切教学改革的先导①

……教育观念的更新与转变是一切教学改革的先导[1]

……教育观念的更新与转变是一切教学改革的先导1

然后依次加以注释。

注释内容包括作者姓名、文献标题（加书名号）、书刊名称（加书名号）、卷数、册数或期数、出版社名称、出版年份、页码。从别的书上转引的材料，则应注明转引自何书。同一页上的引文如与前一条相同，则可注“同上”或“同①，第几页”。引用外文资料，注释中的书名和篇名可用译文，也可用原文。

引文注释示例：

a. 图书注释包括：作者．书名．版本．出版地：出版者，出版时间．页码

例：邓小平文选（第二卷）．第二版．北京：人民出版社，1994，256

（第一版不必注明版次）

b. 引用报纸的注释项包括：作者．文章名．报纸名，－年－月－日（版次）

例：赵君宁．略论辛亥革命前后的章太炎．光明日报，1977－03－24（4）

c. 引用连续出版物（通常所说的期刊，当然也有其他的连续出版物）的注释项包括：作者．文章名．期刊名，年，卷（期）：起止页

例：于伟．论人类中心主义教育观问题．教育研究，2006（1）：16～19

②题注。有些研究报告需要进行一些说明，可以用题注的方式说明。所谓题注是指紧接着题目后的注，常用符号“＊”表示。题注的使用较宽泛，它可以用来说明本研究属何种课题，本研究得到何种资助，或者研究的其他参与者或合作者等。

（3）参考文献。

参考文献是指和论文有关的重要文献，一般附于论文的篇末。每一项文献应写明著者姓名、书刊名、出版地、出版社和出版时间。

9. 致谢

对于曾经指导过研究工作或论文撰写，或在论文研究期间提过有益的建议或提供过便利条件，而又没有在文章中署名的师友或其他人员，可以在文章的后面用简短的文字表示感谢。

（二）教育调查研究报告

教育调查报告一般包括标题、摘要、关键词、前言、正文、总结与附录、引文注释与参考文献等几个部分。摘要、关键词、引文注释与参考文献的基本要求与上面所述相同，下面仅就其他内容加以说明。

1. 题目

题目要简洁明了，用一句话点题，直接反映主要研究问题，例如《广东省高中生责任心现状的调查研究》，也可加副标题。正标题表明调查的中心，副标题是对正标题的补充说明。

2. 署名（略）

3. 摘要（略）

4. 关键词（略）

5. 前言

开宗明义地简要说明调查的目的、意义、任务、对象、范围和方法等。具体来说，前言首先要简要说明调查的是什么问题，调查此问题的缘由和背景，调查的过程，主要调查的内容，国内外对同一课题的研究概况以及此次调查的意义和价值。其次要说明调查的基本情况，概述调查的事件、地点、对象、范围、取样及调查的方式方法。再次要对此次调查的有利因素和不利因素进行分析。

6. 调查的基本情况分析和讨论

这是调查研究报告的主干部分，也是写作的重点。通过叙述、图表、统计数据及有关文献资料，用纲目、项或篇、章、节的形式呈现。主要有平列分述式和层层深入式两种撰写方式。采用什么方式与调查研究的类型相关。不过，无论采用何种方式，都需要处理好材料和观点的关系。可以先列出材料，然后进行分析和推论；也可以先说明观点，然后用调查的事实材料进行分析。调查中若发现具有分歧意见，则需要进行讨论。

7. 结论和建议

在对调查内容进行总体的定性、定量分析的基础上，归纳、概括出事物的内在联系，并提出关于被调查现象的新见解和参考意见。

8. 注释与参考文献（略）

9. 附录

必要时，调查研究报告还需要有附录，即附在正文后面的原始调查资料，如调查表格、原始数据、研究记录等附在报告后面，用于说明和佐证调查材料的可靠性。

（三）教育实验研究报告

教育实验研究报告是对教育实验研究的全面总结。教育实验研究报告的基本格式包括标题、摘要、关键词、前言、方法、结果、讨论、引文注释与参考文献等部分。摘要、关键词、引文注释与参考文献也与学术论文相同，这里不再赘述。

1. 标题

教育实验研究报告的标题要求简练具体。它应包含所研究的主要变量，能清楚、准确地呈现出研究的主要问题，如“渗透式数学学习指导的研究与实验”，标题便说明了研究的主要变量（渗透式数学学习指导）。如有必要，也可采用副标题的形式。

2. 署名（略）

3. 摘要（略）

4. 关键词（略）

5. 前言

教育实验研究报告的前言部分要提纲挈领地显示研究的直接目的、针对性、研究价值以及在同类研究中的学术地位等。具体包括：提出问题，阐明研究的目的；简要分析国内外研究的现状，说明实验的依据、意义、价值；研究所要解决的问题以及研究的理论框架等。前言要简洁明了，表述要清楚。

6. 实验方法

阐明实验研究所使用的研究方法。该部分的基本内容包括：

（1）研究课题中出现的主要概念的定义和阐述。

（2）被试的条件、数量、取样方法。

（3）实验设计，实验组与控制组的情况，研究的自变量因素的实施及条件控制等。

（4）实验的程序，通常涉及实验步骤的具体安排、研究时间的选择等。

（5）资料数据的搜集与分析处理，实验结果的检验方式。

7. 结果

全面准确地呈现实验中得到的各种结果，并简要说明每一结果与研究假设的关系。基本内容包括以下两个方面：

（1）对研究中搜集的原始数据、典型案例、观察资料，用统计表、曲线图结合文字进行初步整理、分析。

（2）在对资料进行初步整理分析的基础上，采用一些逻辑的或统计的技术手段，得出研究的最终结果或结论。

结果部分的撰写，需要注意以下两点：

（1）叙述的是该实验研究的真实结果，强调结果的客观性和准确性。进行定性分析与定量分析，以准确无误的数据资料说明问题。不过，不是对事实的简单罗列，而是从数量变化中揭示所研究对象的内在必然联系。另外，要注重陈述事实，不应夹杂他人的成果，也不应外加研究者的主观议论和分析。

（2）注意资料翔实，层次清晰，前后连贯，文字准确简明。结论应该是在对实验事实的客观分析、比较、归纳、综合的基础上，经过严谨的、科学的、合乎逻辑的论证而得出的，不能任意引申、夸大。

8. 讨论

讨论是对实验结果的含义和意义的评价。讨论的基本内容包括：

（1）对实验结果进行理论上的分析和论证。不仅可以以摘要形式概述研究的结果，阐明研究结果的意义，以及对本实验多次研究结果进行综合分析，而且可以在与前人所做研究结果的比较分析中，将自己的研究纳入某一理论框架，以建立或完善理论。

（2）对本实验研究方法的科学性和局限性进行探讨。如对误差、显著性的分析等进行必要的反思，对研究成果的可靠程度和适用范围做进一步说明。

（3）提出可供深入研究的问题，以及本实验研究中尚未解决或需要进一步解决的问题，对未来的研究以及如何推广研究提出建议。

9. 注释与参考文献（略）

10. 附录（略）

（四）教育行动研究报告

教育行动研究的过程是以一个循环或螺旋循环的形式来思考与解决问题的过程。因此，报告的重点应放在呈现融合于每一循环或螺旋循环中的知、行、思的过程与结果上，也就是教师本身的专业成长、教育实践的改进以及教育知识体系的启发上。由于教育行动研究法的教育科研与教育实践紧密结合，因此教育行动研究报告的撰写可以更富有“实践性”特色，可以以实践过程为线索，不一定很严格规范。一般行动研究报告的结构可以采取如下形式：

1. 题目

行动研究报告的题目一般可以冠以“试验”、“尝试”、“探索”等词。因为行动研究法的实质就在于在实践中“试一试”所制定的具体措施究竟有没有效果，效果有多大。如“采用自练中算卡片提高小学低年级学生口算能力的试验”，“中学数学课堂教学改革的尝试”，“×××小学实行‘班级心理委员会’的尝试”，“××学校进行‘新课改’的探索”。

2. 署名（略）

3. 摘要（略）

4. 关键词（略）

5. 问题的提出

这部分可以称为“研究的目的与意义”、“前言”；也可以用“……的必要性”作为标题。如“在小学实行‘班级心理委员会’的必要性”，“在中学进行‘新课改’的必要性”，“数学课堂教学改革的必要性”，等等。

6. 具体行动

如“实行‘班级心理委员会’的具体做法”，“实施‘新课改’的具体措施”，“改革数学课堂教学的方法步骤”，等等。这部分主要阐述行动研究的具体措施及实行这些具体措施的依据。

7. 研究结果及分析

按照研究设计方案中设计好的效果指标逐项对研究中收集到的资料、数据进行定性、定量分析，以表明实行的具体措施是有效的。同时，运用教育理论对实行这些措施所取得的成效给予一定的理论解释。

8. 结束语

结束语是对全文进行概括，并提出今后的设想。

9. 参考文献与附录

参考文献与附录包括重要的参考文献和研究材料。

（五）教育经验总结报告

经验总结报告是在教育教学实践中，经过去粗取精、去伪存真的积极探索而积累起来的经验的系统化、理论化的书面材料。经验总结主要是指能反映规律的实践经验和认识经验，更偏重实践中的作法和自身感受。经验总结要体现三性：实践性、概括性和个性。教育经验总结报告的基本结构一般包括如下几个部分。

1. 题目

题目可以是既定的科研项目，即专题经验总结；也可以是对某一阶段（如一学期、一学年等）全部工作的回顾。从中找出成效较大、印象较深，且富有新意的东西来确定总结的题目。根据是否是全面的经验、专题目的经验或点滴经验来确定题目的大小，找出作者印象最深、成效最大，富有新意的东西来做标题。初学写总结的作者题目宜小不宜大，如一个教师要写《小学教学整体改革》这样大的题目就不切实际。

2. 署名（略）

3. 摘要（略）

4. 关键词（略）

5. 前言

前言没有固定的表达方式，大多数以凝练简洁的语言交代本篇经验总结的背景、写作目的、取得的主要成绩等，使读者一开始就判断出有无参考价值。前言一般有四种写法：

（1）介绍背景。其具体包括缘由、时间、环境、内容提示。

（2）单刀直入，提出需要解决的问题。

（3）介绍本单位的基本情况、成绩和效果。

（4）综合上述三种写法。

6. 正文

围绕经验总结的主题（总观点）组织材料，可在文中设小标题，但要注意所叙述的若干个问题的内在联系。经验总结既要有典型的事例，又要通过分析研究加以理论概括，做到内容生动、有理有据、说理性强，使人在思想上受到启迪，工作上可资借鉴。正文的写作有四种基本构思：

（1）按工作的过程写，报流水账，最后讲些体会。

（2）按解决的问题写，提出一个问题，采取相应的办法，把作法写出来，必要时可对问题的原因及办法的根据加以说明。

(3) 按体会来写，把问题、过程、作法和感受结合起来，夹叙夹议。哪几点体会最深就写哪几点，讲清内部联系更好，不讲也可以，但体会不能抄别人的，必须是自己的真情实感，用自己的语言写出特色。

(4) 按理论性的归纳来写，这是比较深层的总结方法，强调抓本质、抓联系、抓规律，如《怎样上好阅读课》提出要处理好的几个关系：文与道的关系，传授知识与培养语文能力的关系，课内学习与课外阅读的关系等。

7. 结尾

这是经验总结的精髓和结晶。它是通过正文的典型材料及对其分析而概括出的结论，是从大量具体的事实中找出的规律性的东西，它应反映作者的独到见解。结尾是对正文表述的再一次概括，是总结的总结，是经验的精髓，因此，语言要准确，给人印象要深，甚至要起到画龙点睛的作用。如《语文课堂启发六法》的结尾说："教育有法，但无定法，贵在启发。"有的在谈四步法教学之后说："教学方法的好坏，关键在能否调动学生的学习积极性，能调动的就是好方法。"结尾也可以概要说明本经验之不足，以及需要完善的地方。

【案例6-11】

讲出真我的风采——教学经验总结材料

我从事中学教育已有十余个春秋了，任中教一级教师也满五年了。经过多年的磨炼，我的知识结构和教学水平都有了新的提高。特别是随着改革的深入，我对教育的认识、理解更清晰了。当然，其间的摸索、辛苦自不必说，所幸的是摸索之后，终于有点滴心得可供玩味。虽然它还很稚嫩，但是我想它是一块基石，在它的上面将会筑起更深邃的思想大厦。现择其一二，以就教于行家。

一、引导学生构建自己的精神家园

作为一个语文教育工作者，最注重的当然还是全面提高学生的语文素养。广泛大量的阅读是基础，我常感到学生的作文不能令人满意，即便是优秀作文，也给人以炫技之感，其精神内涵和情感包容，相对说来总觉得要平淡一些。这当然和学生的生活阅历有关。但这种不足，可以通过吸取前人的生活经验、心路历程、精神成果等来弥补，而阅读正是获得这种滋养的重要途径之一。文学名著，当然是青少年最适宜的读物。

现在，语文教育界对培养学生的人文精神、丰富其底蕴，已经比较注意。所谓的人文精神，不仅培养学生良好的思想品德，而且注重对人文社科知识的了解、文化素养的提高，力求塑造一个完整的"人"。面对浩瀚的宇宙、无尽的时空、熙熙攘攘的人生，人存在的理由是什么？精神家园在哪里？这当然不是一门语文课所能解决的。但在对人类精神作品的大量阅读之后，在激情的撞击下，在理智的思考中，青春心灵必将有一种内在飞跃，生命也会达到一种圆融自在的境界。这对学生语文素养的提高，无疑将会产生巨大的作用，而且这种作用，可能更多地体现在丰富学生的情感和精神层面上。

二、努力提高语文课堂教学的效率

中学教育直接面临升学的压力，既要关注学生精神层面的提升，又要加强学生语文基本功的训练，所以，提高语文课堂教学效率是语文教学工作中的重中之重。而对于课堂教学来说，读、写是中心环节。

首先是读的教学。读是重点，就语文性质而言，学语文的一个重要目的就是阅读，为了认识和理解书刊、报纸、影视所传递的信息。读也是其他学科取得好成绩的基础，不多读则无以广识。而要多读就要学会速读。寻求一个有效的速读方法对提高教学效率很重要。美国阅读教学讲“五 wh”这一方法，可拿来作借鉴。经常这样做，能逐步形成快速摄取课文主要内容的能力，而我们的学生所缺乏的就是这种能力。我在阅读教学中把训练速读能力作为一个重点来抓。

其次是写。对教师来说，教读是手段，教写是目的；对学生来说，读就是学，写就是用，就是实际操作。而技能必须经过实际操作才能获得。只有在写的反复实践中，才能够使学生在写作中学会写作，达到正确理解和运用祖国语言文字的目的。基于此，我给学生布置的作业基本上是写。两周一篇大作文，每周一至两篇日记（高中为读书笔记）。另外，课堂就教学内容临时设置一些片断作文。我还搞了一套二次作文的教学法，就是一个题目学生做两次：第一次学生自由做，第二次在教师指点下修改再做。然后学生比较前后所做的作文，发现必将大有所获。

当然，以读为重点，写为中心的课堂教学必须从思想教育入手，教育学生热爱祖国的语言文字，了解它的历史和丰富的表现力。美好的情感和道德情操是读写的基础，没有美好的情操，读会使人索然寡味，写也会使语言面目可憎。

总之，熟练的读、写应该是学生努力把握的目标。叶老说：“学生既然要一辈子看书作文，语文就得着眼在这点上，为他们打下坚实的基础。”语文课堂教学就得咬住这个关键不放松。

三、不断拓展学生写作素质的途径

读写是课堂教学的中心环节，而写作更是一门较独立的学问。在教学中我借鉴前人发明的“六环节”作文教学法，深得其味，我认为这是提高学生写作素质的一条重要途径。“六环节”教学法就是“讲知识——读课文——练技能——用规律——评效果——修改提高”，简称“讲、读、练、用、评、改”。

1. 讲知识：就是教会学生理解并掌握运用语文规律的知识。

2. 读课文：就是引导学生把课文作为运用语文规律来达到表达的目的，把课文作为写作的“示范”。

3. 练技能：要求学生在语文基础知识指导下运用范例进行单项基本技能的练习，有口头的，有书面的。由于练得及时，学生思维活跃，思路畅通。

4. 用规律：要求学生在掌握某些基本技能的基础上，进行一定范围的综合训练，自觉创造地运用所学的有关语文知识指导读、写、听、说的实践活动。

5. 评效果：运用所学的语文知识检验实践效果，培养学生鉴别是非优劣的能力，提高学生和实践相结合的水平。

6. 修改提高：明确了实践效果之后，发扬优点，克服缺点，尽量使作文写得完美。

以上教学法是在学习他人的基础上，我补充完善的一点儿心得，在实践中效果明显，学生也较欢迎。当然这是就具体作文实践而采用的方法。在阶段作文教学中，我注意多与少的辩证关系，“多”就是平时学生自己多写多练，“少”就是教师重点讲评。

四、讲出真我的风采

相当多的教师，尤其是青年教师太依赖教学参考书，甚至离开它就上不了课。这说明我们对语文教学和语文学习还未得到正确的认识。语文能力不是教出来的，而是在语言实践活动中不断感悟与积累而获得的。语文课怎么上呢？没有教参的课文怎么讲呢？其实很简单，讲出教师自己认真阅读后得到的感悟就行了。也许你的理解与别人的不一样，但这与不认真读课文而只照搬教科书结论的做法，其差距是很大的。

怎么才能讲出你自己的感悟呢？

第一，扔掉拐棍，自己走路。备课时一定先熟读课文，确有必要时再看教参书，切忌在阅读课文之前就把教参上的课文分析抄到教案上。只有自己用心阅读，才能知道一篇文章什么地方有弦外之音，等等，这样的课才是讲出了你自己的心得，也才能讲到学生的心里去。

第二，扔掉框框，独自品味。前些年盛行的“解词——分段——概括——写作特点”的课文分析模式，常常束缚了教学创造力，扼杀了师生的灵性。领会文章写作中心当然是重要的，但一篇文章所表达出来的思想感情常常是复杂的、多方面的，作者丰富、复杂的思想情感需要独自去品味，而不是得出一个标签式的结论就算完事了。

第三，扔掉枷锁，独立思考。西方一位教育家说过：“分数是教育史上最糟糕的发明。”现在，考试当然还是必须有的，但在平常的课堂教学中，谁能扔掉分数这个枷锁，谁就能真正解放学生，也解放自己。在语文教学中，在具体的语言环境里，除了字的读音与写法答案是唯一的以外，其他从解词到造句与写法分析，答案几乎不是唯一的，都应该是开放式的。因此，在教学中要鼓励学生独立思考，要鼓励他们谈出自己独有的感受及与众不同的见解，不要轻易否定他们经过思考而得出的结论，即使这个结论与参考书上的可能是不同的。这样的教学才会使学生不断地聪明起来，也才能使教学真正成为自己的教学。

以上是我的几点教学体会，教海无涯，我深知自己仅是一个初涉者，今后的路还很漫长。我将继续努力，使自己的知识水平和教学能力达到一个新的高度。

资料来源：http：//www. lunwen007. com/discourse/189/91794130911. htm

除上面几种主要形式外，教育科研报告还有教育个案报告及其他成果形式。教育个案报告已在相关研究方法中予以了说明，其他报告如教育观察报告等则与教育调查报告格式类似，故不在此说明。

第三节　撰写教育科研报告的基本环节

教育科研报告的撰写过程是一个通过思维加工和文字加工，将第一手研究资料转化为研究成果的再创造过程。这一再创造过程虽因报告类型的不同而有些差异，但也需遵循一定的操作程序。分析科研报告的撰写过程，可以将这一过程大致分为三个相互联系的基本环节，即拟定提纲、行文和修改。每一个环节的要求都不同。

一、拟定提纲

在教育研究报告的撰写过程中，论题选定以后，经过搜集、整理资料，并对资料进行思考，即进行加工制作之后，便应着手构建写作提纲。

提纲构建主要解决报告的骨架问题，从而使报告找到表现其基本观点的完整、严谨的结构形式。这里所谓的“结构”是指文章各部分按一定的组合关系联结而成的序列。“结构”主要包括两方面的内容：一是文章各部分的先后顺序；二是文章各部分之间的内在联系。前者关系到文章的总体布局，比如，如何开头、如何展开、如何结尾等问题；而后者则涉及文章的完整性、条理性以及层次与组合方式等问题。提纲就是作者对文章结构的一种规划。有些初学论文写作者不太愿意写提纲，喜欢直接写初稿，这是不值得提倡的。就学术论文写作而言，在动手写作之前，拟好提纲对文章的写作有着十分重要的意义。

（一）拟定提纲的意义

拟定提纲的意义主要表现为：

1. 有利于更好地阐明观点

学术论文的本质在于阐明论文的基本观点，但观点的表述要依据详尽的资料和有力的论证。无论作为论证支点的资料，还是作为阐明观点的论证，都需要言而有序。“有序”，从宏观上说，就是论文的结构布局问题。中心明确，脉络清晰是对结构的基本要求，是拟定提纲的一条基本原则。有了提纲，才能有层次、有步骤、有说服力地表达观点。因为论证只有一环套一环，层层推进，才能形成相互间有机联系的整体。

2. 有利于避免写作中出现大的失误

提纲是作者对论文的总设计，是论文写作的一幅蓝图。从它的内容来说，是作者思路外化的一种表现；从它的功能来说，是对作者写作活动的一种规范，一种理性自觉，是使写作达于成功的一个前提。有了合适的提纲就可以避免结构紊乱、层次错位、详略不当、材料与观点不合、跑题，甚至下笔千言却不知所云等情况的发生。

一般说来，无论是初学写作者还是学界高手，其写作的论文总是要修改的，有时修改一遍还不行。就修改的性质而言，可能有两种：一是小修小改；二是大修大改。这两种情况的存在，如果把论题和基本观点方面存在的问题排除在外，那么主要跟论文提纲的拟定有关。如果拟定了一个合适的提纲，依纲成文后，纵然需要修改，但因为大的框架无误，所以这种修改也只是局部的、枝节方面的改动、润色。如果没有拟定好提纲就勉强成文，那么很可能会因为基本骨架不对，而要进行大的修改，即伤筋动骨地改动，甚至要全部返工。这样一来，不仅浪费时间和精力，在精神上也是一种沉重的打击。因此，无论如何要避免这种情况的发生。

3. 有利于文脉贯通

教育论文一般都不是一两千字的小文章，而基本都可以说是“长篇大论”，不可能一气呵成，因此，其写作的难度比较大，写作的时间比较长，这就很需要借助提纲来提醒自己、连接思路，保证文脉贯通。经常从事写作的人都会有这样的体会，由于全身心地投入前一部分的写作，或写作中途去从事一段时间其他方面的工作，会导致注意重心的转移，原先的思考早已淡忘，因而对下一部分如何写，头脑中甚至是一片空白。这时候，就必须借助预先拟定好的提纲来给自己提供线索，唤醒记忆，使思路畅通。因此，有了论文写作提纲，作者可依纲逐段写作，把一段段写好，就能文脉贯通地构成全文。

4. 有利于增强文章的可读性

提纲所表现的是文章的结构形式或结构样式。犹如一座建筑物，其样式必须符合美的规律。就文章的结构布局而言，也应如此。一个经过精心组织的提纲，能够使层次与重点一目了然，各种获得的材料巧妙组合，各部分能够统筹兼顾，逻辑推进做到顺理成章，段落过渡达于严丝合缝。这样，就为实现内容和形式的统一打下了坚实的基础，从而给读者以整体感、条理感和匀称感，满足了读者对美的欣赏要求，也提高了文章的可读性。

（二）拟定提纲的原则

提纲的拟定是一项困难而复杂的工作。要做好这项工作，必须遵循如下原则。

1. 在根本依据上，要服从基本观点表现的需要

文章结构形态的形成，其根本的依据是文章的主旨，即基本观点。怎样开

头、结尾，怎样划分层次、段落，怎样过渡、照应，怎样选材、剪裁，以及以怎样的线索、脉络组合材料，诸多问题都要根据主旨的需要来加以审慎考虑、精心筹划。比如，某一部分，单从局部看，即从表现基本观点的要求看，它插不进去、用不上，也只能割爱。

2. 在总体构思上，要体现提出问题、分析问题和解决问题的基本脉络

论文总是针对问题发表议论，总是阐明关于某一问题的基本思想。因此，提出问题就是作者在文章中立起"靶子"，这是文章议论的对象，是文章展开议论的基本前提。问题提出以后，就要分析问题。要分析问题的种种表现，揭示问题的实质性特点，对所提出的问题要回答"为什么"是这样，而不是那样；要从不同角度用逻辑思维的方式对问题做出周密的解释，使读者明了和理解作者的观点。分析问题的目的在于解决问题。解决问题就是在理论上回答"怎么办"，即提供解决问题的理念、思路和办法。一篇论文在分析问题的过程中，在对问题形成原因的论述中，实际上已经为问题的解决奠定了理论基础，提供了逻辑支撑。在文章结构中，如何解决问题的意见，既可以将其穿插在分析问题之中加以说明，而不一定占一个独立的部分，也可以单设一个独立的部分，就解决问题的方法、步骤、措施进行详尽的阐述。

3. 在具体的布局上，要体现内在的严密逻辑联系

这里的具体布局，是指以总论点为中心，搭起以分论点为支撑的框架结构。其中，涉及分论点，即文章层次如何划分，也就是设置哪些层次，以及层次安排的顺序等问题。作者应该按照提出问题的方向，找出这个问题本身应有的若干方面或环节，这些方面或环节，表现在论文结构上就是层次。作者必须清楚地分析出这些层次之间在内容上是平行的，还是从属关系；分清各分论点与总论点之间在内容上的亲疏远近关系、里外关系、先后关系、轻重关系等。在搞清这些关系的基础上，就可以按照某种逻辑线索建构层次结构，从而有次序、有步骤地表达中心思想。

4. 在表现形式上，要体现结构的完整性

一篇教育论文是由各个局部组合而成的完美统一的整体。因此，结构的完整性首先表现为若干必备部分的完整，如总论与分论、交代与照应、起与承、承与转等，不能使任何一个部分缺少，不然就会使整体结构松动。其次，结构的完整性应该表现在各部分在文章中应有合适的量的比例，如主与次、疏与密、首与尾等。主要部分在量上无疑应该大于次要部分。再次，每个部分如果用小标题来加以指称的话，那么，在语气风格上要一致，且与整个文章的风格、内容相协调。总之，要全面考虑文章各个部分的匀称饱满，各个环节的协调完美，这样才能体现其结构的完整性。①

---

① 陶富源．学术论文写作通鉴．合肥：安徽大学出版社，2005：197

（三）报告提纲的基本内容①

一份酝酿成熟的报告提纲，应反映下面四方面的内容。

1. 标题

标题是科研报告的“眼睛”。在拟定提纲时，首先需要考虑的是标题。关于标题的具体要求已在上文中有所涉及。总体来说，标题要直接、具体、确切、醒目，忌太大太泛或与内容不匹配。不过，标题是需要反复推敲、反复斟酌的，可先拟定一个初步的标题，然后在提纲中全部拟定，甚至报告撰写完毕后再来推敲修订标题。

2. 中心论点和分论点

通常，一篇科研报告的中心论点是由几个方面的分论点来支撑的。在拟定提纲的时候，应该围绕中心论点把分论点一一列出，同时考虑两个问题：一是每个基本论点同中心论点之间有什么联系，怎样论述；二是各个基本论点之间有什么联系，怎样论述。然后按论证过程的逻辑顺序将基本论点编号排列，这样就形成了文章的基本骨架。

3. 各分论点所用资料（论据）

同上述“2. 中心论点和分论点”的过程相仿，围绕每个基本论点列出下位论点和事实资料，同样要考虑两个问题：一是各个下位论点与基本论点之间的关系，以及事实资料与下位论点的关系；二是各个下位论点之间的相互关系。然后按论证过程的逻辑顺序将基本论点编号排列，这样就形成了每一大段的骨架，而组成每一大段的基本单位是一个自然段。

4. 层次段落

不是所有的提纲都具体到层次段落，但在撰写报告的过程中，如何安排层次段落及其关系也是非常重要的。如果在撰写提纲时就对层次段落有所思考，则有助于报告的撰写。这主要要考虑层次段落及其相互间的关系。具体来说，要求做到以下三点：

（1）每一段都要求尽量统一、完整，各段之间要有内在的联系。

（2）每一段都要有表达中心意思的段中主句。

（3）每段的容量要适当。

【案例 6－12】

试论小学生作文教学的几个观念②

（写作提纲）

绪论

教育观念的更新与转变是一切教学改革的先导，也是教学改革发展的原动力

---

① 张民生，金宝成．现代教师：走近教育科研．北京：教育科学出版社，2005：202～205

② 转引自张人杰，周燕等．中小学教育与教师．广州：广东人民出版社，2003：498

目前，支配小学作文教学的观念是“教师中心论”

这种费时低效的形式至今仍是许多教师的法宝

要走出困境，首要任务是要有明确的观念

本论

一、素质观——作文教学的本质就是素质教育

（一）要把作文教学的过程与提高学生思想道德素质有机结合起来

1. 要引导学生在观察事物、积累材料中寻找美、发现美，培养正确的思想方式和思维方法

2. 要在构思指导中，诱发学生积蓄高尚情感，树立审美观

3. 要对作文中表现出的好思想进行评赏，以陶冶审美情操，鼓励学生追求高尚的道德情操

（二）要把作文教学过程与发展学生个性品质有机结合起来

1. 要围绕作文题目观察、收集素材，写出所闻所感，展示学生个性

2. 要启发多角度思维，使习作有独特个性

（三）要把作文教学过程与丰富学生精神生活有机结合起来

1. 要根据个别差异，采用分层异步教学

2. 要让所有学生从作文训练中享受成功的欢乐

二、性质观——作文教学是使学生学会练笔

（一）小学作文的性质

把看到的、听到的、想到的写出来是一种练习

（二）小学作文教学的性质

指导学生写——教师“教”，学生“练”

（三）明确性质，降低要求，克服畏难情绪，提高作文教学质量

三、过程观——优化流程，让学生真正成为作文的主体

作文教学的过程是教师指导学生作文的过程

（一）指导积累

1. 指导观察，做好记录，养成习惯

2. 指导阅读，积累语言和写作知识

（二）指导构思

1. 指导要贯穿学生作文的全过程

2. 指导要突出思维训练这个核心

3. 指导要调动学生的内在动机，让学生成为学习的主人

（三）指导修改

1. 改的过程是完善“作”的过程

2. 克服只知“作”、不知“改”

3. 在示范改中教方法

（四）指导评赏

1. 评赏是对“作”和“改”的再认识

2. 通过“示范评赏”，教给评赏方法，让学生自评自改

3. 作文教学模式体现在“发展思维与发展语言的结合”、“读与写的结合”、“统一与自由的结合”上

四、序列观——作文训练科学性的具体体现

（一）目前小学作文练习序列的类型

1. 以文体为序

2. 以语言知识为序

3. 以能力训练为序

（二）当前应集三种序列为一体，呈动态式的作文训练序列

1. 动态式序列的基本思想

2. 解决“怎样写”，培养三种能力（写作的基本能力、思维的基本能力、驾驭文体的基本能力）

五、实用观——作文教学本质的再认识

（一）存在倾向：“为教而教”、“为考而作”

（二）改革趋势：让学生学会各种实用文书

1. 学的内容

2. 学的方法

（三）目前小学作文正由“应试作文”向“注重实用”方向发展

结论

（略）

资料来源：转引自张人杰，周燕等．中小学教育与教师．广州：广东人民出版社，2003：498

上述提纲明确拟定了全文的大标题和各部分的小标题。标题格式工整，判断明确，简明具体，一目了然。提纲已明确拟定了全文的段落层次，眉目清楚，条理清晰。

二、行文

行文就是指组织文字以表达论文的中心论点。不同类型的教育科研报告，其行文要求会有一些差异。以学术论文为例，学术论文的基本结构为绪论、本论、结论三个部分。绪论和结论的要求已在格式要求中有所涉及，下面主要就本论——论文核心部分的行文要求进行探讨。

（一）本论行文的基本要求

本论是教育论文的核心和主体，它体现了教育论文的质量和水平的高低。因

而必须十分重视这部分的撰写。要写好论文的本论部分，首先要掌握充分的材料，在此基础上对材料进行分析、综合、整理，经过概括、判断、推理的逻辑组织和逻辑证明，最后得出正确的观点。并要以观点为轴心，贯穿全文，用材料说明观点，做到材料与观点的统一；用观点去表现主题，使观点与主题相一致。在论文中，如何使自己的论点得到有力的论证，是撰写论文时应关注的核心问题。

（二）本论的论证形式

一般来说，对论证的安排形式主要有如下几种。

1. 并列式

这种形式是指各个论证间的关系是并列的，亦即围绕论文的主要论点，把有关的论证分类排列、逐一论述。

2. 递进式

这种形式是指各个论证间的关系是递进的。它们的位置不能互换，论证时前一个论证是后一个论证的基础，后一个论证是前一个论证的深化。整个论证过程环环相扣、步步紧逼、逐渐深入，直到最终得出结论，给人一种论证极具逻辑、严谨有力的感觉。

3. 综合式

这种形式是指在整个论述过程中，交互地采用“并列式”和“递进式”进行论述。根据写作的实际需要，可以以“并列式”为主，局部采用“递进式”；或以“递进式”为主，局部采用“并列式”。

4. 总分式

这种形式是先提出中心论点，从总的方面进行概括性的论述，再从不同的角度加以论证。

除此之外，也不排除采用其他的论证方式。但是，不管采用何种方式进行论证，其目的均是为了充分而有力地论证论文的论点。要做到这点，论述过程中除了必须严格地遵守逻辑规则，即依靠逻辑的力量进行逻辑证明以外，还需要依靠科学事实或实践证明的支撑。逻辑证明具有重要的认识作用，事实上，论证就是论题与论据之间的逻辑关系和证明方式；然而，实践是检验真理的唯一标准，而科学事实和实践又是最有说服力、最权威的证明。所以，写作时既要注意进行逻辑组织，用逻辑的力量来推出正确的观点，又要注意论述过程科学事实的恰当配置，这样才能做到材料与观点的统一。现实中，一些初学者写论文往往会犯两种毛病：其一是文中只表达自己的观点，而缺乏科学的论证。只有观点，没有材料，使得写出来的论文有骨无肉，空洞无物，没有说服力。其二是滥用材料。文章罗列了大量材料，却没有概括出明确的观点，论文显得臃肿拖沓。出现上述毛病的主要原因是没有处理好理论与实际的关系，没有把理论与实际很好地结合起来。前者只有空洞的理论，而没有实际材料作为依据，言而无物；后者只有实际材料，而没有坚实的理论作为指导，不能驾驭材料。可见，要写好教育论文，必须正确处理好观点与材料的关系。

三、修改

关于修改，著名作家老舍有一段经验之谈："写完后至少看两遍，狠狠地改，不厌烦地改。字要改，句要改，连标点都要改，毫不留情。"① 确实，修改是撰写研究报告的一个非常重要的环节。任何高质量的教育科研报告都是经过反复修改、多次加工而获得的。要修改教育科研报告，可以采用多种方法。就修改的时间而言，既可以趁热打铁，初稿一完成就立即进行修改，也可以放置一段时间再来审视。就修改的内容来看，教育科研报告的点点滴滴都在修改之列，大到主旨，小到标点，都需斟酌。下面结合教育科研报告的结构，针对教育科研报告中的一些常见病例，对如何修改进行分析②。

（一）标题的修改

一些教育科研报告的标题不符合简明、得当等要求。具体说来，一些教育科研报告的标题存在的问题具体体现为：

1. 大题小做

"大题小做"是指题目涉及面宽，报告内容却较窄的情况。

【案例6－13】

大题小做及修改

有一篇论文，写的是对义务教育阶段考试命题的改进意见，文题却是《对义务教育阶段考试改革的思考》。这就犯了"大题小做"的错误。因为，考试命题只是考试改革的一个子项，考试改革涉及很多方面，诸如考试制度、考试形式、考试频率、考试结果、考试命题等。这样，题目就比内容要宽得多。为了题目与内容相符，这个标题改为《对义务教育阶段考试命题的思考》更恰当一些。

资料来源：张建．中小学教育科研论文的常见病例与修改．现代中小学教育，2002（1）

2. 小题大做

"小题大做"与"大题小做"正好相反，是指题目涉及窄，不能涵盖论文的主要内容。

---

① 老舍．老舍论创作．上海：上海文艺出版社，1982：221

② 张建．研究报告撰写指导．北京：教育科学出版社，2004：161

【案例 6－14】

小题大做及修改

有一篇论文的题目是《浅谈跳高教学步骤的模式设计》，而论文的内容却是谈体育课的课堂教学模式，跳高教学模式设计只是其中一个例子。这样，标题就不能包含内容，因此，题目改为《从跳高教学看体育课教学模式设计》就更合适一些。

资料来源：张建．中小学教育科研论文的常见病例与修改．现代中小学教育，2002（1）

3. 题目不明

题目不明存在多种情况，比如题目表意不明确，令人捉摸不透，或者题目本身有语病，或者用语不得体等。

【案例 6－15】

标题中的语病

有篇文章的标题为《小学英语研究性学习的现状及对策》，便属用词不当。因为，“对策”的含义是针对问题提出的解决措施，而“现状”不仅仅是问题，也应该有肯定的一面。这样，现状与对策构成矛盾，因此，标题可改为《小学英语研究性学习存在的问题及对策》就更恰当一些。

资料来源：根据笔者所指导的大学生毕业论文而编辑

标题除存在上述几种问题外，还存在题目过旧、题目过长等其他问题。这些在修改的过程中都有必要加以注意。

（二）材料的修改

教育科研报告必须建立在充分的事实基础上。事实即论文的材料。材料不恰当是教育科研报告中常见的病例，修改材料也是教育科研报告修改的重要内容。具体说来，教育科研报告对材料的修改主要针对以下两种情况。

1. 理据相悖

理据相悖是指研究报告所用的论据与论点自相矛盾，或以偏概全，材料不能或不完全能说明观点。例如，用个别性的事情来说明一个具有普适性的观点，用少量调查数据来说明某一类现象等。

【案例6－16】

专科学历的教师比本科学历的教师更适合小学教育吗?

有一篇论述小学教师素质的论文，用的是作者所在学校的事例。事例说，该校专科学历的教师的教学效果评估高于本科学历的教师的教学效果评估，由此得出结论：专科学历的教师最适应小学教育、教学，本科学历的教师不适应小学教育、教学。

资料来源：孟万金，官群．教育科研——创新的途径与方法．上海：华东师范大学出版社，2004：193

上述案例以一个学校的情况而得出一个具有普遍意义的结论，显然缺乏充分的事实依据。

2. 有据无理

教育科研报告主要不是以形象、感情的力量去感染读者，而是要有论理，要能“义贯圆通”，且论理要充分、深刻、具体而完整，要求材料与观点内在的统一。有据无理则是材料与观点不统一的一种表现，具体有两种情况：

（1）只有材料，没有观点。作者罗列一大堆事实，但缺乏对事实的整理、整合、分析和抽象，没有观点或结论。这就需要从事实中提炼出观点或结论。

（2）观点与材料不统一。

【案例6－17】

有据无理

有篇《让学生在读中质疑与解疑》的文章。文章是这样论述的：

指导学生按照从整体到局部的顺序反复朗读课文。每读一遍都要给学生一个明确的目的。阅读目的明确，心思用在一个方面，才会有真正的收效。如读《故乡》，第一步，感知内容，明确要点。要求同学们通过初读课文，知道文章“写了什么”，也就是弄明白课文主要写了我“回故乡”、“在故乡”、“离故乡”，重点写了我“在故乡”时的所见所闻。第二步，抓住重点，精读细究。这是课文的深化阶段，要求同学们通过品读课文中最能表现主题的重点词句、重点段落来理解篇章结构及各部分之间的内在联系，懂得课文是“怎样写的”。比如，《故乡》，有了对课文内容的初步把握，才能深入理解：文章的重点主要写润土和杨二嫂的不幸遭遇。……

资料来源：李真徽．中学文科教师科研论文导写．长沙：湖南师范大学出版社，2000：145

上述案例是观点与材料不统一的例证。文章的观点是明确的，即“让学生在读中质疑和解疑”，但后面材料的“第一步”、“第二步”等却与“质疑”、“解疑”没有关系。若要保持文章的观点，就必须修改材料。比如，可以第一层论述质疑、解疑的意义，第二层结合阅读教学去引导、启发学生质疑、解疑。如此，文章才叫观点与材料统一。

（三）结构的修改

教育科研报告的结构关系到全文的布局和安排，结构是否合理直接关系到报告的质量。若论文的结构欠佳，则需要修改结构。修改结构，除了检查结构是否完整外，还需要检查思路与层次是否清楚。教育科研报告的思路与层次一般可以通过报告的标题来体现。如果研究报告不设大小标题，则必须从内容来分析。有的文章大小标题混乱，或者有些文章有的部分有标题，有的部分没标题，这都反映出结构思路与层次不够清晰。检查、修改文章的思路时，重点要看全篇的布局、层次和段落的安排是否有条理，层次的脉络是否有分别，各段的分论点是否明确协调，论文的分段是否合理等。

另外，还需要注意论文的结构是否严谨。如果论文结构松散，则需紧缩或删除那些无关紧要的或多余的材料。

（四）论证的修改

一些教育科研报告在论证的过程中，容易出现概念不清、归纳不当、逻辑不清等错误，因此，需注意论证的修改。

1. 概念不清

不管是学术论文还是研究报告，每篇文章总有一些关键的概念。如果这些关键概念表述不全不当，整篇报告的逻辑基础就会随之受到重大的影响。

【案例 6－18】

人格究竟指什么？

《纠正人格偏差，变脆弱为坚强》一文这样写道：

人格心理学家奥尔波特认为：“人格是个体的心理物质系统的动力组织，这种动力组织决定人对环境独特的反应和思想。”例如当人产生一种自卑感时，即当人们感到弱小无助时，就做出活动来弥补此不足，以追求优越。

但是，这种人格的动力组织过强或过弱对创新人才的培养都是不利的。例如，某县中学一位男生 D 某，平时成绩都是中上，1992 年参加高考仅一分之差落榜，眼看平时成绩比自己差的同学都上大学了。不服输的心理支配他连考了两年，每年都是差那么一点点而不能跨进大学之门。家里也无钱再送他读书了，他还是不服输，自己到广东沿海打工，积攒了一点儿钱，于 1997 年 9 月又回到原来的中学去参加复习。像这类高中毕业生，各中学都有，他们一次或几次没考上高等学校，不是老师知识传授的问题，也不是学生学科知识的欠缺，而是心理品质的脆弱。我们都不希望自己的学生像D那样曲折而艰辛地走求学道路。可见，塑造学生健康的人格是当务之急。

资料来源：张建．研究报告撰写指导．北京：教育科学出版社，2004：178

上述案例的小标题是"纠正人格偏差，变脆弱为坚强"。显然"人格"是该案例的关键词。但"人格"究竟是指什么呢？文章虽引用了奥尔波特的一段话，但这是否就是作者所认同的"人格"概念，如果是，什么又是"心理物理系统""动力组织"呢？文中都没给予说明，使得文中的"人格"含义不明。另外，文中所举的D学生的例子也不知是用来说明什么问题的。表面上看，是为了说明"动力组织过强或过弱对创新人才的培养都不利"，但D学生究竟是过强还是过弱？行文并没有给予相应的解释。因此，要清楚地论述"纠正人格偏差，变脆弱为坚强"的论点，首先必须对什么是人格、什么是人格偏差予以阐述。

2. 归纳不当

一般议论的结构都是小"三段论"式，先总提，再论证，后归纳。归纳应该是对前面论述的顺理成章、水到渠成的总结。通过这个总结，使全文或全段的中心论点进一步深化。但有些文章却归纳不当，结论与材料的关系不够密切。

一些教育科研报告的论证除存在上述两种问题外，可能还存在逻辑不清及牵强附会等问题，这都需要加以注意。

总之，论文的修改是一项系统工程，需要重审论点，看表达是否清楚、正确；核实论据，看论据是否正确、充分；斟酌布局，看结构是否合理；推敲语言，看语言是否通顺、规范等。只有充分修改，才可能成为一份高质量的教育科研报告。

第四节　教育科研报告的发表与交流

撰写教育科研报告的目的之一在于发表与交流。研究不能闭关自守，不能将成果埋于书斋中，必须善于对外发表与交流。

一、教育科研报告的交流途径[①]

研究报告发表与交流的途径随着社会的发展而不断丰富。现在的主要途径包括：

---

① 张建．研究报告撰写指导．北京：教育科学出版社，2004：191

（一）学术期刊发表

学术期刊发表即通常所说的通过投稿来发表研究报告。投稿时需先了解自己的文章与杂志栏目是否相符。

（二）网络发表

很多教育网都为教师发表文章留下了空间，只要登录这些网站，在帖子空间就可以粘贴文章。

（三）会议报告

学术会议是教育科研报告交流的重要场所。会议报告有口头报告（宣读）和展报等形式。

除上述三种基本形式外，教育科研成果还可以寻找其他途径，如板报和内部资料等来使更多的人分享自己的研究成果。

二、可供学校教育科研参考的教育类期刊介绍

序号	期刊名称	主办单位	通讯地址
1	教育研究	中央教育科学研究所	北京市北三环中路46号（100088）
2	中国教育学刊	中国教育学会	北京市西单大仓胡同35号《中国教育学刊》编辑部（100816）
3	华东师范大学学报（教育科学版）	华东师范大学	上海市中山北路3663号《华东师范大学学报》（教育科学版）编辑部（200062）
4	课程·教材·教法	人民教育出版社·课程教材研究所	北京市沙滩后街55号《课程·教材·教法》编辑部（100009）
5	教育研究与实验	华中师范大学	武汉市华中师范大学《教育研究与实验》编辑部（430079）
6	教育理论与实践	山西省教育科学研究所·山西教育学会	太原市解放路东头道巷（030009）
7	外国教育研究	东北师范大学	长春人民大街138号（130024）
8	比较教育研究	北京师范大学	北京师范大学国际与比较教育研究所（100875）
9	教育发展研究	上海市教育科学研究院	上海市茶陵北路21号（200032）
10	人民教育	教育部	北京市海淀区文慧园北路10号（100088）
11	教育科学	辽宁师范大学	辽宁省大连市黄河路850号（116029）
12	山东教育科研	山东省教育科学研究所·山东教育学会	济南市历山路53号（250013）

（续上表）

序号	期刊名称	主办单位	通讯地址
13	现代教育论丛	广东省教育科学研究所	广州市石牌华南师范大学教科所（510631）
14	教育探索	黑龙江教育学会·黑龙江教育科学研究所	哈尔滨市南岗区中兴街19号
15	班主任	北京教育科学研究院	北京市北四环东路95号《班主任》编辑部
16	教书育人	哈尔滨师范大学	哈尔滨市和兴路50号《教书育人》编辑部（150080）
17	教学与管理	山西省教育学院	太原市黄陵路西巷5号《教学与管理》编辑部（030031）
18	中小学管理	北京教育学院	北京市德外黄寺大街甲24号《中小学管理》编辑部（100011）
19	中小学教材教学	人民教育出版社·课程教材研究所	北京市沙滩后街55号《中小学教材教学》编辑部（100009）
20	中小学电教	吉林省教育厅	吉林省长春市湖园路1号《中小学电教》编辑部（130022）
21	中小学外语教学	北京师范大学	北京师范大学《中小学外语教学》编辑部（100875）
22	电化教育研究	西北师范大学	兰州市安宁东路805号西北师范大学《电化教育研究》编辑部（730070）
23	中小学英语教学与研究	华东师范大学	上海市中山北路3663号华东师范大学《中小学外语教学》编辑部（200062）
24	中小学数学	中国教育学会	北京市西三环北路105号首都师范大学教学楼《中小学教学》编辑部（100037）
25	中国音乐教育	教育部	北京市翠微路2号《中国音乐教育》编辑部（100036）
26	体育教学	北京体育师范学院	北京市北三环西路11号《体育教学》编辑部（100088）
27	中国美术教育	南京师范大学	南京市宁海路122号《中国美术教育》编辑部（210024）
28	教师之友	四川教育出版社	成都市盐道街3号《教师之友》编辑部（610012）
29	中小学校长	国家高级教育行政学院	北京市大兴国家高级教育行政学院《中小学校长》编辑部（102600）
30	全球教育展望	华东师范大学	上海市中山北路3663号华东师范大学《全球教育展望》编辑部（200062）

上面只是介绍了一些主要刊物。现在的教育类刊物较多，很多省市区教育主管部门都主办有一些教育刊物，并开辟了不少栏目来刊发中小学各科教学及德育、管理方面的论文，可供教育科研工作者投稿参考。

思考与练习

1. 选择一篇学术论文，按照教育科研报告的基本要求评价其优劣。
2. 结合自己的研究实践，谈谈撰写教育科研论文的心得。

附录一 研究报告质量标准评价表①

质量标准	评定等级		
	好	中	差
一般质量标准 1. 观点阐述清楚 2. 理论概念、名词的界定与解释合理 3. 结论客观，不含偏见 4. 数据、图表正确无误 5. 统计方法得当，运算正确 6. 注意尊重与公正对待研究合作者（包括被试） 7. 看问题有创见 8. 全文无前后矛盾 9. 文字流畅通顺 10. 措辞准确、通俗易懂 11. 条理分明 12. 标点符号正确 13. 附注格式统一 14. 缩写规范统一，并在第一次出现时加注全文			
各部分质量标准 1. 题目 清晰、简明 关键词恰当 概括性强 2. 摘要 能概括全文主要内容 简洁，不超过200个字 准确 易于理解 3. 文献综述 涉及适当范围 包含有关的重要发现 紧扣研究问题与目的 组织良好			

① 王坚红. 学前儿童发展与教育科学研究方法. 北京：人民教育出版社，1991：265～268

（续上表）

质量标准	评定等级		
	好	中	差
有综合概括性小结 引用方式得当 4. 问题 阐述清楚，范围适当 具有理论上的合理性 明确指出其重要意义 与文献综述相联系 正确解释有关名词术语 5. 假设 针对研究问题 阐述清楚，易于理解 有理论或发现作为依据 可供检验 6. 方法 取样恰当 设计合理 说明样本与研究条件的特征 详述研究步骤 研究控制适宜 操作定义合理 测量工具可靠 比前人的方法有所改进 统计方法适宜 叙述详细而简洁 7. 结果 包含所有有关的重要结果 有效地使用附图 有效地使用附表 统计处理得当 计算无误 恰当说明统计结果的含义 8. 讨论 紧密联系主题 分析合乎逻辑 与前面部分相呼应 合理解释显著与不显著结果 说明结果对理论与实践的贡献			

（续上表）

质量标准	评定等级		
	好	中	差
客观分析研究的局限 指出未来研究的改进方向 9. 结论 基于研究资料与结果 理由充分，无主观偏见 针对问题与假设 阐述简练 10. 结语 重述研究问题与假设 简述方法、结果与结论 简短概括 11. 参考资料 周到无遗漏 各项信息齐全 校审无误			

附录二　《教育理论与实践》来稿规范①

根据国家新闻出版署通知，凡入编中国学术期刊（光盘版）的刊物，须执行《中国学术期刊（光盘版）检索与评价数据规范》。为此，来稿必须具备以下项目：

1. 题目。题目简明、具体、确切，概括文章要旨。中文题目一般不超过20个汉字，必要时可加副标题。同时，应有相对应的英文题目。

2. 摘要。来稿均应有中文摘要，摘要的内容要包括研究目的、主要方法、结果和结论。篇幅为100～300字，同时，应有相对应的英文摘要。

3. 关键词。关键词是能反映文章主题内容的词或词组，一般每篇文章可选3～8个关键词，同时，应有相对应的英文关键词。

4. 作者简介。文章的主要作者可按以下顺序介绍：姓名（出生年—）、性别（民族，汉族可省略）、籍贯、职称、学位、研究方向。例如：

作者简介：乌兰娜（1968—），女（蒙古族），内蒙古达拉特旗人，内蒙古大学历史学系副教授，博士，主要从事蒙古学研究。

5. 基金项目或课题研究成果。基金项目指文章产出的资助背景，如国家社会科学基金，教育部门博士点基金。课题研究成果指国家重点或省重点课题的研究成果，这类文章应注明基金项目名称或课题名称，并用数字加圆括号注明其项目或课题。

6. 文后参考文献编写格式。参考文献按正文中出现的先后次序列于文后，并用数字加圆括号表示，如（1）、（2）……以与正文的指示序号格式一致。各类参考文献条目的编写格式及示例如下：

A. 专著、论文集、学位论文、报告：[序号] 著者．书名．其他责任者，版本．出版地：出版者，出版年．起止页码．

（1）黄希庭．心理学导论．北京：人民教育出版社．1991. 1～6.

B. 期刊文章：[序号] 著者．题名．刊名．出版年份，卷号（期号）：起止页码．

（1）唐莹，瞿葆奎．教育科学分类：问题与框架．华东师范大学学报（教育科学版）. 1993（3）：6～7.

报纸文章：[序号] 著者．题名．报名．出版日期．

（1）谢希德．创造学习的新思路．人民日报，1998－12－25（10）．

① 教育理论与实践编辑部．教育理论与实践. 2000（9）：62

7. 注释。注释是对正文中某一特定内容的进一步解释或补充说明，一般排在该页页脚，用数字加圆圈标注（如①、②……）。（注意：注释不是正文中引文的出处，引文的出处应放在参考文献中，同一文献出现多处，只用同一标号，具体卷次、页数标在文中引文后。）

8. 作者单位。作者单位包括单位全称、所在省市及邮政编码，并配有相应的英文。

附录三 《历史教学》来稿要求①

为了进一步提高期刊的编校质量，编辑部特对来稿提出以下要求，谨望广大作者予以注意。

（一）来稿请用小4号以上字打印，要留有一定的行距，以便编辑加工。

（二）凡史学论文、历史教育学论文请在文题下附中文“摘要”（200个字以内）和“关键词”（3~5个）。如有条件，请将英文标题、摘要、关键词附上。

（三）文末请附作者简介，主要包括：姓名、性别、出生年月、籍贯、职务及职称、重要研究方向等。凡来稿一定要写明作者的工作单位、详细通讯地址、邮政编码、电话、电子邮箱等，以便编辑部及时与您联系。

（四）注文要求：

1. 参考文献与注释：作者写论著时所参考的文献书目一般列于文末，参考文献序号用［1］［2］［3］，同一文献书目在“参考文献”中只出现一次。凡对论著中某一特定内容作进一步解释或补充说明，或参考文献的标注比较复杂、不好操作的，可用注释形式。注释序号用①②③，注文随页。

2. 参考文献格式：

（1）专著。需写明：著者、文献题名、出版地、出版者、出版年。如：［1］《列宁选集》，第4卷，北京：人民出版社，1995年。［2］波伦：《历史的见证》，纽约，1959年。

（2）论文集、期刊、报纸析出文章。需写明：析出文献著者、析出文献题名、原文献著者、原文献题名、出版者、出版年。如：［1］张雨名：《关于南明史的几个问题》。《历史研究》，1959年第3期。［2］高文生：《现代教学模式研究》。皮连生等：《现代认知学习心理学》，山东教育出版社，1998年。［3］谢思德：《创造性学习的思路》。《人民日报》，1998年12月25日。

3. 正文内参考文献注码的标注：

（1）凡与参考文献有关的注码，正文中也用［ ］标注，序号与参考文献同。

（2）几处引文出于同一参考文献，标同一序号，在［ ］旁用（ ）写明卷数、页码等。如：参考文献为：《李鸿章奏稿》，海南出版社，1997年。正文注码为：［1］（卷48，p. 1458）。如多处引文同出于此书，均标［1］，改变（ ）中内容。

---

① 《历史教学》编辑部．历史教学，2002（10）：40

(3) 正文中一处引文若需标明多个参考文献，可标作：［1，6，9］；［2，4］；［1］（p. 56），［3］（p. 43）。

参考文献

1. 杨小微．教育研究方法．北京：人民教育出版社，2005
2. 李方．现代教育研究方法．广州：广东高等教育出版社，2004
3. 裴娣娜．教育研究方法导论．合肥：安徽教育出版社，2005
4. 胡中锋．中小学教师教育科研导论．广州：广东高等教育出版社，2006
5. 郑慧琦，胡兴宏．教师成为研究者．上海：上海教育出版社，2005
6. 王铁军．中小学教育科学研究与应用．南京：南京师范大学出版社，2005
7. 黄希庭，张志杰．心理学研究方法．北京：高等教育出版社，2005
8. 刘电芝．中小学教育科研方法．重庆：西南师范大学出版社，2003
9. 郑金洲，陶保平，孔企平．学校教育研究方法．北京：教育科学出版社，2003
10. 冉乃彦．中小学教师如何做研究．北京：人民教育出版社，2006
11. [美] 威廉·维尔斯曼．教育研究方法导论．袁振国主译．北京：教育科学出版社，1997
12. 陈向明．质的研究方法与社会科学研究．北京：教育科学出版社，2000
13. 郑金洲．行动研究指导．北京：教育科学出版社，2004
14. 申继亮．教学反思与行动研究——教师发展之路．北京：北京师范大学出版社，2006
15. 李秉德．教育科学研究方法．北京：人民教育出版社，2001
16. 陶富源．学术论文写作通鉴．合肥：安徽大学出版社，2005
17. 郑金洲．校本研究指导．北京：教育科学出版社，2002
18. 郑金洲．教师如何做研究．上海：华东师范大学出版社，2005
19. 丁念金．研究方法的新进展．北京：教育科学出版社，2004
20. 张建．研究报告撰写指导．北京：教育科学出版社，2004
21. 徐建敏，管锡基．教师科研有问必答．北京：教育科学出版社，2005

后 记

随着教育改革的深入，教师专业发展备受关注。教师专业发展受到多种因素的影响，并通过多种途径来实现、体现。教师专业发展与教育科研具有密切的内在联系。教师教育科研包括教育科研的意识、能力和行为等，既是教师专业发展的重要内涵，又是教师专业发展的重要动力。作为“沿海经济发达地区中心城市教师专业发展推进策略与模式研究”课题研究成果——“教师专业发展”丛书中的一本，为了不重复，本书没有花太多笔墨探讨教师专业发展本身，而是聚焦于教师的教育科研。具体脉络是：在分析教师教育科研的基本过程的基础上，选取并重点探讨了教师教育科研中六种常用的科研方法，包括行动研究、教育经验总结、个案研究、调查研究、观察研究和实验研究，论述了教育科研课题的申报、实施及结题的基本程序与要求，最后对教育科研报告的格式及基本要求进行了探讨。

在编写过程中，我们努力立足于中小学教育教学实际和教师的实际需要，在体例的编排和内容的选择上注重科学性、针对性、应用性和发展性，力图突出教育科研的可操作性，希望能为广大教师的教育科研活动提供有益的参考。

本书是集体合作的结果。各章撰稿人分别是：蔡笑岳（第一章）、雷晓云（第二章）、孟卫青（第三章）、刘百里（第四章）、李海燕（第五章）、李国（第六章）。蔡笑岳与雷晓云拟定全书编写提纲并负责全书的统稿工作，最后由蔡笑岳定稿。

本书引用了不少专家学者的思想、观点和实践智慧，在此表示由衷的感谢。需要说明的是，本书后面所附的参考文献仅限于著作，而对论文，则主要是在书中的相关注释处予以说明，若有遗漏之处，敬请原作者予以谅解。

教师专业发展与教育科研都是动态的不断发展、不断提升的过程。我们诚挚地期待读者惠赐宝贵意见，以促使教师教育工作不断臻于完善。

编 者

2007 年 3 月于广州